信息检索与利用
（第2版）

主　审　叶建忠
主　编　庞慧萍　宋美丽
副主编　廖兴蓉　陈素梅　梁大坤
参　编　李　蓉　罗　惠

北京理工大学出版社
BEIJING INSTITUTE OF TECHNOLOGY PRESS

内 容 简 介

本书内容由理论篇、工具篇和实用篇三部分组成。第一部分为理论篇，以信息素养开篇，然后介绍信息检索及相关知识，让学生了解为什么要学习信息检索；第二部分为工具篇，介绍图书、期刊、网络信息、专利、标准、开放资源等各种文献类型的检索工具，让学生知道在哪里检索信息、如何检索信息；第三部分为实用篇，将第一部分的基础知识与第二部分的实践操作相结合，完成信息检索报告和论文的撰写。本书充分考虑到学生的特点，理论知识、实践操作、综合运用三者结合，其中理论知识部分深入浅出，实践操作部分步骤清晰明了，综合运用部分以案例导入，更易掌握。

本书适合作为信息检索类课程的教材，也可供对信息检索感兴趣的用户学习参考。

图书在版编目（CIP）数据

信息检索与利用／庞慧萍，宋美丽主编. －－ 2 版
. －－ 北京：北京理工大学出版社，2022.7
ISBN 978 - 7 - 5763 - 1499 - 1

Ⅰ. ①信… Ⅱ. ①庞… ②宋… Ⅲ. ①信息检索 – 高
等学校 – 教材 Ⅳ. ①G254.9

中国版本图书馆 CIP 数据核字（2022）第 129547 号

出版发行／北京理工大学出版社有限责任公司		
社　　址／北京市海淀区中关村南大街5号		
邮　　编／100081		
电　　话／（010）68914775（总编室）		
（010）82562903（教材售后服务热线）		
（010）68944723（其他图书服务热线）		
网　　址／http：//www.bitpress.com.cn		
经　　销／全国各地新华书店		
印　　刷／北京昌联印刷有限公司		

开　　本／787 毫米 × 1092 毫米　1/16

印　　张／15.75　　　　　　　　　　　　责任编辑／王玲玲
字　　数／342 千字　　　　　　　　　　　文案编辑／王玲玲
版　　次／2022 年 7 月第 2 版　2022 年 7 月第 1 次印刷　　责任校对／刘亚男
定　　价／75.00 元　　　　　　　　　　　责任印制／施胜娟

前　言

　　2014年，上海市教育委员会率先提出"课程思政"概念，并在上海大学开展课程思政改革试点工作，先后提出了"大国方略""创新中国"等一批"中国系列"课程，引发社会强烈反响。2016年12月，习近平总书记在全国高校思想政治工作会议上首次提出："把思想政治工作贯穿教育教学全过程……使各类课程与思想政治理论课同向同行……思想政治工作从根本上说是做人的工作，必须围绕学生、关照学生、服务学生，不断提高学生思想水平、政治觉悟、道德品质、文化素养。"教育部关于印发《高等学校课程思政建设指导纲要》的通知（教高〔2020〕3号）中指出："专业课程是课程思政建设的基本载体。要深入梳理专业课教学内容，结合不同课程特点、思维方法和价值理念，深入挖掘课程思政元素，有机融入课程教学，达到润物无声的育人效果。"

　　在信息时代，信息检索课程是一门应用性极强的公共基础课，对于着重培养实用型、应用型、高素质技能人才的高职高专院校而言，开设此课程，不仅可以为学生自主学习和创新能力的培养奠定基础，而且有助于学生终身学习能力的培养。"思政"元素融入信息检索课程是目前高职图书馆授课教师必须承担的重要使命，这也是信息检索课程改革的创新和机遇。

　　为满足信息时代创新型人才培养的需要，我们组织修订了本书。全书共12章，分三部分。第一部分为理论篇（第一～五章），主要介绍了信息素养概述、信息检索基本知识、信息检索的方法、信息检索的途径及步骤、计算机信息检索技术、信息伦理与信息安全；第二部分为工具篇（第六～十章），主要介绍了图书、期刊论文、网络信息资源、专利、标准的检索与利用；第三部分为实用篇（第十一～十二章），主要包含学术规范概述、学术论文概述及检索报告、文献综述、毕业论文的撰写。

　　本书由四川国际标榜职业学院叶建忠执行院长担任主审，庞慧萍、宋美丽担任主编，廖兴蓉、陈素梅、梁大坤担任副主编，李蓉、罗惠参编。其中第一、五～八章由庞慧萍撰写，第二～四章由宋美丽编写，第九章由廖兴蓉编写，第十章由陈素梅编写，第十一章由梁大坤编写，第十二章第一、二节由李蓉编写，第十二章第三、四节由吉利学院罗惠编写。

在本书编写过程中，我们参考了国内外大量的文献资源，借鉴了许多机构的网上资料，以及国内已出版的同类教材和专著，在此向文献作者表示感谢；同时，得到了学院领导及同行专家的大力支持与指导，在此表示诚挚谢意。

由于编者水平有限，书中难免存在疏漏和不妥之处，敬请读者谅解并批评指正。

目 录

第一篇　理论篇

第一章　信息时代与信息素养 ···················· 3

第一节　时代呼唤信息素养 ···················· 4

　一、导论 ···················· 4

　二、时代呼唤信息素养 ···················· 5

　三、信息素养的概念 ···················· 6

　四、信息素养的内涵 ···················· 6

　五、信息素养的评价标准 ···················· 11

　六、信息素养教育的必要性 ···················· 12

第二节　信息及相关概念 ···················· 13

　一、信息 ···················· 13

　二、与信息相关的概念 ···················· 15

第三节　信息源 ···················· 16

　一、信息源的概念 ···················· 16

　二、信息源的种类 ···················· 17

第二章　信息组织与信息检索 ···················· 22

第一节　信息组织 ···················· 23

　一、信息组织的概念与原理 ···················· 23

　二、信息组织的内容 ···················· 24

第二节　信息检索 ···················· 24

　一、信息检索的含义 ···················· 24

　二、信息检索的原理 ···················· 25

　三、信息检索的类型 ···················· 26

第三节　检索语言 ···················· 29

一、信息检索语言的概念 ……………………………………………… 29

二、信息检索语言的功能 ……………………………………………… 29

三、信息检索语言的类型 ……………………………………………… 29

第三章　检索方法、步骤与检索效果 …………………………………… 34

第一节　信息检索方法 ………………………………………………… 35

一、常用的信息检索方法 ……………………………………………… 35

二、计算机检索方法 …………………………………………………… 37

第二节　信息检索的途径 ……………………………………………… 39

一、外部特征途径 ……………………………………………………… 39

二、内容特征途径 ……………………………………………………… 40

三、其他途径 …………………………………………………………… 42

第三节　信息检索步骤和策略 ………………………………………… 42

一、信息检索步骤 ……………………………………………………… 42

二、信息检索策略 ……………………………………………………… 44

第四节　信息检索效果评价 …………………………………………… 44

第四章　计算机信息检索技术 …………………………………………… 46

第一节　计算机信息检索技术 ………………………………………… 47

一、布尔逻辑检索技术 ………………………………………………… 47

二、词位检索技术 ……………………………………………………… 48

三、截词检索技术 ……………………………………………………… 49

四、字段限制检索技术 ………………………………………………… 50

五、加权检索技术 ……………………………………………………… 51

第二节　检索词的提炼 ………………………………………………… 51

一、检索词的概念和类型 ……………………………………………… 51

二、确定检索词的基本原则 …………………………………………… 51

三、提炼检索词的步骤 ………………………………………………… 52

第三节　检索式的构造 ………………………………………………… 53

一、检索式的概念及类型 ……………………………………………… 53

二、检索式构造案例 …………………………………………………… 53

第四节　信息检索系统 ………………………………………………… 54

一、信息检索系统的概念 ……………………………………………… 54

二、信息检索系统的构成 ……………………………………………… 54

三、信息检索系统的类型 ……………………………………………… 55

第五章　信息伦理与信息安全 …………………………………………… 57

第一节　信息伦理 ……………………………………………………… 58

一、信息伦理的概念 …………………………………………………… 58

二、信息伦理的特征 …………………………………………………… 59

三、信息伦理的内容 ············ 60

四、信息伦理的规范 ············ 61

第二节 个人信息保护 ············ 63

一、个人信息的概念 ············ 63

二、个人信息的自我保护 ············ 64

第三节 信息安全 ············ 64

一、信息安全概述 ············ 64

二、信息安全常见类型 ············ 65

三、信息安全的重要性 ············ 65

第二篇 工具篇

第六章 图书检索工具 ············ 69

第一节 联机公共检索目录 ············ 70

一、联机公共检索目录概述 ············ 70

二、国家图书馆书目检索系统 ············ 70

三、四川国际标榜职业学院金盘图书馆书目检索系统 ············ 77

四、成都市图书馆书目检索系统 ············ 85

第二节 数字图书检索工具 ············ 91

一、超星汇雅电子图书 ············ 91

二、读秀学术搜索 ············ 99

第七章 期刊论文检索工具 ············ 111

第一节 中国知网 CNKI ············ 112

第二节 万方数据知识服务平台 ············ 128

第三节 维普中文期刊服务平台 ············ 138

第八章 网络信息检索工具 ············ 143

第一节 网络信息资源概述 ············ 145

第二节 网络搜索引擎概述 ············ 145

第三节 综合型搜索引擎介绍——百度 ············ 147

第四节 垂直搜索引擎介绍 ············ 154

一、网盘搜索 ············ 155

二、字体搜索 ············ 156

三、图片、声音搜索 ············ 157

第五节 学术搜索引擎介绍 ············ 158

一、百度学术概况 ············ 158

二、学术搜索 ············ 159

第九章 专利信息检索工具 ············ 161

第一节 专利信息概述 ············ 162

第二节　国内专利文献检索工具 ·· 164

第三节　国外专利文献检索工具 ·· 169

第十章　标准信息检索工具 ··· 177

第一节　标准文献概述 ··· 178

第二节　国内标准文献检索工具 ·· 180

第三节　国外标准文献检索工具 ·· 189

第三篇　实用篇

第十一章　学术规范 ··· 193

第一节　学术规范 ··· 194

一、学术规范的定义 ··· 194

二、学术规范的依据 ··· 194

三、学术规范的组成 ··· 196

第二节　学术不端 ··· 197

一、学术不端行为的概念 ··· 197

二、常见的学术不端行为 ··· 197

三、学术不端行为的危害 ··· 201

第三节　文献的合理使用 ··· 202

一、文献的合理使用的概念 ··· 202

二、如何合理使用文献 ··· 202

三、参考文献著录规则 ··· 203

第十二章　学术论文的撰写与注意事项 ·································· 207

第一节　学术论文概述 ··· 208

一、学术论文的概念 ··· 208

二、学术论文的特点 ··· 208

三、学术论文的分类 ··· 210

第二节　毕业论文的撰写 ··· 211

第三节　文献综述的撰写 ··· 219

第四节　检索报告的撰写 ··· 228

参考文献 ··· 242

第一篇

理论篇

第 一 章

信息时代与信息素养

学习目标

知识目标：

(1) 理解信息素养的概念及内涵。

(2) 知道信息及其相关概念。

技能目标：

(1) 能正确区分信息、知识、情报等概念。

(2) 学会辨别不同类型的文献信息资源。

素养目标：

(1) 增强信息道德意识。

(2) 树立学术诚信意识。

情境导入

一年一度的国庆长假即将到来，李伟和室友们计划一起出去旅游3~4天，每个人预算在400元左右。如果你是李伟，该如何制订此次旅游计划，计划至少应该包括行程安排（包括交通、住宿）、旅游景点的特色、旅行中应注意的问题、地图、经费预算）。

思考：

(1) 案例中赵某晨等人的做法存在哪些问题？会造成哪些后果？

(2) 作为当代大学生，我们应该具备什么样的信息素养？

本章内容结构

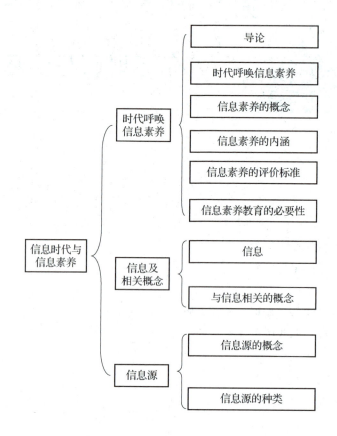

第一节　时代呼唤信息素养

一、导论

　　信息素养是信息时代大学生必备的基本素质，信息检索课是实施我国大学生信息素养教育的核心课程。国家非常重视大学生信息素养的教育，原国家教委和教育部分别在 1984 年、1985 年和 1992 年印发了《关于在高等学校开设"文献检索与利用课"的意见》等 3 份指导文件，目的是提高大学生的文献检索技能和基本情报意识。由此开始，以检索课为核心的、最初形态的信息素养教育便开始在高校开展起来。

　　为了跟上科学技术发展日新月异的步伐，适应四化建设的需要，高等学校在给学生传授基本知识的同时，必须注重培养学生的自学能力和独立研究的能力。让学生具有掌握知识情报的意识、具有获取与利用文献的技能，是培养学生能力的一个重要环节。根据国外的做法和我国部分高校近几年的经验，在高校开设文献检索与利用课程很有必要。各高等学校（包括社会科学和理工农医各专业院校）应当积极创造条件，开设文献检索与利用课。有条件的学校可作为必修课，不具备条件的学校可作为选修课或先开设专题讲座，然后逐步发展完善。

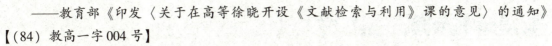

——教育部《印发〈关于在高等徐晓开设《文献检索与利用》课的意见〉的通知》【（84）教高一字 004 号】

开设文献检索与利用课的目的，在于使大学生和研究生增强情报意识，初步掌握利用文献与情报的技能。它不仅有助于当前教育质量的提高，还是教育面向未来的一个组成部分，对人们不断吸收新知识，改善知识结构，提高自学能力和研究能力，发挥创造才能都具有重要的意义。各高等院校应该对开设文献检索与利用课予以足够重视，采取有力措施，不断提高教学质量，并使之稳步发展。

——国家教委《印发〈改进和发展文献课教学的几点意见〉的通知》【（85）教高一司字 065 号】

文献检索课是培养学生的情报意识，掌握用手工方式和计算机方式从文献中获取知识和情报的一门科学方法课。本课程的任务是：使学生了解各自专业及相关专业文献的基本知识，学会常用检索工具书与参考工具书的使用方法，懂得如何获得与利用文献情报，增强自学能力好研究能力。

——教高司《印发〈文献检索课教学基本要求〉的通知》【（92）教高司一字 44 号】

高职院校作为高校的一个重要组成部分，非常重视高职学生的信息素养信息。2012 年 12 月，教育部高等学校图书情报工作指导委员会高职高专工作组在《全国高职高专院校图书馆建设指南》中再次强调图书馆的主要任务：开展信息素养教育，培养读者的信息意识，提高读者有效获取信息、准确评价信息、合理使用信息的能力。

二、 时代呼唤信息素养

人类社会的发展和进步离不开对信息的获取和使用，尤其是进入 21 世纪，人类迈向信息海洋时代，信息类型繁多、数量庞大、更新速度快，并与物质、能源一起构成人类赖以生存和发展的重要社会战略资源。《2006—2020 年国家信息化发展战略》对我国信息化发展做出了一个总体判断："经过多年的发展，我国信息化发展已具备了一定的基础，进入了全方位、多层次推进的新阶段。"社会信息化极大地改变了人们的生产和生活方式，如何捕捉、甄别和利用有效信息，是时代发展的迫切需要，同时也是一个国家富强、在国际竞争中能立于不败之地的重要保证。

身处大数据时代，谁掌握了知识和信息，谁就掌握了主动权。大数据时代对人们获取信息、处理信息、辨别信息、整合信息、创造信息等能力都提出了更高的要求。在这样的时代背景下，衡量一个人能否适应时代发展的新需求，是否具备较强的信息素养，成为备受人们关注的重要方面。

信息素养是个体适应信息化社会的基本生存能力，也是评价人才综合素质的重要指标。"21 世纪核心素养 5C 模型"最新研究显示，信息素养已经成为 21 世纪人才核心素养的主要内容之一。大学生作为青年一代中的重要群体，是未来国家和社会发展的人才基础，培养大学生的信息素养既是社会发展的需要，也是大学生自身发展的需要，不仅关系到大学生终身学习能力、竞争能力和创新能力的提升，还关系到社会高层次创新型人才软实力的稳定性。

三、 信息素养的概念

人与信息的关系就像鱼与水的关系，我们无法想象一个没有信息的世界将会是什么样子的。为了适应信息社会的生存环境，信息素养成为与科学素养、人文素养并列的大学生素质修养。信息素养又称信息素质、信息能力等。1974 年，美国信息产业协会主席保罗·泽考斯基（Paul Murkowski）提出信息素养的概念，在提交给全美图书馆学与信息科学委员会的报告中首次使用了"信息素养"一词。他认为：信息素养是利用大量的信息工具及主要信息源解决具体问题的技能。目前得到普遍认可的信息素养定义是 1989 年由美国图书馆协会（ALA）发表的信息素养研究报告中提出的，即，信息素养是人们能够充分认识到何时需要信息，并有能力去获取、评价和有效利用所需要的信息的能力。信息素养是一种基本能力，是一种对信息社会的适应能力。

越来越多的国家和组织开始研究和重视信息素养。2003 年 9 月，联合国信息素养专家会议发表了《布拉格宣言：走向信息素养社会》（the prague declaration "towards an information literate society"），它具有全球性指导意义，会议宣布：信息素养是终身学习的一种基本人权[①]。

信息素养的概念是 20 世纪 90 年代中期被介绍到国内的。2002 年 1 月，在哈尔滨召开的全国高校图书情报工作指导委员会"全国高校信息素质教育学术研讨会"上首次将"文献检索课学术研讨会"改名为"信息素质教育学术研讨会"。在 2004 年召开的中国图书馆学会年会、上海国际图书馆论坛等会议上均将信息素养作为其中的讨论议题。2004 年 12 月 15 日，在广州由北京、天津、山东、广东联合举办了"高校信息素养教育研讨会"。一些大学在申请项目中开始了有关信息素养课题的研究，涉及信息素养教育学的理论体系、学科建设、专门人才的信息素养教学等方面。就目前来看，国内开展信息素养教育的主要形式是开设文献检索、信息检索相关课程。

四、 信息素养的内涵

1. 信息意识

信息意识是指人对周围信息敏锐的感受力、判断能力和洞察力，即人对信息的敏感程度，以及捕捉、判断、分析、评价、利用信息的自觉程度。简单地说，信息意识就是当你不知道某个知识或者不懂的东西的时候，要积极主动寻找答案，知道到哪里找，用什么方法找。信息意识被称为信息素养的灵魂。

信息意识属于意识形态范畴，它是人在信息活动中产生的认识、观点和理论的总和。信息意识一方面是指人们对信息需求的自我感悟，即人们对信息的捕捉、分析、判断和吸收的自觉程度；另一方面是指人们对信息需求的自我意识，即人们能从信息角度出发，去感受、理解和评价自然界、社会中的各种现象、行为与理论，并具有捕捉、分析、判断有用信息的能力。信息意识的强弱决定了获取、判断和利用信息能力的自觉程度。人的信息意识一经形

---

① 赵乃瑄 . 实用信息检索方法与利用［M］. 北京：化学工业出版社，2013.

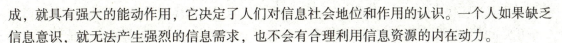

成，就具有强大的能动作用，它决定了人们对信息社会地位和作用的认识。一个人如果缺乏信息意识，就无法产生强烈的信息需求，也不会有合理利用信息资源的内在动力。

信息意识的表现形式如下：

（1）对信息有敏锐的感受力

人们常常会问为什么牛顿会发现地球引力，是因为一个苹果吗？可是每天都有那么多的苹果落在地上，为什么偏偏是牛顿发现了呢？百度的创始人李彦宏说，1999年百度的诞生是最好的时机，现在无论是谁都无法再做一个百度出来。信息是否被利用取决于人们对于信息的态度，也就是取决于一个人的信息意识，而不是取决于信息本身所具有的价值。只有对信息有敏锐的感受力，才会有及时迅速的信息行为，面对浩如烟海、杂乱无序的信息，他才能够去粗取精，去伪存真，进行识别，并做出正确的选择。

（2）对信息具有持久的注意力

我国最著名的"照片泄密案"，就是1964年《中国画报》封面刊出的一张照片。大庆油田的"铁人"王进喜头戴大狗皮帽，身穿厚棉袄，顶着鹅毛大雪，握着钻机手柄眺望远方，在他身后散布着星星点点的高大井架。日本情报专家据此解开了大庆油田的秘密，他们根据照片上王进喜的衣着判断，只有在北纬46°～48°的区域内，冬季才有可能穿这样的衣服，因此推断大庆油田位于齐齐哈尔与哈尔滨之间。再结合其他有关报道，如《人民日报》刊登文章中写道："王进喜同志到了马家窑，说了一声好大的油海呀！我们要把中国石油落后的帽子扔到太平洋里去。"日本公司分析：马家窑就是大庆的中心，"好大的油海"暗示着油田的储量很大。再如，《人民日报》报道说："工人阶级发扬了一不怕苦二不怕死的革命精神，大庆的设备不用马拉车推，完全是肩扛人抬。"日本公司分析：油田不会远离火车站，远了就拉不动设备。后来日本公司派了一个经济间谍以游客的身份到东北，研究铁路线，发现了油罐车，顺着铁路找到了离马家窑不远的车站。通过照片中王进喜所握手柄的架势，推断出油井的直径；从王进喜所站的钻井与背后油田间的距离和井架密度，推断出油田的大致储量和产量。日本情报专家通过对大庆油田相关情报持久的注意力，再通过相关分析，推断出一系列准确情报，根据这些情报，他们迅速设计出适合大庆油田开采用的石油设备。当我国政府向世界各国征求开采大庆油田的设计方案时，日本人一举中标，向我国高价推销采油设施，获得了可观的经济利益。

信息使用者要习惯用探索性的目光长期、持久地关注某一方面的信息，通过观察分析相关信息，得出创新性的信息，从而产生巨大的经济利益。在信息社会中，先进的技术不在于谁先发明，而在于谁先利用。谁先掌握有价值的信息，谁就掌握了事物的主动权。正因为如此，有人曾把信息意识比作雄鹰的翅膀，宽大强劲，不畏山高路远，瞬时可把人们带入一个全新的天地。

（3）对信息价值具有判断力

只有对信息价值具有高度的洞察力、判断力，才会有合理的、有效的信息行为，才会更多、更好地开发利用信息资源，使之产生巨大的经济效益和社会效益。当世界第一个PN结晶体诞生的时候，美国西方电子公司仅仅把这种晶体管用于助听器的生产。日本专业人士井深和盛田得知这个信息后，立即飞赴美国考察，他敏感地发现晶体管像电子管一样能够放大信号，而且反应快、体积小、耗电少、可靠性强，完全可以取代电子管。于是井深和盛田以2.5万美元的价格买下了这项生产晶体管的专利，于1957年生产出世界第一台能装在衣袋中的袖珍式晶体管收音机，命名为"SONY"。从此，"SONY"名扬天下，一举成为家电业的大公司。如果不是井深和盛田具有较高的信息素养，能从众多信息中辨别出这条有价值的信息，并进行创新，可能就很难有"SONY"的今天。①

综上所述，同一种信息，如果被信息意识水平较强者利用，则可能发挥较高的利用价值；如果被一个信息意识一般的人利用，其价值只能发挥出一部分，甚至全部淹没。如果一个人的信息意识还没有达到发现、认识、评价某种信息价值的程度，没有实际掌握利用方式或不善于使用现代化技术手段等，那么他根本无法将这种信息纳入自己的利用范围。

2. 信息知识

信息知识是指与信息获取、评价、利用等活动有关的知识、原理和方法。包括传统文化素养、信息的理论知识、现代信息技术及外语能力，是指人们对于信息的基本常识、信息的使用工具、信息的获取储存、信息的传递控制、信息的创新升值等的掌握和了解。不管是信息理论知识还是信息技术知识，都是以传统文化知识为基础的，如果没有扎实的文化知识基础，是不可能具备丰富的信息知识的。

（1）文化素养

文化素养包括读、写、算的能力。阅读是获取信息的基本能力，快速阅读、精确阅读的能力都是一个人获取信息的必要手段。只有能快速阅读，才能在信息时代，在成千上万的信息中迅速获得有价值的信息。只有精确阅读、分析，才能够将隐含在信息中的重点抓住，从而获取更多的有用信息。

（2）信息的基本知识

信息的基本知识包括信息的理论知识，对信息、信息源、信息检索方法、途径等都了解，才能够更快、更准确地获取信息。

（3）现代信息技术知识

现代信息技术知识包括信息技术的原理、信息技术的作用、信息技术的发展及其未来，包括计算机软硬件的应用。

（4）外语

信息社会是全球性的，在互联网上有80%的信息采用的是英文，要想相互顺畅交流，及时了解相关领域的最新发展动态，就需要了解国际信息，对英文网站、数据库应具备基本的阅读能力，适应国际文化交流的需要。

3. 信息能力

信息能力包含信息检索与获取能力、信息分析、鉴别与评价能力以及信息运用与创新能力。人们只有在掌握了一定的信息检索技能的前提下，学会鉴别、评价信息，再通过对有价值的信息的整合，才能有效地开展各种信息活动，从而创造信息并充分发挥信息的价值，最终实现变信息为优势的目的。

---

① 赵莉，丛全滋. 信息素养实用教程［M］. 北京：中国轻工业出版社，2013.

（1）信息检索的能力

信息检索的能力是指从各种信息源中收集与所需内容有关信息资源的能力。首先，掌握信息相关的知识，了解信息源，分析信息需求，选择正确的数据库；其次，熟悉和掌握各种数据库的检索技巧和方法，制定各种检索策略，以保证信息获取的准确性。信息检索能力的培养是目前我国很多高校信息检索课的主要内容。

在高职院校，学生对信息检索能力不重视，很多学生只会简单使用百度等网络搜索引擎，除此之外，他们不了解其他的信息源，更不会使用一些专业的数据库来帮助自己学习。

（2）信息评价的能力

分析与鉴别信息的能力是指能从众多信息中筛选出有用信息，并经过分析整合，从信息中找出解决问题方法的能力。首先是要对获得的信息的正确性、权威性、先进性进行鉴别、分析和判断，从众多信息中筛选出权威的、有价值的信息；其次是要运用科学的理论、方法和手段，在对零乱无序的信息进行挖掘、加工、评价的基础上，透过错综复杂的表面现象，挖掘信息内容的实质，获取对客观事物运动规律的认识。

（3）信息整合与创新的能力

信息的整合与创造能力是指把信息创造性地运用于实践的能力，即根据分析后的信息引申出新的概念、创造出新的方法、提炼出新的思想等。在此基础上，信息整合与创新能力不仅要利用信息伦理道德等因素获取的信息，也要融合个人已有知识结构，采用不同的分析方法，让知识创新成为时代主流。

英国技术预测专家詹姆斯·马丁说："人类的知识在19世纪是每50年翻一番，20世纪初是每10年翻一番，70年代是每5年翻一番，而近10年是每3年翻一番。"科学技术正在以5～10年为周期加速更新。一个人在大学阶段只能获得需用知识的10%左右，其余90%的知识都要在工作中不断学习和获取。面对浩如烟海的信息，单凭急切的欲望只是望洋兴叹，每个人在具备生存技能之外，还要掌握自我发展的技能。随着社会信息化进程加快，大量新知识的获得主要依靠自学，而自学能力的培养，实质上就是大学生信息素养能力的培养，而以培养高级专门人才为基线的大学教育已不再是高校的"终点教育"，取而代之的是培养学生终身学习的能力，即信息素养。信息素养是学生今后走向工作岗位用于进行终身学习的基本素质。当他们步入社会从事具体工作时，良好的信息素养将有助于他们及时了解国内外最新工作动态，合理地制订工作计划，既可以少行弯路，避免不必要的重复劳动，又能多出原创性的成果。

4. 信息道德

信息道德是指在组织和利用信息时，信息交流及传递的目标要与社会整体目标相一致，遵循信息法律法规，抵制信息污染，尊重知识产权和个人隐私。在现代社会，网络给我们带来了前所未有的信息，带来了一个新型而宽阔的交流空间。它对人们的生活观念、行为方式以及社会的整体文化带来了巨大的影响，对现有的习俗、规范、法律、道德等发出了无声的挑战，对人们的信息伦理道德修养提出了更高的要求。由于网络固有的开放性，加之目前网络上的信息发布缺乏有力的规范措施，导致网络上的信息良莠并存，垃圾信息、不健康的信息乘虚而入，不文明、不健康的信息正影响着大学生的认知习惯，出现有些学生缺乏自律、发布不良信息、不尊重他人知识产权等现象。正如在不同的社会时期人们需要不同的社会行为规范来维持社会的秩序稳定一样，信息化社会需要靠信息道德来约束和规范人们的行为。

（1）信息交流与传递的目标要与社会整体目标相一致

由于利用信息技术可以进行跨越时空限制的大面积传播，因此，在信息传播的过程中，大学生应该保证自己所传播的是符合人类的道德规范、促进人类文化发展的信息，而不是有害于人类文化健康发展的东西。例如，不应该包含那些可能对青少年有不良影响的淫秽信息，不应该传播那些不科学、不正确的无稽之谈，不应该传播计算机病毒等。由于电子邮件与通常的信函相比行文相对比较自由，但是应该认识到，在使用信息技术通信时，你仍然是在面对人而不是机器，必须充分表达出对对方的尊重和信任。此外，还要尊重其他人的自由，不要随意地往别人的邮箱发送东西。

（2）遵循信息法律法规、抵制信息污染

在知识爆炸和网络化时代，各种信息铺天盖地地展现在学生面前，加之学生缺少实践锻炼，他们对信息的理解、鉴别等处于一种混沌状态，缺乏对信息的筛选能力，很容易被污染信息侵蚀。近年来高校学生在信息活动中不道德的行为比较普遍，有些学生受雇于某些网络公关公司，为他人发帖、回帖、造势，形成所谓的网络水军，从而达到公司一些商业上或其他方面的目的；擅自使用下载软件从国外数据库里下载大量文献，严重侵权；在不少高校图书馆或计算机中心里，一些学生搞恶作剧，擅自改变计算机设置，甚至删除软件，自设密码，破坏别人的程序、资料，严重影响正常的教学和实验工作。有的学生还不清楚或不遵守信息行业的网络社交安全规则，以致网络欺诈、网络成瘾以及进入网恋误区等。

（3）尊重知识产权和个人隐私

由于利用信息技术可以下载各种教育研究与教学资料，因此要特别注意尊重他人的劳动，应该提倡一种用诚实劳动争取美好生活的思想道德观念，不能去剽窃和仿冒他人的教育研究成果，在引用别人的知识劳动成果时，应该指明出处；应该尊重其他人的劳动与信息产权，未经同意不要下载别人的信息；同时，由于利用信息技术来接收信息通常是采取允许接收者可以主动寻找自己感兴趣的互动方式，这时接收者或信息查阅者就更加要尊重他人的隐私权，不要去盗窃别人的机密信息和隐私信息。此外，在收到电子邮件以后，应该及时给对方答复，帮助解决有关问题①。

信息知识、信息意识、信息道德渗透在信息能力的全过程。具有强烈的信息意识，才能激发信息能力的提高；信息能力的提升，又促进了信息知识的学习，加强了人们对信息及信息技术作用和价值的认识，进一步增强了信息意识；信息道德则是信息能力正确应用的保证，它关系到信息社会的稳定和健康发展。据统计，任何一项新的技术发明，其中约90%的知识是通过吸取前人的技术成果、汇聚各种信息而获得的，真正创造性的工作仅占10%左右。牛顿就曾谦虚地将自己的成就归因于"因为我站在巨人的肩上"。这就告诉我们，要培养创造型人才，就必须培养学生综合利用信息的能力。

---

① 赵莉，丛全滋. 信息素养实用教程［M］. 北京：中国轻工业出版社，2013.

在 21 世纪，为迎接知识经济的挑战，人们只有坚持学习，不断提高自身信息素养，才能具备终身学习的能力，顺应社会发展的客观需要。

五、信息素养的评价标准

信息素养评价标准用来衡量个体信息素养是否达到要求，或者是达到什么样的要求，同时也是"信息素养理论研究深化发展的必然方向，是信息素养理论研究成果具体化并应用于教育实践的必经途径，是从理论研究通往信息素养培养和教育实践的桥梁"。信息素养标准体系的建立为信息素养的评价提供了可操作的标准和基本依据。

1998 年，美国图书馆协会和教育传播协会制定了学生学习的九大信息素养标准，概括了信息素养的具体内容。

标准一：具有信息素养的学生能够有效地和高效地获取信息。

标准二：具有信息素养的学生能够熟练地和批判地评价信息。

标准三：具有信息素养的学生能够有精确地、创造性地使用信息。

标准四：作为一个独立学习者的学生具有信息素养，并能探求与个人兴趣有关的信息。

标准五：作为一个独立学习者的学生具有信息素养，并能欣赏作品和其他对信息进行创造性表达的内容。

标准六：作为一个独立学习者的学生具有信息素养，并能力争在信息查询和知识创新中做得最好。

标准七：对学习社区和社会有积极贡献的学生具有信息素养，并能认识信息对民主化社会的重要性。

标准八：对学习社区和社会有积极贡献的学生具有信息素养，并能实行与信息和信息技术相关的符合伦理道德的行为。

标准九：对学习社区和社会有积极贡献的学生具有信息素养，并能积极参与小组的活动探求和创建信息。

我国目前仍未发布全国性的信息素养评价标准。我国在信息素养能力评价问题上尚未有明确的衡量标准和系统科学的评价体系。高校信息素养能力评价体系的建立是高校进行信息素养教育的目标，是学生能力水平的评判依据。随着对国外信息素养评价标准的引进和评介，国内学者陆续开展了尝试制定我国信息素养评价标准的研究。但大多是研究者根据个人对信息素养的理解，编制相应的信息素养评价标准，指标项目的取舍具有很大的随意性。但有三项是由专门研究机构在广泛吸纳了各学科专家意见，并在专家参与的基础上进行的研究，其中一项是北京高校图书馆学会在 2005 年完成的北京地区高校信息素养能力指标体系的设计；另外一项是 2005 年 8 月由中国科学技术信息研究所承接的联合国教科文组织的中国国民信息素养教育研究项目。这两项研究在对信息素养内涵进行深入研究的基础上构建了信息素养评价指标体系，具有较强的学术性、专业性，有较高的参考价值。还有一项是 2008 年 4 月，图工委信息素养教育工作组组织北京地区部分高校图书馆专家，在北京高校信息素养教育研究会制定的《北京地区高校信息素养能力指标体系》基础上进行修改，提出了《高校大学生信息素养指标体系（讨论稿）》，这都为高校实施信息素养教育和评价人才综合素质提供了重要指标和依据，并对信息素养教育的研究起到了很强的指导作用。

《北京地区高校信息素养能力指标体系》是我国第一个正式的并且比较有权威的信息素养评价标准体系，该指标体系来源于由清华大学图书馆、北京航空航天大学图书馆所承担的北京地区高校信息素养能力示范性框架研究项目，项目得到了北京地区多所高校图书馆的支持，通过数理分析和专家访谈等方法设计出了一套信息素养评价指标体系。该指标体系将高校学生毕业时应具有的信息素养能力科学化、具体化，细化为一个指标集合，它参照了前面介绍过的美国大学和研究图书馆协会（ACRL）、澳大利亚大学图书馆员协会（CAUL）、英国高校国家图书馆协会（SCONUL）的 3 个信息素养标准，共分 7 个一级指标（称为维度），19 个二级指标（称为指标），61 个三级指标（称为指标描述），是目前国内比较详细的信息素养评价指标体系。该体系从信息意识、信息能力、信息知识、信息道德 4 个方面反映了对高校学生毕业时应具有的信息素养能力的要求，其中的信息能力包括信息系统的使用能力、信息的获取能力、信息的处理能力、信息的交流能力与信息的生成能力。（具体见附件1）

《高校大学生信息素养指标体系（讨论稿）》共有 6 项一级指标，17 项二级指标，另外，又提出了高校大学生素质教育知识点，分别从 7 个方面共列出 35 个知识点，从而使该体系具有较好的操作性和较强的针对性。《高校大学生信息素养指标体系（讨论稿）》是在《北京地区高校信息素养能力指标体系》基础上进行修改而提出的，在指标内容上，减少了信息道德这一一级指标，用 17 项二级指标（其内容与《北京地区高校信息素养能力指标体系》的前 17 项二级指标完全相同）作为评价大学生信息素养的指南，体系结构上是一个树形结构的二级指标集合。

六、 信息素养教育的必要性

21 世纪是信息化的社会，随着信息化、知识化、网络化的程度不断加深，信息素养对个人以及国家的意义显得越发重要，目前世界各国对这一点都已经有了充分认识。随着计算机和网络技术的发展，信息资源的数量、信息的更新速度、信息的载体和获取信息的渠道得到迅速增长。如今继土地、资本、能源之后，信息已经成为另一项重要的资源，推动着人类社会的改革和发展。由于信息社会具有知识数量多、更新快的特点，要跟上信息社会的发展步伐，人们就必须树立终身学习的观念；而要进行终身学习，信息素养是不可或缺的条件之一。

1. 信息素养是其他综合能力的基础

在当今这个信息技术飞速发展、信息资源日益丰富的社会，信息素养是日益重要的一种素养，也是个人综合能力的基础。信息技术的发展、信息资源的丰富，使每个人都面临着多样的信息选择。图书馆、社区、专门机构、媒体和互联网络，以及日益增多的其他来源的信息，以其未经过滤的本来姿态出现在人们面前，由此产生了一系列问题，包括信息的准确性、有效性、可靠性等。另外，人们还可以通过多媒体获得图片、声音、文本等多种信息，这些新的媒体形式不可避免地对人们评估信息、理解信息提出了新的挑战。信息质量的不稳定、信息数量的无限扩张，都会对社会产生巨大的影响。如果不具备有效地利用信息的能力，没有足够的信息素养，大学生就不能成为拥有更多知识、更有见识的合格人才。信息素养是思维能力、解决问题的能力、决策能力和合作能力的基础，这些能力的有机整合形成了个人的综合能力，具有这种综合能力的人才具有较强的实践能力和创新能力。因此，信息素养是其他综合能力的基础。

2. 信息素养是终身学习的基础

在现代社会中，在职学习和终身学习是人的一生中主要的学习方式。联合国教科文组织出版的《学会生存》一书指出："未来的文盲，不再是不识字的人，而是没有学会怎样学的人。"信息素养是终身学习的基础，这是因为只有具备一定的信息素养，把信息技术作为支持终身学习的手段，学习者才能有效地获得学习的内容，才能对所做的研究进行扩展，学会更好地进行自我导向，并对自己的学习进行更有效的控制。具备较高信息素养的人，能够充分认识到何时需要信息，并能有效地检索、评价和利用信息，才能懂得如何组织、发现和使用信息，成为具有终身学习能力的人。信息素养作为一种高级的认知技能，与批判性思维、分析问题、解决问题的能力一起构成了知识创新的基础。

3. 信息素养是生存和发展的基础

现代社会的发展日新月异，决定社会经济发展的不再只是物质资源的拥有量和利用能力，信息资源的拥有量及利用能力成为更加重要的决定因素。信息素养将成为个人生存与发展的基础。掌握信息、利用信息是创新的首要标准之一。当今社会，高素质人才往往离不开信息技术和人际交往能力，这两者都包含了对信息素养的要求。可以想象，如果不能掌握计算机基本知识及其操作技能，不能正确使用现代通信工具，没有较强的信息意识，大学生很难成为广受欢迎的人才。

4. 信息素养是胜任工作的条件

信息时代的各类工作都需要具有与其相适应的信息素养的人才。现代社会政治、经济、科技、文化的高速发展，使信息数量呈几何级数增长，也使其传播方式发生了巨大的变化。这种新的信息环境的出现对人们原有的信息能力提出了新的挑战，具体表现在无限增长的信息对人们有限的阅读时间的挑战，爆炸膨胀的信息对人们原有接受能力的挑战，大量更新的知识对人们理解能力的挑战，以及千变万化的传播方式对人们原有检索利用能力的挑战。显然，培养和提高信息素养是现实社会的迫切需要。在信息社会中，作为一个具有文明修养的大学生，应适应社会的发展，积极、正确、有效地应用信息系统，正确地认识和了解信息技术，掌握信息传播的途径与方法，充分地利用各种信息资源，以提高自身适应信息社会需求的信息素养。

第二节 信息及相关概念

一、信息

1. 信息的概念

21世纪是信息时代，信息、材料、能源被认为是构成当代社会的三大资源。"信息"围绕在我们生活的方方面面，我们随时都在与信息打交道，如获取信息、接收信息、传递信息、存储信息、处理信息和利用信息等。

我国最早使用"信息"一词是在唐朝诗人李中的诗句："梦断美人沉信息，目穿长路倚楼台。"其中，"信息"一词就是音信、消息的意思；而英语的 information 一词源于拉丁词源 informatio，意思是通知、报道或消息。随着社会的发展，信息逐渐渗透到各个学科领域，不同领域、不同行业的人对信息的定义有不同的解释和理解：

①美国学者、信息论的创始人，克劳德·艾尔伍德·香农（Claude Elwood Shannon）认为，信息是一种用来减少随机不确定性的东西。

②美国应用数学家、控制论的奠基人诺伯特·维纳（Norbert Wiener）则认为，信息是"我们在适应外部世界、控制外部世界的过程中同外部世界交换的内容的总称"。这意味着信息是人与外部事物交流的内容总称。

③美国信息管理专家霍顿（F. W. Horton）给信息下的定义是："信息是为了满足用户决策需要而经过加工处理的数据。"简单地说，信息是经过加工的数据，或者说，信息是数据处理的结果。

④经济管理学家认为"信息是提供决策的有效数据"。

⑤电子学家、计算机科学家认为"信息是电子线路中传输的信号"。

我国国家标准《情报与文献工作词汇基本术语》中，关于"信息"的定义是："信息是物质存在的一种方式、形态或运动状态，也是事物的一种普遍属性，一般指数据、消息中所包含的意义，可以使消息中所描述事件的不定性减少。"总之，"信息即事物运动的状态与方式"这个定义具有最大的普遍性，不仅能涵盖所有其他的信息定义，还可以通过引入约束条件转换为其他的信息定义。①

2. 信息的特征

（1）普遍性

所谓普遍性，是指信息普遍存在于自然界和社会生活中，可以说有实物的地方就有信息。人类在社会实践和生产实践中不断地产生信息和利用信息，古有烽火传军情、鸿雁传书的典故，而今天信息更是围绕在我们每个人的周围。

奥地利学者克·符利士做了一个蜜蜂采集蜂蜜的实验，可以充分证明信息的普遍性。盛有果酱的盘子被放在蜜蜂箱不远处，一只蜜蜂发现了它，不久就来了大批蜜蜂，开始了盘子—蜂箱—盘子之间的飞行，直到把果酱搬完为止。侦察蜂与群蜂是通过舞蹈动作联系的。据统计，当盘子距离蜂箱 100 m 时，舞蹈 9～10 次；当盘子距离蜂箱 200 m，舞蹈 7 次；当盘子距离蜂箱 2 km 时，舞蹈 4 次；当盘子距离蜂箱 6 km 时，舞蹈 2 次；若舞蹈方向垂直向上，表示朝太阳方向飞行；若舞蹈方向垂直向下，表示向太阳相反的方向飞行。若舞蹈有一定角度，则相应朝偏离太阳一定角度的方向飞行。在整个过程中，蜜蜂个体与个体之间、个体与自然环境之间通过交换信息，达到调节群体活动、采集食物、维持生存的目的②。

（2）客观性

信息不是物质，而是物质的产物，即先有信息反映的对象，然后才有信息。无论借助于

① 赵乃瑄. 实用信息检索方法与利用［M］. 北京：化学工业出版社，2013.
② 党跃武. 信息检索导论［M］. 北京：高等教育出版社. 2006.

何种载体，信息都不会改变所反映对象的属性。即使是主观信息，如决策、判断、指令、计划等，也有它的客观实际背景，并受客观实际的检验。例如，天气预报无论是通过广播、电视、报纸还是其他媒介，反映的都是自然界的客观变化。

（3）时效性

信息的时效性是信息的重要特征，是指信息从发出、接收、利用的时间间隔及其效率，所以，在获取和利用信息时，必须注重时效性。信息的时效性与信息的价值性密不可分。任何有价值的信息，都是在一定条件下起作用的，如时间、地点、事件等，离开一定的条件，信息将会失去应有的价值。从某种意义上讲，信息的价值取决于信息的时效性，特别是反映客观事物某种发展趋势的信息，时效性越强，信息的价值越大，反之，信息就会失去作用。

（4）可传递性

信息是可以传递的，无论是在时间还是在空间上。信息可以借助一定的物质载体传递给感受者、接收者。信息可以进行空间和时间上的传输，传输速度越快，效用就越大。科技的发展，使传播信息的网络覆盖面越来越大，从而使信息得以迅速扩散开来。信息的可扩散性与信息传递技术的发展密切相关，信息的扩散速度与传递技术的发展成正比，即传递技术发展得越快，信息扩散的速度越快。

（5）可共享性

共享性是指信息能够同时为多个使用者所利用，信息扩散后，信息载体本身所含的信息量并没有减少，这是信息与实物、能量等的根本区别。通过传递，信息迅速为大多数人所接收、掌握和利用，并会产生出巨大的社会效应。正因为信息的这一特性，社会才会保护信息开发者。

（6）可处理性

信息可以通过一定的方法进行加工处理，从无序变为有序，从冗杂变为精练，从分散变为集中。与其他事物一样，信息有一个从产生到发展，再到成熟，最后到消亡的过程，这个过程就是信息的生命周期。

二、 与信息相关的概念

1. 文献

文献的概念有广义和狭义之分。广义的文献是指记录有知识和信息的一切载体。我国古代早期的文献概念基本上是广义的，"文献"一词最早出现于春秋战国时期的《论语·八佾》中。孔子说："夏礼吾能占之，杞不足征也；殷礼吾能言之，宋不足征也；文献不足故也，足，则吾能征之矣。"这段话的意思是：夏代的制度我知道，杞国的我不知道；殷代的制度我知道，宋国的我就不了解；这是文献不足的缘故，如果足，那么我就能知道了。汉末建安时期玄学大师何晏在其《论语集解》中引汉代经学大师郑玄注："献，犹贤也。"至宋代，朱熹在《四书章句集注》中沿袭郑玄、何晏的训诂，进一步明确注释为："文，典籍也；献，贤也。"在此，"文"是指典章制度的文字资料，"献"是指见多识广、熟悉掌故的人。狭义的文献是指具有历史保存价值和现实使用价值的书刊文物资料，包括各学科重要的书刊资料，主要有图书、期刊和各种出版物。

2. 知识

古往今来，人们对知识的理解是仁者见仁，智者见智。最早对它下定义的是古希腊的哲学家柏拉图，他把知识定义为"证明（Justified）了的真信念"，这个定义直到 20 世纪 60 年代仍然被广泛接受，成为知识论的一个基本概念。

当代著名的认知心理学家皮亚杰认为："知识是主体与环境或思维与客体相互交换而导致的知觉建构，知识不是客体的复本，也不是由主体决定的先验意识。"《现代汉语词典》对知识的解释是："知识是人们在的实践中获得的认识和经验的总和。"客观世界接收的信息经过人脑的接收、选择、加工，产生系统化的信息。系统化的信息是人们对客观世界新的认识，也就是知识。新的知识首先产生并储存于人脑中，借助语言符号，通过物质载体记录下来，成为可以传递的知识，也就是文献。知识（Knowledge）是人类通过信息对自然界、人类社会及思维方式与运动规律的认识与概括，是人的大脑通过思维重新组合的系统化的信息，是信息中最有价值的部分。信息是创造知识的原材料，知识是信息加工的抽象产物。随着人类对主观世界认识的加深，逐渐形成完整的知识体系，这是人类创造的宝贵的精神财富。

3. 情报

广义的情报是指被传递的知识或者实事。狭义的情报是指在特定的时间、特定的状态下，为特定的人提供的有用的知识。

"情报"一词在我国最初的含义多与战事相关。其典型的定义是："战时关于敌情之报告，即情报。"在现代，学术界对情报的理解存在认识上的共性。其一，情报来自知识，来自对知识的加工处理；其二，情报不等同于广义的知识，而只是"作为交流对象的有用知识"。现代的情报概念，已经延伸至"特定性"情报、"决策性"情报和"竞争性"情报等，进入了社会各阶层、各领域。情报具有目的性、特定性的观点已为人们所普遍接受。信息、知识要称为情报，必须是被社会所需求，这种需求被情报系统接收后，由专门的情报人员进行分析、研究，进而产生情报，再由社会情报系统传递出去，为社会所利用，并产生一定的社会效果。社会在利用情报的过程中，可能产生新的需求，也可能产生新的信息。

4. 文献、知识、情报与信息的关系

信息、文献、知识、情报之间有密切的联系。信息即事物运动的状态与方式。每一种事物都有着不同于其他事物的信息。将知识和信息记录在一定的载体上就是文献。客观世界接收的信息经过人脑的接收、选择、加工，由感性认识上升到理性认识，就形成系统化信息，这就是知识。为特定用户传递的信息和知识就是情报。

第三节 信息源

一、信息源的概念

信息源，顾名思义是指信息的来源。联合国教科文组织出版的《文献术语》将其定义为：个人为满足其信息需要而获得信息的来源，称为"信息源"。不断寻找、发现和利用对自己生活、工作、学习和研究有用的信息资源，对每个人来说都是非常重要的。信息源是产

生、载有和传递信息的一切物体、人员和机构。在图书情报领域，信息源是人们在科研活动、生产经营活动和其他一切活动中所产生的成果和各种原始记录，以及对这些成果和原始记录加工整理得到的成品。

二、信息源的种类

信息源可以分为文献信息源、实物信息源、口头信息源。

1. 文献信息源

文献信息源是指以文字、图形、符号、声频、视频等方式记录在各种载体上的信息和知识，它的特点是经过加工，较为系统、准确、可靠，便于保存和利用。这是一种最重要的信息源，是人们获取信息和知识的最主要的途径。文献信息源按照不同的角度，可以划分为不同的文献类型。

（1）按照文献编辑出版的特征和适用范围划分

信息源按照文献编辑出版的特征和适用范围，可分为正规文献和非正规文献。

正规文献是指公开出版的文献，包括图书、期刊、报纸和政府出版物。

1）图书

图书是人们为了保存和传播知识，有意识地用文字、图像、声频、视频等手段将知识记录在一定的物质载体上的著作。图书的特点是装订成册，由一定的篇幅、封面、书名页、正文、版权页等部分组成。

图书是人类积累、存储、传播知识的重要手段之一，它具有保存人类精神产品、交流传递知识信息、进行社会教育和丰富人类文化生活等多种社会功能。图书是社会生活的产物，是影响社会发展的有力因素。它是最早出现的文献类型之一，至今在文献中仍占据着重要的地位，是主要的信息源。

2）期刊

期刊又称杂志，是指有固定名称，用卷、期或年、季、月顺序编号，按照一定周期出版的成册的连续出版物。期刊具有以下特征：①连续出版，定期或者不定期地连续出版，有按序无限延伸出版的可能；②定期出版，每年至少出版一期，用卷、期或年、月等表示连续出版性质的序号；③有一个固定的名称，每一种期刊都有统一的、比较固定的名称；④出版形式统一，期刊编排格式比较固定。我国已颁布国家标准，对科技学术期刊和检索期刊编排格式等进行了规定。期刊还有较固定的编辑者，负责组织稿源，以及内容的加工等工作。一般期刊有编辑部、编辑委员会等机构，有的刊物每期都列出主编和编辑委员会等。

期刊内容新颖、时效性强，能够及时地报道国内外科学技术的最新消息和成就，是传播和交流情报信息的主要文献之一。期刊根据不同的性质，可以划分为学术性的期刊、普及性期刊和资料性期刊。其中，学术期刊中的核心期刊是各个学科的重点期刊，往往重点反映某一学科的学术思想和学术发展的先进水平，值的高度重视。

3）报纸

报纸是具有固定名称，面向公众，定期、连续发行、发布新闻、评论、信息的纸质载体。

报纸相对于期刊、图书，具有受众面广、数量庞大、信息量大、时效性强、制作简便、成本低廉、影响力大等特点，是一种重要的信息源。

4）政府出版物

政府出版物又称官方出版物，是各国政府及其所属机构颁布的文件，包括书、期刊、小册子、影片、磁带以及其他声像资料等，如政府公报、会议文件和记录、法令汇编、条约集、公告、调查报告等。它所包括的内容范围十分广泛，几乎涉及整个知识领域，但重点主要在政治、经济、法律、军事、制度等方面。

政府出版物具有正式性和权威性的特点，对于各国了解科学技术发展情况具有独特的参考价值。因此，欧美发达国家以及日本等国对政府出版物都比较重视。政府出版物也是重要的信息源。

非正规文献是指不公开出版，通过正规渠道难以获得的具有重要参考价值的文献，也称为内部文献、限制流通文献、西方多称之为"灰色文献"。灰色文献有其独特的信息价值和实用价值，越来越引起用户的重视。按照《科学引文索引》（SCI）所进行的研究及诸如美国国家航空航天局（NASA）、德国卡尔斯鲁厄专业情报中心和意大利高级卫生研究所编辑部等组织所做的估计，灰色文献在文献信息资源中所占的比重可能已经超过 20%，而且还处于不断上升的趋势[1]。灰色文献具有内容复杂、信息量大、形式多样、出版迅速、时效性强、隐藏性大、规范性强、权威性大等特点，是不容忽视的信息源。

灰色文献包括会议文献、学位论文、档案文献、标准文献、统计资料和内部刊物。

1）会议文献

会议文献指在各类会议特别是学术会议上宣读或书面交流的论文、报告、讨论记录和其他有关资料。随着科学技术的迅速发展，世界各国的学会、协会、研究机构及国际性学术组织举办的各种学术会议日益增多，世界上每年举办的科学会议达数万个，产生几十万篇会议论文。会议文献没有固定的出版形式，有些刊载在学会、协会出版的期刊上，作为专号、特辑或增刊，有些则发表在专门刊载会议录或会议论文摘要的期刊上；据统计，以期刊形式出版的会议录约占会议文献总数的 50%。一些会议文献还常常汇编成专题论文集或出版会议丛刊、丛书，还有些会议文献以科技报告的形式出版。此外，有的会议文献以录音带、录像带或缩微品等形式出版。许多学术会议还在互联网上开设了会议网站，或者是在会议主办者的网站上设会议专页，利用网站报道会议情况和出版论文。

会议文献的特点是传递信息比较及时，内容新颖，专业性和针对性较强，种类繁多，形式多样。会议文献一般是经过精心挑选和设计的文献，质量高，能及时反映学术研究中的新发现、新成果和学科学发展的方向。

2）学位论文

学位论文主要指各高校、科研机构的学生为了获得学位，在导师指导下独立完成并获论文答辩通过的学术研究论文。学位论文的特点是学术性强，内容比较专一，引用材料比较广泛，阐述较为系统，论证较为详细。学位论文少数在答辩后公开出版，多数不公开发行，只

---

① 朱红，王素荣.信息资源管理导论［M］.北京：国防工业出版社，2006.

有一份保留在授予单位的图书馆中，以供阅览和复制。

从内容来看，学位论文可分为两类：一类是作者参考了大量资料，进行了系统的分析、综合，依据充实的数据资料，提出本人的独特见解，称为综论；另一种是作者根据前人的论点或结论，经过实验和研究，提出进一步的新论点。从学位名称角度来看，学位论文有博士论文、硕士论文和学士论文。其中博士学位授予的是大学或研究单位有独创性研究和贡献的博士生，并且研究课题是在有该课题专长的导师指导下进行的，其论文需经该领域里著名学者审查通过，所以博士论文大多质量较高，有新的信息，是一种很有参考价值的文献。

3）档案文献

档案文献是指国家机构、社会组织以及个人在从事各项活动中直接形成的，具有保存价值，经过立卷归档，集中保存起来的具有较高价值的文件。

档案文献是一种原始的历史记录，它是由人们在社会生活中自然形成的文件转化而来的，不是随意编写和随意搜集而来的；档案文献是有组织的文件体系，不是零散的文件堆积，而是按照一定的规律挑选和组织而成的文件体系。档案文献对了解历史、预测未来、解决当前各项工作中的问题都具有重要的参考价值，是进行社会科学研究必不可少的第一手参考资料，是一种很有价值的信息源。

4）标准文献

标准文献简称标准，狭义的标准是指专门委员会制定，经过公认权威机构和国家行政主管部门批准的一套具有法定约束力的规范化文献，包括各种级别的标准、部门规范和技术规程。广义的标准是指与标准化工作有关的一切文献，包括标准形成过程中的各种档案、宣传推广标准的手册及其他推广物，包括标准目录、索引和文献目录。

标准文献的特点包括：第一，标准文献描述详尽、可靠、具有法律效力。标准文献的技术成熟度高，并且有作为一种依据和规范提出，因此内容详尽、完善可靠；同时，它又具有一定的法律效力，使产品生产和工程建设有据可依。第二，标准文献单独出版、自成体系。标准文献无论是编写格式、语言描述、内容结构还是审批程序、管理办法以及代号系统等，都独自成为一套体系。第三，标准的时效性很强。国际标准化组织规定每 5 年重新审定一次，个别情况可以提前修订，以保证标准的先进性。第四，标准文献交叉重复、相互引用。从企业标准到行业标准再到国际标准之间，并不意味着技术水平等级依次上升，在制定标准时，同一级别的标准甚至不同级别的标准经常相互引用和交叉重复。

5）统计资料

统计资料即反映事物现象及其过程特征和规律性的数据资料。统计资料包括统计数据、数据分析和根据统计资料编辑而成的数据集、数据表等。统计资料是科研中进行定量分析必不可少的资料，是进行决策的重要依据。

6）内部刊物

内部刊物是指政府机关、高等院校、研究机构、出版发行等单位非公开出版的刊物。内部刊物主要反映部门政策、教学科研成果、学术动态等，一般内部发行，内部交换。

（2）按照载体的形式划分

信息源按照载体的形式，划分为纸质文献产生以前的各种载体文献、纸质文献和新型载体文献。

1）纸质文献产生以前的各种载体文献

纸质文献产生以前，在世界不同地区和不同的时代，人们使用过不同形式的文献。古埃及使用过以纸沙草为载体的纸草文献，欧洲使用过以羊皮为载体的羊皮文献。我国使用过以龟甲兽骨为载体的甲骨文献，以青铜为载体的金文文献，以石头为载体的石刻文献，以竹简为载体的金文文献，以丝织品为载体的帛文献。古代人通过刀刻、手写等方式将知识或者信息存储在这些载体上，这些载体存储信息的密度很低，而且一次只能产生一份文献。因此，这些文献从产生、阅读、传播、保存都不方便。

2）纸质文献

纸质文献是以纸张为载体，通过手写、木刻、石印、油印、复印、铅印、胶印、影印等手段形成的文献。自从发明了纸张，纸张文献就成为信息记载和传递的主要工具，成为人们生活中获取知识的重要手段。相对于之前的文献，纸质文献具有携带、书写、保存方便。

3）新型载体文献

新型载体文献缩微型文献、声像文献和电子文献。

- 缩微型文献

缩微型文献是利用缩微复制技术所得到的缩微胶片、缩微胶卷、缩微印刷品等文献资料，即含有缩微影像的各种载体的文献。缩微型文献产生于19世纪30年代，到第二次世界大战以后，才在欧美等一些发达国家得到使用，如大量出版的某些成套书刊、专利说明书、学位论文以及绝版书、孤本书和珍本书等。缩微型文献具有下述优点：记录知识的密度高，拍摄速度快，忠于原文献，而且图像清晰，节省空间，放大还原容易，保存期长，便于文献资料的搜集和交流。它是当前优异的记录知识的载体。但是，使用缩微型文献时需用阅读器阅读，会造成阅读的不便。此外，缩微设备需要大量投资。因此，目前在我国还正待普及[1]。

- 声像文献

声像文献又称视听资料、影像制品、直观文献，是以磁性材料、光学材料等为记录载体，利用专门的机械记录既有声音又有图像的文献。如利用录音带、录像带、电视录像片等直接通过声音和图像记载与传播知识的载体。声像文献有其自身的独特性和优越性：可提高学习和研究的效果。这是因为用文字不易表达的内容，用声像文献则可见其形、闻其声，同时，这种资料可节省人们的精力和时间，也可大大提高情报传递速度。声像文献一般要通过视听设备才能加以利用。

- 电子文献

电子文献是以数字方式将图、文、声、像等信息储存在磁、光、电介质上，通过计算机、网络或相关设备使用的，记录有知识内容或艺术内容的文献信息资源，包括电子书刊、数据库、电子公告等。电子文献实际上是指电子出版物生产发行手段的计算机化。

电子文献经历了三个阶段，第一个阶段就是以传统的图书、报纸、期刊为出版物，只有

---

[1] 张念宏. 教育百科辞典［M］. 北京：中国农业科技出版社，1988：637.

在生产过程中使用计算机进行编辑排版和制作，但最后的产品还是以纸张为载体，可以说是电子出版技术在传统出版领域的运用。第二个阶段是不仅出版物借助电子出版技术，而且出版发行的产品也是电子形式的。第三个阶段是依托于计算机网络，以电子形式在网络环境中自由存取和传递各种信息和知识。第一、二阶段过程中形成的数字化文献我们常常称之为电子文献，第三个阶段过程形成的数字化文献称之为网络信息资源。

（3）按照加工情况划分

信息源按照加工情况，可划分为一次文献、二次文献、三次文献。

1）一次文献

一次文献指作者本人在科学研究、工作实践中直接记录其研究成果的原始文献，所以又称为原始文献，如会议文献、学术论文、专著、专利说明书、档案材料等多属于一次文献。这种文献具有原始性、创造性的特点，有很高的直接参考和借鉴使用价值，同时也是文献参考与利用的主要对象。但是，因为一次文献的数量大，涉及面广，其载体形式也多种多样，因此，如果不注重储存和保管，则也难以系统化。

2）二次文献

二次文献又称为线索性文献或者检索性文献，是在一次文献的基础上进行加工、整理，使之系统化、条目化的以方便查找的文献。二次文献有书目、题录、索引、文摘等。二次文献是将分散的、各种形式的一次文献进行系统化、条目化的结果，是检索一次性文献的主要工具。二次文献具有汇编性、检索性、报道性及科学性的特点。在科学研究中，要了解某一课题的信息或者检索某一课题的特定信息，对二次文献的掌握是十分必要的。

3）三次文献

三次文献又称为资料型文献、参考性文献，是根据需要在二次文献的基础上对一次文献进行系统分析、筛选、整理，并以此为根据论述其主要内容的文献，如综述、辞典、年鉴、手册、专题评述、进展报告、百科全书等。它具有综合性、参考性、广泛性等特点，对学术研究具有指导和参考作用。如果想了解某一学科和某一课题当前的研究动态，可以利用三次文献。

2. 实物信息源

实物信息源即信息附着于某种实际的物品（如产品、样品、样机等）上面。信息用户通过参观或考察来采集其中的有用信息。其优点是直观、真实，易检验或仿制。但一般需经过复杂的分析或解析过程才能将其中的有用信息分离出来，各种展览会是获取实物信息的重要渠道。

3. 口头信息源

口头信息源即信息以人的声音为载体，信息提供者或发送者直接用口头谈话的方式将信息传送出去，如各种报告会、新闻发布会或个别交谈等。口头信息源具有传递速度快、选择性强、反馈迅速等优点。其缺点是直接传播面较窄，信息容易遗失，而且难以实行有效的社会监督。

第二章

信息组织与信息检索

学习目标

知识目标：

(1) 了解信息组织的概念、原理与内容。

(2) 了解信息检索系统的类型与构成。

技能目标：

(1) 能阐述信息检索的原理及类型。

(2) 能熟练选择检索语言。

素养目标：

(1) 增强民族自信心和自豪感。

(2) 鼓励学生进行检索技术创新。

情境导入

我国著名语言学家、文学家、国学家、佛学家季羡林在《学海泛槎·总结》中谈到他撰写《糖史》这本著作的过程。

季羡林说：我曾经从1993年至1994年用了差不多两年的时间，除了礼拜天休息外，每天来回跋涉五六里路跑一趟北大图书馆，风雨无阻，寒暑不辍。我面对汪洋浩瀚的《四库全书》和插架盈楼的书山书海，枯坐在那里，夏天要忍受书库三十五六摄氏度的酷暑，挥汗如雨，耐心地看下去。有时候偶尔碰到一条有用的资料，便欣喜如获至宝。但有时候也枯坐半个上午，把白内障尚不严重的双眼累得个"一佛出世，二佛升天"，却找不到一条有用的材料，嗒然拖着疲惫的双腿，走回家来。经过了两年的苦练，我练就一双火眼金睛，能目下不是十行，二十行，而是目下一页，而遗漏率却小到几乎没有的程度。

思考：

(1) 季羡林老先生用的什么检索工具？

(2) 如果是你的话，你会怎么做？

本章内容结构

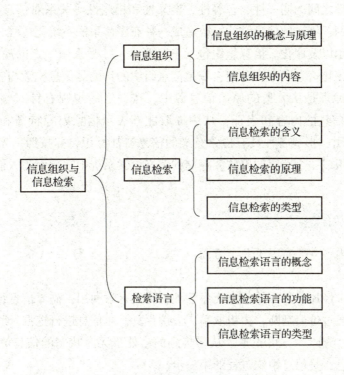

第一节 信息组织

  人们从各种渠道收集到的信息，只有经过加工整理，使之有序化，存储到相应的系统或介质上，才能为人们所利用，这便是信息组织的任务。信息组织通过人工和机器的干预，使信息有序增值，进而为人们所利用。它是信息检索的前提和基础。高效的信息检索依赖于有序的信息组织，只有对信息资源进行有效的组织和管理，才能实现信息资源利用最大化。

一、信息组织的概念与原理

1. 信息组织的概念

  信息组织，也称信息整序，是利用一定的规则、方法和技术对所处理信息对象的外部特征和内容特征进行描述、标引，并按给定的参数和序列公示排列，使信息从无序集合转换为有序集合的过程。信息的外部特征是指信息的物质载体所直接反映的特征，即信息载体外在的、形式的特征，如信息的物理形态、题名和责任者及出版项或发表日期、信息代码标识、流通货传播的标记等。信息的内容特征就是信息包含的内容，它通过关键词、主题词、所属学科和分类号或者其他知识单元来表达。

2. 信息组织的原理

  信息组织是由人介入的社会性活动，图书馆、情报所、文献中心、档案馆、专利局等是人们长期进行信息组织和提供活动的场所，数据库和互联网是数字化信息组织空间。

信息组织包括信息著录标引和信息序化两个工作环节。具体来说，信息组织的过程既是一个依照事物属性之间的同一性、包容性、交叉性和排斥性等关系对信息实施序化的过程，又是一个将无序的、零散的信息结构，改造成一种有序体系的系统化过程，其核心内容是对信息的描述与揭示以及序化。信息组织包括三个要素：一是采用一定的规则、方法和技术；二是揭示信息与序化信息联系在一起；三是信息组织的目的是信息检索与获取。

信息组织的原理是从大量的原始信息源中，按一定的规则有针对性地收集、选择信息，分析被选定信息的内容和表征，从中提取能够表示信息内容特征和外部特征的标识词进行著录和标引，形成各种具有检索意义的信息特征标识，并按照一定的规则和方法把所有信息记录组织成一个有序的整体，存储到信息检索系统中，从而为人们获取所需信息提供方便。

二、信息组织的内容

信息组织的内容主要有以下几个方面：

1. 信息的筛选

信息海洋中未经加工的原始信息无序杂乱，无法有效利用，需要信息组织加工者对信息进行辩证分析，通过价值判断，去粗取精，去伪存真，对信息进行挖掘，对收集来的信息进行筛选和鉴别，"清源"方可正本。从采集到的、处于无序状态的信息流中甄别出有用信息，剔除无用信息，是信息组织过程的第一步。

2. 信息的分析与揭示

收集来的信息是初始的、零乱的、孤立的，信息的分类是根据选定的分类表，对杂乱无章的原始信息进行分门别类，对信息的外部特征进行细化、挖掘、加工整理并归类。

3. 信息的描述与加工

信息的描述和加工（著录与标引）是指在编著文献信息时按照一定的标准和格式，对原始信息的内容特征（主题词、分类号）与外部形式（名称、来源、责任者等）以及物质形态进行分析，选择好记录，并在著录后的信息或载体上按一定规律加注标识符号的活动。

4. 信息的整序与存储

信息的整序是指在信息分类的基础上按照一定规律将信息排列成序，经过信息的分类排序，可以将混乱无序的信息组织成有条理、有序的信息体系；信息的存储是指将经过加工整理序化后的信息按照一定的格式和顺序存储在特定的载体上的一种信息整序活动。

第二节　信息检索

一、信息检索的含义

"检索"一词源于英文"Retrieval"，其含义是"查找"，信息检索作为一种实践活动由来已久。但作为一个比较规范、正式的学术术语，信息检索这个术语1950年由美国信息科学的先锋 Calvin Northrup Mooers（1919—1994）首先提出。

广义的信息检索是指将信息按一定的方式组织和存储起来，并根据信息用户的需要找出有关信息的过程。它包括信息检索和信息存储，即"存"与"取"两个环节。信息的存储是信息工作者对信息的特征加以描述、加工，使其变得有序化。存储是检索的基础，只有在有序的环境下，信息检索才可能顺利地进行。

但是对于信息用户来说，查找所需信息的过程即检索过程就是信息检索。

信息检索与文献检索的主要区别在于：文献检索是以获取文献信息为目的的检索，信息检索则收集、组织、存储一定范畴的信息，并可供用户按需要查询文献中的信息或知识单元，比文献检索更深入。

二、信息检索的原理

信息检索的原理，简单地说，就是怎么存进去的，怎么取出来。信息工作者对大量分散无序的文献信息进行组织、存储，建立各种各样的检索系统，并通过一定的方法和手段使存储与检索这两个过程所采用的特征标识达到一致，以便有效地获得和利用信息源。信息检索基本原理的核心是用户信息需求与文献信息集合的比较和选择，是两者匹配的过程。简单地说，就是怎么存进去的，怎么取出来。

一方面是用户的信息需求，一方面是组织有序的文献信息集合。信息工作者对大量分散无序的文献信息进行组织、存储，建立各种各样的检索系统，并通过一定的方法和手段使存储与检索这两个过程所采用的特征标识达到一致，以便有效地获得和利用信息源。检索就是从用户特定的信息需求出发，对特定的信息集合采用一定的方法、技术手段，根据一定的线索与规则从中找出相关的信息。

其中，存储是检索的基础，检索是存储的目的。文献信息的存储和检索的全过程可用图 2-1 表示。要完成这种匹配与选择，要做好以下三个方面的工作。

1. 文献替代

将表示文献资源特征的元数据替代它指代的资源，文献替代过程实际上是对原始文献的外表特征（包括题名、著者、出处等）和内容特征（包括分类号、主题词、摘要等）进行描述的过程，这项工作通常称为著录，著录的结果是将原始文献制成它的替代文献——二次文献。

2. 文献整序

文献整序就是对替代文献进行标引，给出文献标识（如分类号、主题词等），将所有替代文献按其标识进行有规律的组织排列，形成可检索的信息资源集合。

3. 文献特征标识与检索提问标识的匹配

检索者在查找所需文献时，只要以该系统所用的标识作为提问标识，与系统中的文献特征标识进行比较，并将文献特征标识与提问标识一致的文献线索从检索系统中检出，检出的部分就是检索的结果。

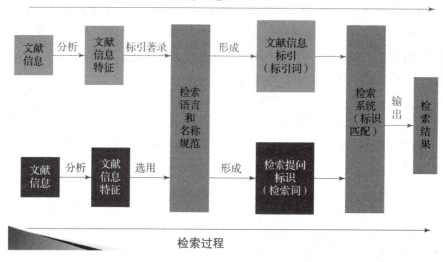

图 2-1　信息检索全过程

三、信息检索的类型

1. 根据内容和检索的对象划分

（1）文献型信息检索

文献型信息检索是以文献（包括题录、文摘和全文）为检索对象的检索。凡是查找某一主题、时代、地区、著者、文种的有关文献，以及这些文献的出处和收藏处所等，都属于文献型信息检索的范畴。完成文献型信息检索主要借助于各种数据库。其中全文检索系统是近几年随着网络技术的发展，在超文本技术的支持下，检索信息资源的新方法，而且随着信息技术的不断发展，自然语言深入揭示知识单元，检索可以深入文献内部，检索出词语、句子。

（2）多媒体型信息检索

多媒体信息检索包括基于文本的对媒体检索和基于内容的多媒体信息检索两种方式。其中，基于内容的多媒体信息检索方式是多媒体检索发展的方式，它是根据媒体和媒体的对象内容以及上下文的联系，在多媒体数据库中进行检索的。它的目的是提供自动识别或理解声音、图像、视频重要特征的算法。

（3）事实型信息检索

事实型信息检索是以客观事实为检索对象，查找某一事物发生的时间、地点及过程的检索，其检索结果主要是客观事实或为说明事实而提供的相关资料。

（4）数据型信息检索

数据型信息检索是以数值或数据为对象的一种检索，包括文献中的某一数据、公式、图表，以及某一物质的化学分子式等，数据型信息检索分为数值型与非数值型。完成数据型信息检索主要借助于各种数值数据库和统计数据库。

2. 根据检索手段划分

（1）手工检索

手工检索是利用人工进行信息的存取和检索信息的过程，例如书本式目录、卡片式目录。信息检索最初就是来源于图书馆的参考咨询工作。20 世纪初期，读者提出需求，图书馆工作人员利用书目工具和索引帮助检索资料。手工检索的工具包括四种：目录、题录、文摘、索引。

手工检索是计算机检索的基础，现在计算机检索的基本理论和方法都是从手工检索发展而来的。手工检索工具的检准率很高，所以了解手工检索也是很必要。

（2）机械检索

机械检索是 20 世纪 50 年代开始用机械进行情报检索的机械系统，是手工检索向计算机检索的过渡阶段。机械检索最初是从简单的穿孔卡片逐步发展起来的。机械信息检索主要包括两种基本类型：

1）机电信息检索

这是用诸如打孔机、验孔机、分类机等机电设备记录二次文献，用电刷作为检索元件的信息检索系统。

2）光电信息检索

这是用缩微照相记录二次文献，以胶卷或胶片边缘部分若干黑白小方块的不同组合做检索标志，利用光电检索元件查找文献。

机械信息检索系统利用当时先进的机械装置改进了信息的存储和检索方式，通过控制机械动作，借助机械信息处理机的数据识别功能部分代替人脑，促进了信息检索的自动化。但它并没有发展信息检索语言，只是采用单一的方法对固定的存储形式进行检索。而且过分依赖于设备，检索复杂，成本较高，检索效率和质量都不理想。机械信息检索系统很快被迅速发展的计算机信息检索系统取代。

（3）计算机检索

计算机检索是利用计算机和一定通信设备查找所需信息的检索方式。需要通过计算机硬件、应用软件、系统软件和通信硬件设备。利用这种方式能够对大量的信息进行存储，并可以根据用户要求从存储的信息中快速抽取特定信息，并且有删除、修改等功能。计算机检索的特点是速度快、效率高、检全率高。计算机检索经历了四个阶段：

1）脱机批处理检索阶段

计算机的诞生给信息检索带来了革命性的变化，1946 年第一台计算机问世后不久，信息工作者就将其运用到信息检索行业，早期只是运用一台计算机的输入输出装置进行检索，用磁带作为存储介质，一般为连续的顺序检索方式。检索者将很多的检索提问汇集到一起，进行批量检索，然后把检索结果反馈给用户，用户不直接接触计算机，因此称之为脱机检索。

1954 年美国海军军械实验中心利用 IBM701 将有关海军军械的 4 000 篇技术报告进行了计算机存储与检索的试验，建立了世界上第一个计算机文献信息检索系统。

脱机检索存在一些不足：第一，用户不能直接与计算机接触，用户的检索表达和检索的检索反馈都会因为距离受到限制。第二，由于检索介质的原因，检索者需要收集很多的检索内容，然后一次性地进行定题检索，所以很多时候检索用户无法快速获得信息反馈。第三，检索过程中不能随时修改检索式，检索的结果不能得到保证。

2）联机检索阶段

20世纪60年代末，计算机的软件和硬件技术都得到了提升，出现了计算机磁盘存储介质后，人们可以在磁盘上建立可以随时存储的和读取的文件，这样建立起了一台主机带多个终端的联机检索系统。这种系统采用实时操作技术，用户可以使用终端设备直接与计算机进行对话，随时浏览信息，修改检索提问，而且可以随时得到结果。这种系统可以多个用户同时在不同的终端进行独立的操作。联机检索系统由用户终端、通信网络、计算机及数据库组成。

1965年，SDC公司首次进行了全国范围的联机网络试验，并研制成功ORBIT联机情报检索软件，这标志着联机信息检索的开始。20世纪70到80年代，随着卫星通信、公共数据通信网等技术的进一步发展，联机检索系统迅速发展，出现了如DIALOG、STN等国际著名的大型联机检索系统，80年代联机检索系统具有实用化、规模化、产业化的特点。20世纪90年代开始，随着互联网的迅速发展及超文本技术的出现，基于客户与服务器的检索软件的开发，原来的主机系统被服务器所取代，由此，传统联机检索服务向网络联机检索服务转化。

3）光盘检索阶段

光盘是一种用激光记录和读取信息的盘片，具有信息存取密度高、容量大、读取速度快、信息类型多、保存时间长、成本低等优点。相对于磁盘，光盘存储的容量很大，例如，一张CD-ROM的容量是一张磁盘的500倍。光盘数据的类型也在不断地丰富，从文本的数据到图像型、声像型、多媒体型等多种形式的CD-ROM的产品。

从1972年荷兰菲利浦公司最早研制的激光唱盘，到1983年日本首张CD-ROM的问世，光盘作为计算机的外部存储设备引起了世界信息界的极大兴趣。随着1985年第一张CD-ROM数据库产品——美国国会图书馆机读目录（Bibiofile）的诞生，光盘就成为大型脱机式数据库的主要载体。20世纪90年代，在单机光盘数据库检索系统的基础上又开发了光盘塔和光盘网络软件，这使光盘数据库检索系统实现了局域网范围内共享。

光盘检索的特点是费用低廉、数量大、数据种类丰富、耐用、复制方便。缺点是信息的更新需要定期进行，检索的时效性差；检索步骤多，反复操作，费用高。

4）网络化的检索阶段

进入20世纪90年代，随着卫星通信、公共数据通信、光纤通信等技术及信息高速公路在全世界的迅猛发展，计算机信息检索走向了全球大联网。网络信息检索彻底打破了信息检索的区域性和局限性，用户足不出户就可以获得所需要的文献信息，随着信息技术的发展，信息检索方法和方式都得到了拓展。

网络信息检索是由网络站点、网页浏览器和搜索引擎组成的检索系统。在网络检索的初期，网站相对较少，查找比较容易，但是随着因特网快速的发展，海量的信息出现在人们生活中，在浩瀚的信息海洋中检索自己需要的信息变得越来越困难，1994年4月，为了帮助用户全面、经济、快速地获取所需信息，斯坦福大学的两名博士生——David Filo 和美籍华人杨致远（Gerry Yang）共同创办了 Yahoo!；同年 7 月，最早现代意义上的搜索引擎——Lycos 诞生并成功地使搜索引擎的概念深入人心；1999 年，李彦宏在硅谷创立了百度，搜索引擎高速发展，深入人心，成为人们检索信息的最直接、最高效的检索工具。

第三节　检索语言

信息检索语言是信息检索系统的重要组成部分，是信息存储人员和检索人员都要使用的语言工具。信息检索语言对于信息检索的重要性不言而喻，是必须掌握的基本工具。

一、信息检索语言的概念

信息检索语言是信息存储与检索过程中用于描述信息特征和表达用户信息提问的一种专门语言，是将标引语言和检索用语进行相符性比较的人工语言。这种人工语言就是从自然语言中精选出来并加以规范化的一套词汇符号，是概括文献信息内容或外在特征及其相互关系的概念标识体系，是沟通文献信息存储和检索两个过程中信息标引人员和信息检索人员双方思路的桥梁，是编制检索工具的各种索引的依据。

当信息存储时，标引人员将搜集到的信息按其外表特征和内容特征用一定的语言加以描述，并赋予一定的标志，如题名、著者、关键词等，将其整理、加工、存储于检索系统中。用户进行信息检索时，首先要对检索课题进行分析，用同样的语言抽取出几个能代表检索课题要求的检索标志，通过与检索系统中存储的标志相匹配，获取所需信息。这种在信息检索中用来联系文献信息和用户需求的"语言"就是信息检索语言。所以，信息检索语言是适应信息检索的需要，并为信息检索特设的专门语言。

二、信息检索语言的功能

检索语言在信息检索过程中起着重要的作用，是信息存储与信息检索两者的桥梁，要想准确检索到想要的信息，必须掌握检索语言。信息检索语言的主要功能有：

①具有必要的语义和语法规则，能准确地表达各学科领域中的任何标引和提问的中心内容及主题。

②具有表达概念的唯一性，即同一概念不允许有多种表达方式，不能模棱两可。

③具有检索标志和提问特征进行比较与识别的方便性。不管是用于手工检索工具还是用于计算机检索系统，都能够使文献信息的存储集中化、系统化、组织化，便于检索者按照一定的排列次序进行有序检索。

三、信息检索语言的类型

目前，世界上的信息检索语言有几千种，依其划分方法的不同，其类型也不一样。常用的方法是根据描述信息的有关特征来划分，信息的特征分为外表特征和内容特征两方面。如图 2-2 所示。

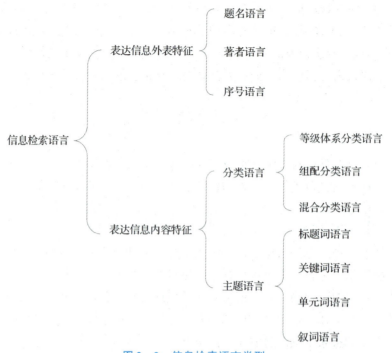

图 2 - 2   信息检索语言类型

表达信息外表特征的语言有题名语言（书名、刊名、篇名等）、著者语言（著者、译者、编者、团体著者等）、序号语言（专利号、标准号、报告号等）。

表达信息内容特征的语言有分类语言（等级体系分类语言、组配分类语言、混合分类语言等）、主题语言（标题词语言、关键词语言、单元词语言、叙词语言等）。

（1）分类语言

分类语言是用分类号和相应的分类款目名称来表达信息主题概念，并将信息按学科性质分门别类地系统组织起来的一种检索语言。分类语言能反映事物的从属派生关系，便于按学科门类进行检索。它又分为等级体系分类语言、组配分类语言和混合分类语言三种。

1）等级体系分类语言

等级体系分类语言是一种直接体现分类等级概念的标志系统。它以科学分类为基础，以信息内容的学科性质为对象，运用概念的划分与概括的方法，按照知识门类的逻辑次序，从上到下、从总到分，进行层次划分，每划分一次，就产生许多类目，逐级划分，就产生许多不同级别的类目。这些类目层层隶属，形成一个严格有序的等级结构体系。如《杜威十进制分类法》（Dowey Decimal Classification，DDC）、《中国图书馆分类法》（简称《中图法》），使用的就是典型的等级体系分类语言。如图 2 - 5 所示，分类表则是这种语言的具体体现。等级体系分类语言的主要特点是：按学科、专业集中信息，并从知识分类角度揭示各类信息在内容上的区别和联系，提供从学科分类检索信息的途径。

2）组配分类语言

组配分类语言是用科技术语进行组配的方式来描述信息内容。这些科技术语按其学科性质分为若干组，称为"组面"，组面内各个术语都附有相应的号码。标引信息时，根据信息内容选择相应的组面和有关术语，把这些术语的号码组配起来，构成表达这一信息内容的分类号。例如，印度阮冈纳赞的《冒号分类法》（Colonial Classification，CC），其对"牙医外科"的分类号为L124：4：7，其中字母L代表医学，数字124表示牙齿，数字4表示疾病，数字7表示外科，这些字母和数字通过冒号组配就形成了一个分类号。

组配分类语言是体系分类语言的发展，组配分类的分类标志是散组式的、组合的、可以分拆的，其中诸因素是可以变换位置的，这样给组配分类语言带来了很大的灵活性，克服了等级体系分类标引能力差的弱点以及"集中和分散"的基本矛盾，在提高检索效率上前进了一大步。

3）混合分类语言

它是组配分类和体系分类语言的结合，两者有所侧重，因而又有组配体系分类语言和体系组配分类语言之分。例如《国际十进分类法》（Universal Decimal Classification，UDC）。

《中图法》是我国第一部集中了全国图书馆和信息部门的力量共同编制的一部综合型大型文献分类法。目前广泛应用于各类型图书馆。《中图法》主要是从科学分类和知识分类的角度来揭示文献内容的区别与联系，按学科和专业集中文献，提供从学科和专业出发检索文献的途径。

（2）主题语言

主题语言又称主题词语言，是一种描述性语言，是用自然语言中的词、词语来描述信息内容特征，即信息所论述或研究的事物概念。换言而之，不论学科分类如何，主题语言直接借助于自然语言的形式，作为信息内容的标志和检索依据，是一种以主题词字序为基本结构的检索语言，比较直观。

主题语言可分为关键词语言、标题词语言、叙词语言、单元词语言四种。

1）关键词语言

关键词是直接从信息的标题、正文或摘要中抽取出来，未经过规范化处理，能够表达信息主题内容的关键性词汇。关键词语言是一种未经过规范化的自然语言，但具有表达信息概念直接、准确等特点，被广泛应用于手工检索和计算机检索。

关键词索引是以信息中的一些主要关键词作为检索标志，按字顺排列，并指出信息出处的一种索引。按其款目是否保留非关键词（冠词、介词、连词等）以及不同的排检方法，分为单纯关键词索引、题内关键词索引和题外关键词索引。

关键词语言的主要特点是：标引完全专指，易于实现自动标引。其不足之处是：由于对词汇不经控制或少量控制，其检索质量较差。

采用关键词语言编制的检索工具有很多。例如，美国《化学题录》（CT）中的"题内关键词索引"、《化学文摘》（CA）中的"关键词索引"、《国际学位论文文摘》（Dissertation Abstracts Intentional ）及《应用力学评论》（Applied Mechanics Reviews）等。

2）标题词语言

标题词是从自然语言中选取并经过规范化处理的，表达事物概念的词、词组或短语。标题词语言是用经过规范化处理的名词术语来直接表达信息所论及的事物或主题，并将全部标题词按字顺排列起来而形成的一种检索语言。它是最早使用的一种主题语言。

标题词表是根据标题词语言编制的，收录标题词及其规则的一部标题词典。它对标题词进行规范化处理和管理，通过参照系统显示词与词直接的逻辑关系，是标引和检索信息的依据。例如，美国工程信息公司编制的《工程主题词表》（简称 SHE）。

标题词语言的主要特点有：形式直观，含义明确，操作简便。其主要不足是：概念难以多向成族，无法从多个因素、多个途径检索，灵活性较差等。

3）叙词语言

叙词语言是从自然语言中优选出来并经过规范化处理的名词术语。叙词语言是采用表示单元概念的规范化语词的组配来对信息内容主题进行描述的后组式词汇型标志系统的检索语言，也是目前使用最广泛的主题语言。

叙词受词表控制，词表中词与词之间无从属关系，都是相互独立的概念单元。检索时，可根据需要选出相应的叙词，按照组配原则任意组配检索概念。例如，我国编制的《汉语主题词表》是典型的叙词语言。在我国，叙词的组配次序依据国家标准《文献叙词标引规则》（GB/T 3860—1995），组配次序为"主体—方面—空间—时间—文献类型"。反映到机读目录格式中，主题 606 字段的子字段次序为" $a 主体因素 $x 方面因素 $y 空间因素 $z 时间因素 $j 文献类型因素"，如描述主题"21 世纪中国农业与农村经济"的叙词组配为：6060# $a 农业经济 $A［拼音］$x 经济发展 $x 研究 $y 中国 $z21 世纪，描述《1998 中国城市统计年鉴》的叙词组配为：6060# $a 城市经济 $A［拼音］$x 统计资料 $y 中国 $z1998－# $j 年鉴。

叙词语言的主要特点是：组配准确，标引能力强；组配方式灵活，可实现多向成族、多途径、多因素检索，检索效果较好。其不足之处是：词表编制和管理难度大，对标引人员要求高，标引难度大。

《汉语主题词表》是由中国科学技术信息研究所、国家图书馆主编的我国第一部全面反映自然科学和社会科学领域名词术语的大型综合型汉语叙词表。它是一种将自然语言转换为检索语言的叙词控制工具，是叙词语言的具体表现。主表（字顺表）由社会科学主表和自然科学主表两个部分组成，是《汉语主题词表》的主体部分，是标引和检索汉语文献、组织主题目录的主要工具，是由全部正式主题词款目和非正式主题词款目组成，并按主题词的汉语拼音字顺排列。主表的内容主要有：主题词款目（包括正式主题词款目和非正式主题词款目）和主题词款目语义参照系统。主题词款目是由主题词的汉语拼音、英文译名、范畴分类号和注释组成的。参照系统是根据主题词之间的等同关系、属分关系和相关关系建立起来的，目的是控制词表中的同义词、反映主题词之间的相互关系及明确主题词的含义。

附表是主表的一种特殊形式，是主表的组成部分。它是将各学科领域中共同使用的一些具有单独概念性质的、有较强检索意义和组配功能的主题词，按照一定的范畴编排而成的表，其目的在于控制主表的词量，缩小主表的篇幅，便于使用。附表包括世界各国政区名称表、自然地理区划分表、组织机构名称表、人物名称表和英汉对照表。这四个附表的叙词均由汉语拼音、汉语名称及英文译名等项组成，在非正式叙词后，用括号指明规定所用的正式叙词。

辅助索引是由主表中的主题词根据某种特定需要，采用不同方式，从不同角度编制而成的一些对主表起补充配套作用的索引，可以满足用户不同角度查词的需要，是主表的一种辅助工具。它共有四种索引：词族索引、范畴索引、英汉对照索引和轮排索引。轮排索引是由自然科学增订本增编的。

　　4）单元词语言

　　单元词语言是以单元词作为文献内容标志和检索依据的一种主题语言。所谓单元词，是从文献正文、摘要或题目中抽取出来的最一般、最基本的，其概念不可再分的词。它一般未经过规范化，也无词表。检索时，根据检索课题的内容特征，选取恰当的单元词进行组配检索。例如，美国化工专利使用的《化学专利单元词索引》。

　　单元词语言的主要特点有：词表体积小，标引专指度高，概念可多向成族，可进行多因素和多途径组配检索，灵活性较大。其不足之处是：直接性较差，采用字面组配，在字面分解与语义分解不一致时，容易产生误差，概念显示不充分，难以进行相关检索。

第 三 章

检索方法、步骤与检索效果

学习目标

知识目标：

(1) 了解常用的信息检索方法。

(2) 了解信息检索效果评价的标准。

技能目标：

(1) 掌握信息检索的步骤。

(2) 掌握信息检索途径的类型。

素养目标：

(1) 遵守信息检索流程，形成规范意识。

(2) 保持严谨的科学精神。

情境导入

2021 年央视春节联欢晚会上，岳云鹏跟孙越一同表演了相声《年三十的歌》，岳云鹏在相声结尾送给观众一首歌曲《最亲的人》。这首歌随着春晚的舞台走到了千家万户当中，很快就成为网络爆火歌曲，在大街小巷当中，都能听到这首歌。

顾小鹏想听《最亲的人》这首歌，请你帮忙检索。

思考：

(1) 检索步骤有哪些呢？

(2) 选取检索结果的依据是什么呢？

本章内容结构

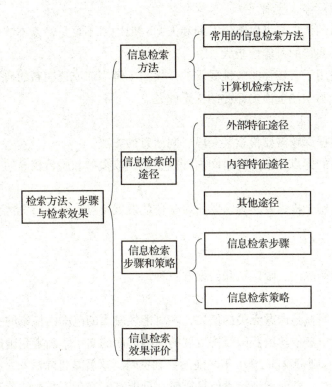

第一节 信息检索方法

一、常用的信息检索方法

信息检索的方法有很多种，分别适用于不同的检索目的和检索要求。一般来说，信息检索的方法有四种：常用法、提高法、辅助法和综合检索法。无论是计算机还是手工检索，这四种方法都是常用的检索方法。

1. 常用法

常用法是信息检索中最常用的一种方法，由于该方法是利用检索工具或检索系统查找信息的一种方法，故又称为工具法。根据查找时间的顺序不同，可分为顺查法、倒查法和抽查法三种。

（1）顺查法

顺查法是根据检索课题的发生时间，利用选定的检索工具或检索系统，由远及近，按时间顺序进行逐年检索信息的方法。

这种检索方法的优点是能较全面、系统地检索某一课题的信息，漏检率较低，检全率和检准率都较高。其缺点是检索工作量大，比较费时费力。

该检索方法适用于检索研究范围较大、时间较长的检索课题。

（2）倒查法

倒查法又称逆查法、回溯法。它是根据检索课题的时间范围，由近及远，逆时间顺序检索文献的方法。这种方法注重检索信息的新颖性、关键性和及时性，一旦检出的信息已经符合用户的需求，即可停止检索。

这种检索方法的优点是可以节省时间和人力，但主要不足是检索不够系统，不如顺查法检索的信息全面，漏检的可能性较大。

该检索方法适用于有较强时效性要求的，仅需了解当前或近期新的研究信息，或只查找急需的课题信息，不太注重历史渊源的检索课题。

（3）抽查法

抽查法是指根据课题需要检索某一段时间信息的方法。

这种检索方法的优点是较少的时间内可以检索到较多的和质量较高的文献，但漏检的可能性大。

该检索方法适用于检索者熟悉课题所属学科的发展特点，对其历史情况有较多了解和掌握的检索课题。

2. 提高法

提高法可分为排除法、限定法和假设法三种。

（1）排除法

排除法是排除明显与课题无关的信息，在可能性较大的范围内检索的一种方法。

比如，要检索申奥成功给我国经济发展的影响方面的文章，确定我国申奥成功的时间为2001 年 7 月 13 日，则可排除 2001 年之前的报刊资料，这就是排除法。

正确使用排除法，既能保证检索信息质量，又能有效避免不必要的劳动。

（2）限定法

限定法是相对于排除法而言的，指对被查找对象在时间和空间上加以内在的肯定。例如通过对资源类型、时间、语种、数量等的限定，使检索结果逼近用户需求。

正确使用限定法，既能保证检索质量，又能大大提高检索速度。

（3）假设法

假设法是当检索陷入困境时，运用联想和假设，以扩大线索的一种方法。检索不到文献的原因很多，可能使用的检索词不准确，或者检索途径选择不合适，抑或是数据库选用不对，等等。总之，应该想一想可能出现的情况，采用相应的办法试一试。

3. 辅助法

辅助法有两种：直查法和引文法。

（1）直查法

直查法，又称浏览法，指不依靠检索工具而直接查阅原始文献获取信息的方法。这种方法不依靠检索工具，因此不能算是严格意义上的信息检索方法。

这种方法的优点是能够明确判断文献中所包含的信息是否需要，缺点是检索范围不够宽，漏检率较大，费时费力。

该检索方法适用于检索课题单一，文献相对集中，并且检索人员对文献比较熟悉的情况下。

（2）引文法

引文法又称追溯法、扩展法、追踪法，是指利用现有文献所附的参考文献、注释、索引为线索，逐一扩大检索范围，依据文献引用与被引用之间的关系获得内容相关文献的方法。

引文法包括两种方法：一种是根据原始文献所附的参考文献进行追溯，另一种是利用引文索引检索工具进行追溯。

通过引文法获得的文献，针对性强，数量较多，在缺乏检索工具或检索工具不齐全的情况下，用此方法能够获得一些相关的文献信息。但是由于原文作者记录参考文献存在着不全面与不准确的情况，所以有时很难达到理想的结果。

4. 综合检索法

综合检索法又称为循环法，它是把常用法、提高法和辅助法结合起来查找文献信息的方法。

常用法、提高法和辅助法各有优缺点，在实际检索时，应根据检索课题的特点、要求等选择最合适的检索方法。实践证明，这几种检索方法结合使用效果最好。

二、计算机检索方法

随着信息技术的发展，计算机检索逐步占了主导地位。计算机检索方法也称为检索方式或检索界面。计算机检索方法主要归纳为以下几种：

1. 基本检索

基本检索又称为简单检索、快速检索，多数数据库只提供一个检索框且只能输入一个词语或一个词组检索。这种检索方式能快速得到检索结果，但检准率较低。如图 3 - 1 所示。

图 3 - 1　超星电子图书馆的基本检索界面

2. 高级检索

在高级检索中，用户可通过点选检索系统给定的检索运算符对多词进行逻辑组配检索。

高级检索提供的检索框也较多，一般一个检索框只能输入一个词语或一个词组，检索框多控制在 2 ~ 5 个。如图 3 - 2 所示。

图 3 - 2　万方数据平台的高级检索界面

3. 专业检索

专业检索一般只有一个大检索框，要求用户自己输入检索词、字段、检索运算符进行组配检索。专业检索要求用户有熟练的检索技术。如图3-3所示。

图3-3　中国知网的专业检索界面

4. 分类检索

一般按分类表进行限定检索，或按学科进行一级一级浏览。如图3-4所示。

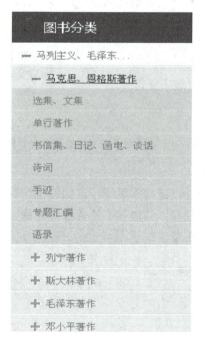

图3-4　超星电子图书的分类检索界面

5. 二次检索

二次检索是在以上单项检索的基础上，进一步选用新词进行缩小范围的检索。

第二节 信息检索的途径

信息检索途径是指检索文献的出发点及路径，有时也称"检索入口"。检索途径是与信息特征和检索标识相关的。归纳起来有两类检索途径：一是反映信息内容特征的途径；二是反映信息外部特征的途径。检索工具就是根据文献信息的外部特征与内容特征来组织的。

不同的特征形成不同的检索途径。按外部特征，检索途径可分为题名途径、责任者途径、序号途径等；按内容特征，检索途径可分为分类途径、主题途径等。

一、外部特征途径

1. 题名途径

题名途径是直接利用文献的题名来查找所需信息的方法。题名包括文献标题名（篇名）、图书名、刊名、标准名、文档名、数据库名等。这是把文献题名按分类、字顺或时间顺序等方法排列起来形成的检索系统。在已知文献题名的情况下，选择题名途径检索最方便。在利用计算机检索系统时，可使用"题名索引"或"题名目录"。

通过题名途径检索时，要注意区别不同文献可能会有相同的名称，同一个名称可能会是不同文献，也就是要注意区别名同实不同、实同名不同的情况。

例如，《铁齿铜牙纪晓岚》这部电视剧中有一个情节：《红楼梦》在乾隆时期被列为禁书，而皇太后非常喜欢看，命令纪晓岚为其找来看。找与不找，纪晓岚都面临着被杀头的危险，为此，纪晓岚巧用实同名不同，将《石头记》进贡给皇太后。

2. 责任者途径

责任者途径是指根据已知文献的责任者的名称来检索信息的途径。责任者是指对文献内容进行创作、整理负有直接责任的个人和团体，如著者、译者、编者等。从已知责任者名称查找文献，可系统查出该责任者的全部或大部分论著，有利于了解某一学者的学术思想，进而对这一作家的作品和学术思想进行研究。

但是责任者名称多有变化，如用笔名、别名等。此外，同姓名者也很多，因此，利用责任者途径检索文献时，要特别注意区分同名异人和同人异名的情况，还要熟悉责任者的笔名、室名等别称，以便从别称途径检索。

例如：白居易，字乐天，号香山居士，又号醉吟先生。

利用责任者途径进行检索，一般依据的是著者索引，包括个人著者索引和机关团体索引两种。

3. 序号途径

序号途径是根据文献本身出版时的序号特征来查找信息的途径。有些文献有特定的序号，如专利号、报告号、合同号、标准号、国际标准书号和刊号等，可以根据这些专用编号来检索文献信息。若已知文献号码，使用这种检索途径，不仅简单，而且不易造成错检或漏检。文献序号对于识别一定的文献，具有明确、简短、唯一性的特点。

常用的检索工具有号码目录、号码索引等。号码目录、索引一般按字母顺序加号码顺序的方法排列。

二、内容特征途径

1. 分类途径

分类法是主要按照信息内容的学科属性，运用概念划分或归纳的方法形成各级类目，从而组织信息形成一种有序化的知识体系，是组织信息的方式之一，为用户提供根据文献信息所属的学科体系来检索信息的途径就是分类途径。

分类途径的优越性在于把性质相同的文献信息按学科体系相对集中，较好地体现了学科系统性及事物的关联性，便于族性检索。分类途径的局限性在于不能集中于事物有关的各方面的文献信息，不能有效满足用户检索综合型课题的需求；同时，由于分类体系较为稳定，一些论述新概念、新事物的文献信息不能及时用新类目加以反映，容易漏检；还由于分类体系的单线排列，一些边缘学科、交叉学科、相关学科难以反映揭示出来等。因此，在使用分类途径时，还应当学习掌握其他文献信息检索途径，多种方法配合使用，才能最有效、正确地利用各种文献信息。

用户对分类途径的使用，一般可首先通过查找各种分类法的分类详表或类目索引获得相关线索（类目名或类号），再利用检索系统设有分类号的检索字段限定检索，如通过多种馆藏目录系统；还可以通过数据库的学科分类目录树或导航树、搜索引擎的分类类目体系层级展开、浏览选择实现。

目前，我国通用的主要分类法有《中国图书馆分类法》（简称《中图法》）、《中国科学院图书馆图书分类法》（简称《科图法》）和《中国人民大学图书馆图书分类法》（简称《人大法》）三种。其中，《中图法》是国家推荐统一使用的分类法，使用范围最广泛。国外常用的有《杜威十进分类法》《国际十进分类法》《美国国会图书馆分类法》等。

《中图法》有 5 个部类和 22 个大类，类号采用英文字母与阿拉伯数字的混合号码，用一个字母代表一个大类，以英文字母的顺序反映大类的序列，在字母后用数字表示大类下类目的划分。如 G252.7，G 表示的"文化、科学、教育、体育"大类，252.7 代表的是"文献检索"。《中图法》基本大类类目如下：

A　马克思主义、列宁主义、毛泽东思想

B　哲学

C　社会科学总论

D　政治、法律

E　军事

F　经济

G　文化、科学、教育、体育

H　语言、文字

I　文学

J　艺术

K　历史、地理

N　自然科学总论

O　数理科学和化学

P　天文学、地球科学

Q　生物科学

R　医药、卫生

S　农业科学

T　工业技术

U　交通运输

V　航空、航天

X　环境科学、安全科学

Z　综合型图书

《杜威十进分类法》简称 DC 或 DDC 或杜威法，又名《十进制图书分类法》，是美国图书馆学家麦威尔杜威（Melvil Dewey）所创制的，初版于 1876 年，1989 年已出版第 20 版。全书共有 3 388 页，联机图书馆中心（OCLC）初版。杜威法根据 17 世纪英国哲学家培根关于知识分类的思想，并将其倒置排列，展开 10 个大类（下列类名引自杜威法第 20 版）：

000　Generalities 总论

100　Philosophy and related disciplines 哲学

200　Religion 宗教

300　Social sciences 社会科学

400　Language 语言

500　Pure sciences 自然科学和数学

600　Technology（Applied sciences）技术（应用科学）

700　The arts 艺术、美术和装潢艺术

800　Literature（Belles-Lettres）文学

900　General geography and history 地理、历史及辅助科学

2. 主题途径

主题途径是以表达文献主题内容的主题词及其派生出的关键词为标志检索信息的途径。表示文献所论述和研究的事物、问题、现象的概念叫作主题；用于表达文献信息主题概念的词叫作主题词，并作为检索标识。在文献检索中，大多数检索工具都提供了主题目录或主题索引。

主题目录按文献内容主题词组织，以文献所讨论的主题直接检索，可以检索到分散于各个学科的同一主题的文献。主题索引是以主题词为标目，并按主题词字顺排列的索引，它可以揭示包含这一主题的文献资料在文献正文中的位置。

主题途径的最大特点就是专指性和直观性强，因而通用、方便。由于一篇文献可有多个主题词，而各主题词之间是相互独立的，故主题法可以从不同角度揭示文献内容。同时，主

题法方便添加、修改或删节，易于检索与课题有关而分散于各学科的文献。

三、其他途径

除上述途径外，还有时间途径、地区途径、论文集和资料汇编等途径。

1. 时间途径

时间途径是根据文献信息的时间先后来检索信息的途径。有些检索工具是按时间顺序排列的，如年表、年鉴、大事记等。要检索某个时间发生的事件，从时间途径检索比较方便。这类检索工具有《中国历史纪年表》《中华人民共和国大事记》《中国统计年鉴》等。

2. 地区途径

地区途径是根据文献信息产生的地区来检索信息的途径。地区途径主要用于检索地理信息与地方社科信息。这类检索工具有《中国地方志联合目录》《中国行政区域简册》等。

3. 论文集、资料汇编等途径

直接利用有关专题的论文集、资料汇编、全集、总集、地方志等检索文献信息也是一个值得注意的途径。这些途径不仅能提供我们需要检索的文献信息，而且往往还为我们提供较大范围的信息线索。这类检索工具有《报刊资料选汇》等。

以上各种检索途径各有优缺点，检索时应根据检索信息的特点和现有检索工具的情况选择检索途径。当采用一种检索途径查找效果不佳时，可换另一种途径，也可以采用两种或两种以上检索途径结合使用，这样容易取得比较理想的检索效果。

第三节 信息检索步骤和策略

一、信息检索步骤

检索步骤是根据研究课题的需要，使用检索工具查找文献信息的具体过程。检索步骤没有固定模式，一般而言，信息检索要经过受理检索课题、分析检索课题、制定检索策略、实施检索、答复检索课题等步骤。

1. 受理检索课题

检索课题是课题研究所需要查找的文献信息或需要解决的疑难问题。受理检索课题，即接受用户提出的信息检索的要求。这是信息检索工作的起点。

2. 分析检索课题

要进行信息检索，首先要对检索的课题进行具体分析，确定检索的目标。分析研究课题的目的在于明确课题所要解决的问题，把握关键，有的放矢，这是检索效率高低或成败的关键。分析检索课题，明确检索要求，弄清课题涉及的学科范围、主题词、信息类型、语种、出版年代、机构人物以及课题产生的时代背景等。

①分析检索课题的主题，根据检索课题的要点提炼出能准确反映课题核心内容的主题概念（即检索用词），了解准确、具体的检索需求。

②分析课题内容涉及的学科范围，明确主题概念以及概念间的关系，以便选择检索方法。

③课题所需信息的类型，包括文献载体、出版类型、所需文献量、年代范围、地域范围，涉及的语种、有关的著者及机构等。

④分析课题对查新、查准、查全的指标要求。新、准、全是最重要的三个检索指标。若要了解某学科、理论、课题、工艺过程等最新的进展和动态，则要检索最近的文献信息，强调"新"字；若要解决研究中的某具体问题，找出技术方案，则要检索有针对性、能解决实际问题的文献信息，强调"准"字；若要撰写综述、述评或专著等，则要了解课题、事件的前因后果、历史和发展，则要检索详尽、全面、系统的文献信息，强调"全"字。

⑤其他要求，如时间、费用要求等。

3. 确定检索入口

确定检索入口就是选择检索途径和检索用词等。

检索途径可以根据文献的内部特征和外部特征来决定。

检索用词的选择方法有两种：直接提取法和间接概括法。直接提取法是直接从检索课题中选用检索词；间接概括法是选用一个能概括检索课题主题的词作检索词。

4. 选择检索工具

选择检索系统时，应考虑的主要问题有：

①专业范围、信息类型（目录型、文摘型、全文型）、时间范围、编制的质量（是否齐全、标引的深度）、系统提供的检索途径是否方便等。

②有手检工具，也有机检工具，应首选机检工具。

③考虑价格和可获取性，应选择容易获取的检索系统，注意数据库的价格，权衡价格效益比。

5. 构造检索式

用各种运算符将检索词连接起来就构成了检索式，通过检索式可以提高检索结果的精确度。

6. 实施检索

实施检索是根据检索策略确定的检索方法和检索工具实际检索文献，获取文献信息的过程。

获得检索结果后，应及时检查检索结果是否符合用户要求，特别注意检全率和检准率。如不符合，应及时调整检索策略，直至检索出符合用户要求的信息。

7. 答复检索课题

答复检索课题是检索人员向用户提供信息检索结果，实现检索课题与文献信息有机联系的最后程序。

检索流程如图 3－5 所示。

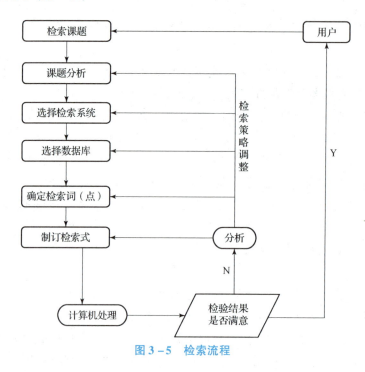

图 3-5 检索流程

二、信息检索策略

所谓信息检索策略，即将课题的提问及其检索词与检索系统的收录内容、编排特点相匹配而确定的检索方案或程序。制订检索策略就是选择检索工具、确定检索方法和途径。

广义的检索策略是指为实现检索目标而制订的全盘计划和方案，是对整个检索过程的科学规划和指导，包括在明确检索目的、分析课题特征的基础上，选择合适的数据库和检索系统，拟定检索方式，选定检索词，构建检索式，执行检索并调整检索式，直至获得较满意的检索结果的全过程。

狭义的检索策略是指根据用户情报需求，为达到检索目标而制订的检索实施方案或计划，可包括选择适当的数据库，确定检索途径，制订出检索表达式实施检索，并通过对检索结果的评估，进一步修改和完善上述步骤，调整、优化检索的过程。

检索策略考虑是否准确、周密，会直接影响到检索的效率和成败。正确的检索策略可以优化检索过程，提高检索效率，需要根据问题或课题的检索取向，确定检索系统，确定检索途径，选定检索词，科学运用检索方法和检索技巧，适时调整检索策略。

第四节　信息检索效果评价

检索效果是指利用检索系统（或工具）进行检索时所产生的有效结果。它直接反映了检索系统的检索性能及能力，是评价一个检索系统性能和用户检索策略的质量标准。

根据 F. W. Lancaster 的阐述，判定一个检索系统的优劣，主要从质量、费用和时间三个方面来衡量。克莱费登（Cranfield）在分析用户基本要求的基础上提出了评价检索系统的六

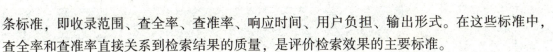

条标准，即收录范围、查全率、查准率、响应时间、用户负担、输出形式。在这些标准中，查全率和查准率直接关系到检索结果的质量，是评价检索效果的主要标准。

1. 查全率（Recall Ratio，R）

查全率是指系统在进行某一检索时，检出的相关文献量与检索系统中所有相关文献总量的比率。查全率反映检索的全面性，指该系统文献库中的相关文献量在多大程度上被检索出来。它是衡量信息检索系统检出相关文献能力的尺度，可用下面的公式表示：

查全率 R =（检出相关文献量/文献库内相关文献总量）×100% = [a/（a＋c）] ×100%

式中，a 代表检出的相关文献量；c 代表未检出的相关文献量。

2. 查准率（Precision Ratio，P）

查准率是指系统在进行某一检索时，检出的相关文献量与检出文献总量的比率。它用来描述系统拒绝不相关文献的能力，反映了检索的准确性，有人也称查准率为"相关率"。可用下面的公式表示：

查准率 P =（检索的相关文献数量/检出的文献总量）×100% = [a/（a＋b）] ×100%

式中，b 代表检出的不相关文献量。

需要指出的是，查全率和查准率之间是互补的关系。在一个特定的检索系统中，在查全率不断提高的同时，查准率就会降低；反之，在查准率提高的同时，查全率又会降低。

在查全率和查准率的基础上，又衍生了两个指标，即漏检率和误检率。

3. 漏检率（M）

漏检率指没有被检出的相关文献数量与系统文献中相关文献总量的比率，可用下面的公式表示：

漏检率 M =（未检出的相关文献数量/文献库内相关文献总量）×100%

= [c/（a＋c）] ×100%

漏检率与查全率是一对互逆的检索指标，查全率高，漏检率必然低。

4. 误检率（N）

误检率是指检出的不相关文献数量与检出的文献总量的比率，可用下面的公式表示：

误检率 N =（检出的不相关文献数量/检出的文献总量）×100% = [b/（a＋b）] ×100%

误检率与查准率是一对互逆的检索指标，查准率高，误检率必然低。

评价检索系统的检索效果的主要指标是查全率和查准率。与之相应的，评价信息检索系统的检索误差的主要指标是漏检率和误检率。误差越大，效率越低，检索系统的性能就越低；误差越小，效率越高，检索系统的性能就越高。由此可见，产生漏检和误检的原因是影响检索系统效果的主要因素。

现实中影响检索效果的因素有很多，如检索系统（或工具）的收录范围、标引质量、检索人员的自身素质以及所制定的检索策略，都与查全率、查准率存在非常密切的关系。要达到最佳的检索效果，一方面，应当深入了解各种检索工具的覆盖面、索引方式、标引质量，从中选择最恰当的高质量检索工具，必要时可综合使用多种检索工具；另一方面，应当结合各种信息检索技术，灵活运用各种检索方法，优化检索策略，从而最大限度地发挥检索系统的功能。

第 四 章

计算机信息检索技术

学习目标

知识目标：

(1) 了解常用的计算机检索技术。

(2) 了解检索词的概念和类型。

(3) 了解检索式的概念和类型。

技能目标：

(1) 能根据课题灵活使用提炼检索词的方法。

(2) 学会分析主题词，构建合理有效的检索式。

素养目标

(1) 树立团结协作意识。

(2) 养成严谨的科学素养。

情境导人

《西雅图未眠夜》中有这样一个片段：自从妻子玛吉病逝后，山姆就一直带着 8 岁的儿子乔纳默默地生活着。他谢绝了朋友的安慰和再婚的介绍，他相信真正的爱只有一次，他永远不会再找到像玛吉一样的女人了。为了调整心情，他决定离开芝加哥到西雅图去过一种新的生活。为让父亲摆脱痛苦，小儿子乔纳通过全国广播的谈心节目为他征婚。巴尔的摩的一位女记者安妮通过电台听说了这件事，非常关心这个"西雅图未眠人"。为能详细了解山姆的情况，安妮使用新闻检索工具检索山姆这个人。安妮一共进行了三次检索，第一次输入"Samuel Baldwins"，检索到 216 条结果；第二次输入"Samuel Baldwins，Jonah Baldwins"，未检索到有用信息；第三次输入"Samuel Baldwins，Chicago"，检索到 4 条结果，从而快速从检索结果中选出了所需信息。

思考：

(1) 安妮为什么要进行三次检索？

(2) 在第二、三次检索时，两个检索词之间用了"，"，这个"，"是什么意思呢？你们平时在检索的时候是否用到过类似的？作用是什么？

本章内容结构

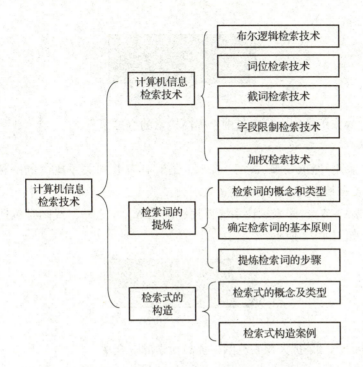

第一节 计算机信息检索技术

计算机信息检索的实质是"匹配运算"，即由检索者把检索提问变成计算机能识别的检索表达式输入计算机中，由计算机自动对数据库中各文档进行扫描、匹配。掌握计算机检索技术，快速、准确地构建计算机能识别的检索表达式是进行计算机检索的重要环节。

计算机检索技术主要指检索词的组配技术和检索式的构成规则。检索词包括主题词、关键词、名称、分类号、分子式、专利号及各种号码等。检索式主要是运用各种逻辑运算符号、位置逻辑算符、截词符及其他限制符号等，把检索词连接组配起来，确定检索词之间的关系，准确表达检索课题的内容。

常用的计算机检索技术主要有布尔逻辑检索技术、词位检索技术、截词检索技术、字段限制检索技术、加权检索技术等。

一、 布尔逻辑检索技术

布尔逻辑检索技术，又称布尔检索法，是指利用布尔检索运算符连接各个检索词，然后由计算机进行相应逻辑运算，以找出所需信息的方法。它的使用面最广，使用频率最高。在具体检索时，通过以下三个布尔运算符来实现其功能。

1. 逻辑"与"

这种组配关系用"AND"或"＊"表示，是对具有交叉关系和限定关系的一种组配。如果用 AND 连接检索词 A 和检索词 B，则检索式表示为：

A AND B（或 A * B），即表示让系统检索同时包含检索词 A 和检索词 B 的信息集合，如图 4-1 所示。

图 4-1　A AND B

逻辑"与"的作用是缩小检索范围，提高检索的查准率。

2. 逻辑"或"

这种组配关系用"OR"或"+"表示，是对具有并列关系概念的一种组配。如果用 OR 连接检索词 A 和检索词 B，则检索式表示为：

A OR B（或 A + B），即表示让系统查找检索词 A、B 之一，或同时包括检索词 A 和检索词 B 的信息，如图 4-2 所示。

图 4-2　A OR B

逻辑"或"的作用是扩大检索范围，提高检索的查全率。

3. 逻辑"非"

这种组配关系用"NOT"或"-"表示，是对具有排斥关系的概念的一种组配。如果用 NOT 连接检索词 A 和检索词 B，则检索式表示为：

A NOT B（或 A - B），即表示检索含有检索词 A 而不含检索词 B 的信息，即将包含检索词 B 的信息集合排除掉，如图 4-3 所示。

图 4-3　A NOT B

逻辑"非"的作用是排除不必要的概念，减少检索结果，提高查准率。

当一个检索式中同时出现不同的布尔逻辑算符时，它的运算级别是不同的。布尔逻辑算符的运算次序通常是：在有括号的情况下，括号内的逻辑运算先执行，有多层括号时，先执行最内层的括号。逻辑"与""或""非"的运算次序是：先执行逻辑"非"操作，再执行逻辑"与"，最后执行逻辑"或"。其公式如下：

$$括号 > 逻辑"非" > 逻辑"与" > 逻辑"或"$$

或者

$$(\ ) > not > and > or$$

二、词位检索技术

词位检索法就是利用位置运算符连接各个检索词，让计算机进行相应的位置逻辑运算，

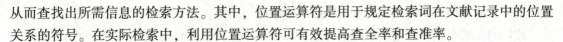

从而查找出所需信息的检索方法。其中，位置运算符是用于规定检索词在文献记录中的位置关系的符号。在实际检索中，利用位置运算符可有效提高查全率和查准率。

常用的位置运算符有以下几种。

1.（W）算符

表示用此符号连接的两个检索词必须按原次序紧挨着，词序不能颠倒，中间不得插入其他词、字母或代码，但允许有空格或标点符号，也可用（）表示。例如，teaching（w）method 仅表示"teaching method"这个词组，其中 teaching 和 method 两词次序不能颠倒。

2.（nW）算符

表示用此符号连接的两个检索词中间可插入 n 个词，但这两个词之间的顺序不可颠倒。例如，wear（1W）materials 可检索出 wear of materials 和 wear materials。

3.（N）算符

表示用此符号连接的两个检索词必须相连，中间不得插入其他词，但词序可以颠倒。例如，money（N）supply 可检索出 money supply 和 supply money 两个词组。

4.（nN）算符

表示两个检索词中间最多可以容纳 n 个词，并且词序可以颠倒。例如，economi?（2N）recovery 可检索出 economic recovery、recovery of the economy 等词组。

5.（F）算符

表示两个检索词必须同时出现在同一个字段内，但两词的词序和中间插入的词数不限。例如，environmental（F）impact/DE，TI 表示这两个词必须同时出现在叙词字段和篇名字段中。

6.（S）算符

表示两个检索词必须在同一个子字段中，但两词的词序和所在的字段不限。例如，literature（S）foundation，只要 literature 和 foundation 两词出现在同一句子中，就满足检索条件。

7.（C）算符

表示两个检索词必须出现在同一记录中，但两词的词序和所在的字段不限。

8.（L）算符

表示两个检索词之间存在从属关系或限制关系，如果其中一个为一级主题词，另一个就为二级主题词。

三、截词检索技术

截词检索就是利用检索词的词干或不完整的词形查找信息的一种检索方法。严格意义上它只适用于西文文献信息的检索。

具体检索时，系统将检索者输入的词干或不完整的词形到数据库中进行查找，凡与之相匹配的字串，不论其后和其前是何字母，均属命中内容。

西文的构词比较灵活，在词干上加上不同性质的前缀就可以派生出许多新的词汇，而且这些词汇在意义上都比较相近，如单数和复数形式、动词与动名词形式，或者同一词的英美两种不同的拼法等。这些词如果在检索时不加以考虑，就会出现漏检的现象，但是将这些词全部罗列又相当烦琐，而截词检索正好可以解决这一问题。

截词的方式有多种。按截断的字符数量来分，可分为有限截断和无限截断两种类型。有限截断是指有具体截去的字符数，而无限截断则不指明具体截去的字符数。按截断的位置区分，可以划分为前截断、后截断和中截断。

截断常使用截断符号，各检索系统所使用的截断符号有所不同，一般有"？""$""#"以及"*"等。

1. 前截断

截去某个词的前部，是词的后方一致，也称后方一致检索。例如，输入"*magnetic"，能够检出含有 magnetic、electromagnetic、paramagnetic、thermomagnetic 等词的记录。

2. 后截断

截去某个词的后部，是词的前方一致，也称前方一致检索。例如，输入"geolog*"，将会把含有 geological、geologic、geologist、geologize、geology 等词的记录检索出来。

3. 中截断

截去某个词的中间部分，是词的两边一致，也称两边一致检索。例如，输入"organi? ation"，可以检出 organization、organisation；输入"f??t"，可查出 foot、feet。

四、 字段限制检索技术

字段限制检索是指限定检索词在数据库记录中的一个或几个字段范围内查找的一种检索方法。

不同数据库和不同种类文献记录中所包含的字段数目不尽相同，字段名称也有区别。在一些网络数据库中，字段名称通常放置在下拉菜单中，用户可根据需要选择不同的检索字段进行检索。

在检索系统中，数据库设置的可供检索的字段通常有两种：表达文献主题内容特征的基本字段（或基本索引）和表达文献外部特征的辅助字段（或辅助索引）。基本索引有"题名""摘要""叙词"和"标识词"四种；辅助索引有"作者""作者单位"等20多种。常用的限定字段包括了基本索引的部分和辅助索引的部分，详情见表4-1。

表4-1 常用限定字段表

限定字段名称	字段代码	限定字段名称	字段代码
题名（Title）	TI	刊名（Journal）	JN
摘要（Abstract）	AB	语种（Language）	LA
叙词（Descriptor）	DE	作者（Author）	AU
文献类型（Documnet Type）	DT	作者单位（Corporate Soure）	CS

利用字段限制技术构造的检索表达式有两种：后缀式和前缀式。

1. 后缀式

后缀式是将字段代码放在检索词之后，并用"/"号连接。

例如，management/TI 表示检索题名中有 management 的文献。

management/TI，AB 表示检索题名或者摘要中有 management/TI 的文献。

2. 前缀式

前缀式一般用于表达文献外部特征的字段，将前缀代码放在检索词之前，用 " = " 连接。

例如，AU = Liu，Zhang。

五、加权检索技术

加权检索是某些检索系统中提供的一种定量检索技术。加权检索同布尔检索、截词检索等一样，也是文献检索的基本检索手段，但与它们不同的是，加权检索的侧重点不在于判定检索词或字符串是不是在数据库中存在、与别的检索词或字符串是什么关系，而是在于判定检索词或字符串在满足检索逻辑后对文献命中与否的影响程度。

第二节 检索词的提炼

一、检索词的概念和类型

检索词即检索标识，是指能表达检索课题主题概念和信息需求的名词术语、分类号、名称及代码等的总称，包括主题词、关键词、名称、分类号、分子式、专利号及各种代码等。

按照表达文献信息特征的形式不同，检索词可分为以下四种类型：

①表示主题的检索词，如标题词、单元词、叙词、关键词等。

②表示分类的检索词，如分类号等。

③表示责任者的检索词，如作者姓名、机构名等。

④表示特定意义的检索词，如分子式、专利号、ISBN 号、ISSN 号等。

检索词是表达文献信息需求的基本元素，也是计算机检索系统中进行匹配的基本单元。

检索词选择正确与否，将直接影响到检索结果。在全面了解检索课题的相关问题后，应提炼主要概念与隐含概念，排除次要概念，以便确定检索词。

二、确定检索词的基本原则

①先选用主题词。当所选检索工具或系统具有叙词表或主题词表时，优先选用叙词或主题词作为检索词，以便获得最佳的检索效果。

②选用数据库规定的代码。许多数据库的文档中使用各种代码来表示各种主题范畴，有很高的匹配性。例如，世界专利文摘数据库中的分类代码，化学文摘数据库中的化学物质登记表。

③选用常用的专业术语、专业词（低频词），不用"研究""应用""开发""建设"等泛词；在数据库没有专用的词表或词表中没有可选的词时，可以从一些已有的相关专业文献中选择常用的专业术语作为检索词。

④选用同义词与相关词，包括同义词、近义词、相关词、缩写词、学名、别名、俗名、商品名、缩略语、元素符号等。词形变化应尽量选全，以提高查全率，如"土豆"的同义词"马铃薯"。

⑤上、下位词的互代，如"果树的栽培技术"中的"果树"是概念过大的词，不一定能代替"桃树""梨树"等下位词。

⑥相似性词的借代，如"成都研究生体育工作调查研究"，"成都"可以考虑"上海""北京"等。

三、 提炼检索词的步骤

检索课题是一个语句，首先将语句切分到词，再对词进行筛选，对不需要者进行删除，对不合格者进行替换，然后对选中的词进行限定、还原，或补充同义词、相关词。

1. 切分法

切分法是对课题语句进行切分，以词为单位划分句子或词组。

例如：计算机情报检索方法

切分为：计算机/情报/检索/方法

词是语义切分的最小单位，也是检索的最小单位。切分必须彻底，必须"到词为止"；同时，切分必须适度，只能"到词为止"，不能因切分而改变语义。

例如，龙眼不能切分为"龙"和"眼"。

2. 删除法

①删除不具有检索意义的虚词及其关键词。不具有检索意义的词如介词、助词、副词、连词等虚词及与课题相关度不大的其他关键词。经过删除，语句可转换为关键词的集合。

例如：豆科\植物\中\土壤\酸\碱\度\对\锌\吸收\的\效果

删除为：豆科\植物\土壤\酸\碱\锌\吸收

②删除过分宽泛和过分具体的限定词。过分宽泛的词没有触及课题的实质，太苛刻、太狭义、过分具体的限制条件则会挂一漏万。过分宽泛和过分具体的词均属于不必要的限定词，应去掉。

例如：干洗涤/的/近况、/生产工艺/、配方/及/其/应用

删除为：干洗涤

③删除存在蕴涵关系的可合并词。如果两个词之间存在相互蕴涵的关系，可酌情去掉其中一个而保留另一个。

例如：图书馆/教育/的/视听教具

删除为：图书馆　视听教具

3. 替换法

用概念更明确、更具体、更本质、更可行的词，替换用户课题中概念模糊、宽泛、狭窄或不可行的词，或者将同义词、相关词增加到课题原来的概念组中，同时保留原有的词。

例如：煤气　中毒

替换为：一氧化碳　中毒（或：煤气　一氧化碳　中毒）

4. 还原法

有些词是由词组或句子缩略而成的，检索时可反其道而行之，将缩略词补充还原，并将这个词作为原词的同义词补充入检索式。

例如：中小学

还原为：中小学 中学 小学

5. 补充法

补充检索词的同义词和相关词，以增加检全率。

例如：文献

补充为：文献 信息 情报

6. 限定法

一词多义是普遍现象。为避免一词多义而导致的误检，应增加限定词。其方法有两种：用逻辑"与"增加限定词；用逻辑"非"排除异义词。

例如：电子科技大学

检索词：电子科技大学 成都（或西安 杭州 桂林）

第三节 检索式的构造

一、检索式的概念及类型

检索式，又称谓检索表达式、检索提问式，是计算机信息检索中用来表达用户检索提问的逻辑表达式，由检索词和各种布尔逻辑算符、位置运算符、截词符以及系统规定的其他连接符号组成。

检索式是人机交流的入口语言，对检索效率有直接的影响，检索式构造的优劣关系到检索策略的成败。

检索表达式分为简单表达式和复合表达式两种。简单表达式是指单独使用一个检索词所进行的检索。复合表达式是指将两个或两个以上的检索词用各种逻辑算符、位置算符、截词符以及系统认可的其他符号连接起来的检索系统可识别和执行的命令表达式。

二、检索式构造案例

针对检索课题进行分析，然后确定检索词，构建检索式，以下列出部分案例。

（1）关于住宅玄关设计的探讨

检索词：住宅 玄关 门厅 设计

检索式：住宅 and（玄关 or 门厅）and 设计

（2）日本艺妓妆容研究

检索词：日本 艺妓 町伎 妆容

检索式：日本 and（艺妓 or 町伎）and 妆容

（3）我国空姐妆容设计方面的文献

检索词：我国　中国　空姐　空乘　妆容　设计

检索式：（我国 or 中国）and（空姐 or 空乘）and 妆容 and 设计

（4）Reasearch on security testing of cloud computing（云计算安全监测研究）

检索词：security；secure；safety；test；check；determination；detection；cloud computing

检索式：（securi*or safety）and（test or check or determination or detect*）and cloud comput*

第四节　信息检索系统

一、信息检索系统的概念

信息检索系统是指根据特定的信息需求而建立的一种有关信息收集、加工和传送的技术设备，以及提供一定的存储技术、检索方法与检索服务功能的程序化系统。其主要目的是为人们提供信息服务，所以可以说任何具有信息存储与信息检索功能的系统都可以被称为信息检索系统。信息检索系统可以理解为一种能够向用户提供信息检索服务的系统。信息的存储是检索的基础，检索则是存储的目的，两者有机结合，构成一个完整的信息检索系统。信息检索系统又是连接信息用户和信息资源的必要中介。总而言之，在网络环境下，信息检索系统通常是一类基于计算机和网络的人机交互信息系统。因此，在上述要素中，"技术设备"至关重要。技术设备的每次更新与变革，都会有力地推动信息检索方式的改变，有利于信息检索系统的发展与完善。随着科技的发展、文献量的激增、用户需求的增长，信息检索系统越来越复杂，功能越来越强大。

二、信息检索系统的构成

信息检索系统由检索文档、检索设备、系统规则、操作人员四个要素构成。

1. 检索文档

检索文档，又称检索工具，是经过序列化处理并标有检索标识的文献信息集合。它可以是文献的全文信息，也可以是二次文献信息；可以是文字信息，也可以是表示图像、事实、数值数据等的各种信息，如手工检索系统中的目录、题录、文摘、索引等检索工具书，百科全书、年鉴、手册等参考工具书，以及计算机检索系统中的各类数据库。检索文档是检索系统软件环境的核心部分。

2. 检索设备

检索设备是用于存储文献信息和检索标识，并实现文献信息存储和检索操作活动的一切技术设备。检索设备包括手工检索系统中的印刷型检索工具，计算机检索系统中的硬件设备与通信网络，即输入装置、运算器、存储器、控制器、输出装置等，以及联机、网络检索时需要的网络线路、通信装置、终端设备等。

3. 系统规则

系统规则是系统用来规范信息采集、分析、标引著录、组织管理、检索与传输等过程的各项标准体系。系统规则包括检索语言、著录规则、标引方法、检索系统构成与管理方法、信息传输与控制标准、检索结果输出方式等。

4. 操作人员

操作人员包括文献信息采集人员、加工标引人员、系统管理维护人员、信息检索人员等。由此可见，信息检索系统包含了检索系统的内涵部分和外延部分，即包括了整个检索系统的硬件环境、软件环境、工作人员及三者进行协调运作的通用标准和规范。

三、 信息检索系统的类型

信息检索系统种类繁多，根据不同的标准，可以划分为许多不同的类型。目前常用的信息检索系统类型有手工检索系统和计算机检索系统。

1. 手工检索系统

手工检索系统是以手工方式存储和检索信息的系统。检索时，使用各种纸质检索工具，全凭手工操作，检索入口少、速度慢、效率较低。手工检索是计算机应用还没普及之前信息检索的主要形式。目前，手工检索已很少用了，但对现刊的浏览是对计算机检索的有益补充。

2. 计算机检索系统

计算机检索系统是 20 世纪 50 年代以后在手工检索系统和机械式检索系统的基础上发展起来的。计算机检索系统是使用计算机来存储、处理和查找信息的自动检索系统。它借助计算机技术、数据库技术以及通信技术，通过人机对话的方式从主机上获取所需信息。检索时可以同时进行多途径复合检索，可以同时对多种数据库进行操作，并能提供远程检索。其优点是检索灵活、检索入口多、速度快且效率高。随着计算机网络的迅速发展，计算机检索系统已经成为人们在工作、生活、学习中获取信息的主要手段。计算机检索系统又可以分为脱机检索系统、光盘检索系统、联机检索系统和网络检索系统。

计算机信息检索系统是一个在计算机网络的工作环境下，为实现信息检索目标而建立的，拥有一定的检索设备，存储经过加工的各种信息资源，并能提供检索服务的工作系统。计算机信息检索系统一般由硬件、软件、数据库和人员四部分组成。

（1）硬件

硬件设备是计算机信息检索系统用于处理数据和传送数据的各种机器设备的总和，包括服务器、检索终端、网络通信设备、辅助设备以及其他与数据处理或数据传送有关的设备。

（2）软件

软件分为系统软件和应用软件，包括操作系统、数据库管理系统与应用程序。系统软件是为支持计算机运转与管理其他程序的执行而设计的操作系统。它的主要功能是组织控制计算机软硬件资源协调工作，把应用程序送入或读入主存储器内，进行输入/输出管理等。应用软件通常包括自动标引软件、词表管理软件、各种匹配程序及数据库管理程序等，其中数据库管理程序是计算机检索系统最基本、最核心的软件。

（3）数据库

数据库是指在计算机存储设备上按一定方式存储的，并具有共同存取方式的、相互关联的数据集合。数据库是计算机信息检索系统的信息源，也是检索操作的直接适用对象。它可以随时按不同的信息需求提供各种组合的信息，以满足检索的需求。数据库一般由数据库生产者提供，也有一些是系统本身自建或与他人合建的。一个计算机信息检索系统一般可提供数十个到数百个数据库。

（4）人员

人员主要有四类。第一类为系统分析员和数据库设计人员。第二类为应用程序员，负责编写使用数据库的应用程序。第三类为最终用户，他们利用系统的接口或查询语言访问数据库。第四类用户是数据库管理员，负责数据库的总体信息控制。

3. 数据库结构

数据库是计算机技术与信息检索技术相结合的产物，是现代文献信息资源管理的重要工具，不同的数据库，其结构各有不同，所提供的检索途径也有差异，从使用者角度来看，数据库主要由"字段—记录—文档"三个层次构成。

（1）字段

字段是组成记录的数据项，是描述文献内容、外部特征的著录项目。每一种字段均有标识符，也称字段代码。书目数据库中的字段可用来反映一篇文献的具体特征。字段根据表述文献特征的不同，可分为三类：存取号字段、基本索引字段和辅助索引字段。①存取号字段是检索系统为数据库中的每一条记录规定的能被计算机识别的特定号码（标识符）。它类似于手工检索工具书中的文献地址号。②基本索引字段是表达文献内容特征的字段和部分（含有文献内容的）外部特征字段，如题名、文摘、叙词、自由词等。③辅助索引字段是表达文献外部特征的字段，如作者、机构、出版年、刊名、语种、文献类型等。

各数据库所设置的基本索引字段大致相同，辅助索引字段的种类、数量可能有很大的差别。即使在同一数据库中，不同类型的文献记录包含的辅助索引字段也可能不完全相同。

（2）记录

记录是指对应于数据源中一行信息的一组完整的相关信息，由若干个字段组成。它是计算机可存取的基本单位。每条记录均标有一个存取号，一条记录通常由标题字段、文摘字段、主题词字段、作者字段等组成。在全文数据库中，一条记录相当于一篇文章；在书目数据库中，一条记录相当于一篇文章的目录、题录或文摘。

（3）文档

文档由记录构成，目前数据库中常见的文档结构（排列方式）主要有顺排文档和倒排文档两种。一个数据库往往包括一个顺排文档和多个倒排文档。顺排文档是数据库的主体，又称主文档，它按每条记录的顺序号大小排列。检索结果的信息都来自顺序文档。倒排文档在一个数据库中可以有若干个，如主题词索引、著者索引、刊名索引等，它按索引词的字顺排列。检索时，计算机按输入检索词的字顺先从指定的倒排文档中找到相匹配的索引词，最后再根据索引词后的记录顺序号到主文档中调出相对应的文献记录，用户可以根据计算机输出的检索结果所反馈的信息来修改检索策略，以期得到最满意的结果。

第 五 章

信息伦理与信息安全

学习目标

知识目标：

（1）了解信息伦理的概念、特征和内容。

（2）了解信息安全的重要性。

技能目标：

（1）掌握信息伦理的规范。

（2）学会保护信息安全。

素养目标：

（1）增强爱国主义精神。

（2）树立信息安全意识。

情景导入

　　王某是某大学的在校学生，2020年暑假期间，王某在上网时偶然浏览到了一些关于"暗网"的信息，这让他十分感兴趣。于是，王某通过种种渠道找来诸多教程学习，成功登录了某个"暗网"论坛。刚开始王某只是单纯地浏览信息，慢慢地，他在该论坛注册了一个账号。掌握操作流程后的王某发现，只要在论坛充钱，就可以购买到自己想要的信息，而很多人并不明白怎么充值。于是，一个赚钱的"好方法"在王某脑海中诞生了——通过帮他人充值赚取差价。随着找王某充值的人越来越多，尝到甜头的王某逐渐胆大了起来，开始帮一些想购买信息但不愿意激活账号的人购买数据，并从中赚取一定的"手续费"。短短两个月时间，王某购买、出售公民个人信息竟多达17万余条，所得1 200元。

　　思考：

（1）王某的做法是否违法？具体体现在哪些方面？

（2）作为一名大学生，你该如何保护自己的个人信息？

本章内容结构

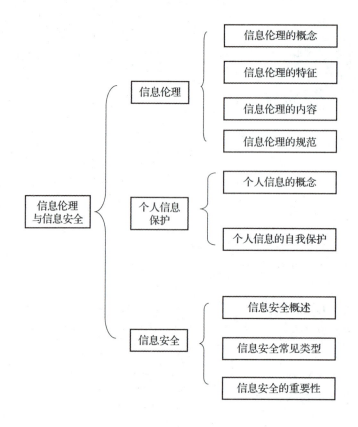

信息伦理与信息安全
- 信息伦理
  - 信息伦理的概念
  - 信息伦理的特征
  - 信息伦理的内容
  - 信息伦理的规范
- 个人信息保护
  - 个人信息的概念
  - 个人信息的自我保护
- 信息安全
  - 信息安全概述
  - 信息安全常见类型
  - 信息安全的重要性

第一节 信息伦理

一、信息伦理的概念

"信息伦理"概念的核心要素是"伦理"。伦理（ethics）一词源自希腊文的"ethos"，本意是指"本质""品格"，与"风俗""习惯"的意思相联系，包含社会的一切规范、惯例、典章与制度。在我国，伦理一词始于《礼记·乐记》："乐者，通伦理者也。"《辞海》对伦理的解释是"处理人们相互关系所应遵循的道德和准则""现通常作为'道德'的同义词使用"。但也有学者认为伦理与道德不同，道德主要涉及个人，而伦理主要涉及群体。道德关注内心思想的是非善恶，而伦理关注外在行为的是非善恶，同时，伦理更加强调行为是否受到社会认同的问题，要求行为的规范。

在西方，对信息伦理学的研究源于计算机伦理，经网络论题而最终发展到今天最广泛意义上的信息伦理。

国内学者从20世纪90年代开始研究信息伦理，对信息伦理这一概念有自己独到的理解。吕耀怀认为信息伦理涉及信息开发、信息传播、信息的管理和利用等方面的伦理要求、伦理准则、伦理规约，以及在此基础上形成的新型的伦理关系。沙勇忠认为信息理论就是信息活动中以善恶为标准，依靠人们的内心信念和特殊社会手段维系的，调整人与人之间以及个人与社会之间信息关系的原则规范、心理意识和行为活动的总和。

从上述定义可以看出，信息伦理不是由国家强制制定和强行执行的，而是社会舆论、传统习俗使人们形成一定的信念、价值观和习惯，从而使人们自觉地通过自己的判断来规范自己的信息行为。

二、信息伦理的特征

信息伦理作为新兴事物，与现实伦理相比较，有一些自己的独特的品性。总结起来有以下几个特性：

1. 自主性

与现实社会道德相比，信息伦理趋于更多自主性、更少依赖性。互联网是人们根据自己的需要和意愿在网络虚拟社会中连接起来的，人们不仅是参与者，更是组织者。在信息社会里，权威（不论哪种权威）的意愿不足以成为信息伦理规范建立的根据，而信息伦理规范是信息活动主体自觉行为的结果。由于信息伦理规范的建立源于人们的自身利益与需要，因此大多数人会自觉遵守信息伦理规范。

2. 开放性

与现实社会的道德相比，信息伦理中的伦理意识、伦理观念和行为之间相互影响，呈现出起于冲突，经过碰撞，最后融合的特点与趋势。人类交往的时空障碍由于信息社会的到来而消除，人们也逐步理解和宽容了"异己文化"，信息社会把信息伦理的开放性从可能变为现实。

3. 多元性

与传统社会的道德相比，信息伦理呈现多元化、多层次的特点和趋势。关系社会每一个成员的切身利益、信息社会的正常秩序，属于信息社会共同性的主导道德规范、各信息社会成员自身所特具的多元化道德规范共同作用与信息社会并将其向前推进。随着交往的增多，这些处于经常性冲突和碰撞之中的多元化道德规范，一方面，使相互之间增进了理解和同情，从而达到了融合；另一方面，即便无法融合，冲突和碰撞仍旧存在，也会因为彼此之间并无实质性的利害关系而能够求同存异、并行不悖。

4. 普遍性

信息伦理具有全球伦理或者说普遍伦理的价值。信息自身就具有共享性和普遍性，使得信息的无国界传播成为可能，网络信息交流的迅猛发展使得数据流急速增长，都体现了信息的普遍性。为了有利于信息资源的全球共享，有利于信息无国界传播，必须在信息伦理的基本价值与原则上求同存异，以达成全球性的共识。

5. 相关性

信息伦理的相关性即为信息技术的相关性。信息不是孤立存在的，信息的生产、传播和利用都离不开技术的参与，信息与技术是相互依赖的。信息伦理是信息活动中的伦理，信息活动离不开技术的支持，即信息伦理具有技术相关性。当信息伦理面对具体的信息活动中所存在的伦理问题时，往往会碰到技术层面的困扰，例如在判断什么形式的超文本链接是合乎伦理的，什么形式是不合乎伦理的，就与技术高度相关。

6. 自律性

虚拟交往成为越来越普遍的信息交往，也逐渐成为主流的交往形式，此时，虚拟交往中的道德机制主要由信息伦理的自律性来解决。此外，信息交往中的互动性使主体信息行为的道德对象将自身包括在内，每个人都成为自己道德行为的受益者，也促使个体在信息交往中道德自律的形成。

三、信息伦理的内容

早在 1986 年，美国的信息科学专家梅森（Mason）在其发表的《信息时代的四个伦理问题》中就提出了著名的 "PAPA" 理论，即隐私权（Privacy）、正确性（Accuracy）、财产权（Property）和使用权（Accessibility）。

Ochollaa 等认为信息伦理为信息隐私、道德代理品（如人造代理品是否道德）、新环境议题（尤其是代理品应如何在信息环境中表现）、信息生命周期（产生、收集、记录、传播、处理等）中产生的问题，尤其是所有权、版权与数字鸿沟等，提供了一个批判性框架。

中国大陆学者沙勇忠将信息伦理的研究内容概括为四个方面：①基本伦理问题；②社会信息活动中面临的现实伦理问题；③个人、组织及国家的信息伦理问题；④信息伦理的社会调控与培育。

中国台湾学者王美鸿依据梅森的 PAPA 理论，提出隐私权包括侵犯个人隐私权，正确性指捏造资料与结果、系统不稳定、不良软件等，财产权包括剽窃侵犯知识产权等，使用权包括非法入侵、病毒传播、合理使用、信息鸿沟、使用礼节等。其中捏造资料及侵犯产权等属于生产信息的上游环节，公正诚信、系统稳定等属于中游的传播存储检索信息环节，而合理使用、非法入侵、使用礼节属于下游的信息利用环节。林杏子则在上述维度基础上，补充了网络言论自由及计算机犯罪两个维度，其中前者对应法律上的灰色地带，后者则主要针对滥用计算机行为。

根据以上观点，我们认为信息伦理的主要内容应包括：

①信息领域的道德意识。包括与信息相关的道德观念、道德情操、道德意志、道德信念、道德理想等，指人类在信息生产、传播、使用和管理过程中展现出来的价值观、道德理念、道德行为等。

②信息活动中涉及个人利益的道德权利。即个人信息的隐私权、信息获取权、信息使用权等。

③规范信息活动的信息准则、道德规范。即调整信息交往活动中人与人之间社会关系的道德准备、行为规范等。

信息技术的快速发展使得人们信息交往的对象和范围不断扩展，信息交往方式不断改变，信息产品花样翻新，全球化的信息交往正推动着人类社会交往向更高阶段发展，计算机网络的广泛应用实现了信息传播的超地域性、开放性、多元性，因而未来信息社会将会出现层出不穷的信息伦理问题。随着各种信息伦理问题的出现，信息伦理的研究内容也将不断扩展，信息伦理准则、道德规范也将不断完善。

四、信息伦理的规范

信息伦理规范作为指导和约束人们信息行为的准绳，具有不可低估的作用和意义。信息伦理规范可以分为三个层面的内容：信息伦理原则、信息伦理守则、信息法律法规。

1. 信息伦理原则

信息伦理原则是信息伦理规范体系中最为概况和抽象的普遍性准则。尽管信息活动中存在着各种相互冲突的信息行为，不同的人可能有不同的认识和评价，但信息伦理原则无疑反映了人们对信息伦理道德关系的基本认识和信念，为信息活动指出了符合人类道德需要的总方向，是信息道德判断和评价的根本依据与标准。

国内学者王群提出了信息伦理的五个基本原则，主要包括公平原则、无害原则、信息自由原则、信息尊重原则以及发展原则。

公平原则主要包括信息获取机会的公平、信息技术手段使用的公平、信息应用机会的公平。

无害原则是指信息行为应该无害于他人和社会。人们的信息行为不应该给其他信息主体造成直接或间接的伤害，这是最低的道德标准，被称作底线伦理原则。有害或无害的判断可以通过信息内容或信息技术产生的效果进行善恶的评价来实现，当信息内容或信息技术所产生的效果可以增加他人或社会的利益时，可评价为善；反之，当信息内容或信息技术所产生的效果损害了他人或社会的利益时，可评价为恶。

信息自由原则是指在信息社会，每个人都可以不受任何个人和组织的干涉，根据自身意愿，自由生产和消费信息。《世界人权宣言》规定公民享有自由获取、传递信息及自由表达自己观点的权利。信息自由是基本人权，也被称为"表达自由"。不过根据《公民权利和政治权利国际公约》，人们持有信息的自由绝对不受干涉，但是传播和表达信息的自由则会受到公权力的限制，因为人们的内心世界可以实现绝对自由，而表达则有可能会影响他人或社会的利益，因此必须有界限。

信息尊重原则是指在信息享用过程中要尊重信息创造者的权利和个人信息隐私权。尊重信息创造者的权利，要求信息行为主体未经创造者本人允许，不能随意复制、发布他人所有的信息。引用他人文章时，须在尊重他人知识产权的基础上，合理合法引用，任何信息行为主体都不能将别人的创作成果作为自己的创造成果。尊重个人信息隐私权，要求信息行为主体未经本人同意，不得擅自收集、修改、出售他人的私人信息。

发展原则是指社会主体的信息行为既要满足自身的发展需要，又要满足当代社会以及子孙后代发展的需要，既要符合自身的发展目标，又要符合社会以及整个人类的发展目标。发展原则要求消除信息污染，维护信息社会文明。信息污染主要指垃圾信息、虚假信息、色情信息、暴力信息等有害信息的制造与传播，对社会和他人造成了不良影响，致使信息生态失衡，妨碍社会稳定。每一位互联网公民都要自觉抵制有害信息，做到不阅读、不复制、不传播、不制造有害信息。

2. 信息伦理守则

信息伦理守则是职业信息团体或社会机构所制定的较为具体的信息行为准则，事实上是信息领域的职业伦理规范。

针对大量信息活动主体的信息伦理失范问题，许多国家的计算机和网络组织制定了相应的行为规则，以规范人们的网络行为。其中美国计算机伦理协会为计算机使用者制定了"计算机伦理十诫"，影响较大。这十诫是：①你不应用计算机去伤害别人；②你不应干扰别人的计算机工作；③你不应偷窃别人的文件；④你不应用计算机进行偷盗；⑤你不应用计算机做伪证；⑥你不应使用或复制没有付过钱的软件；⑦你不应未经许可使用别人的计算机资源；⑧你不应盗用别人的智力成果；⑨你应该考虑你所编的程序的社会后果；⑩你应该用深思熟虑和审慎的态度来使用计算机。"计算机伦理十诫"指明了"应该"和"不应该"的信息行为内容。

中国互联网协会作为我国互联网行业的全国性行业组织，发布了《中国互联网行业自律公约》，指出互联网行业自律的基本原则是爱国、守法、公平、诚信。自律条款包括：①自觉遵守国家有关互联网发展和管理的法律、法规和政策，弘扬中华民族优秀文化传统和社会主义精神文明的道德准则。②自觉维护消费者的合法权益，保守用户信息秘密；不利用用户提供的信息从事任何与向用户作出的承诺无关的活动，不利用技术或其他优势侵犯消费者或用户的合法权益。③互联网接入服务提供者应对接入的境内外网站信息进行检查监督，拒绝接入发布有害信息的网站，消除有害信息对我国网络用户的不良影响。④联网信息网络产品制作者要尊重他人的知识产权，反对制作含有有害信息和侵犯他人知识产权的产品。⑤全行业从业者共同防范计算机恶意代码或破坏性程序在互联网上的传播，反对制作和传播对计算机网络及他人计算机信息系统具有恶意攻击能力的计算机程序，反对非法侵入或破坏他人计算机信息系统。⑥互联网信息服务者应自觉遵守国家有关互联网信息服务管理的规定，自觉履行互联网信息服务的自律义务：不制作、发布或传播危害国家安全、危害社会稳定、违反法律法规以及迷信、淫秽等有害信息，依法对用户在本网站上发布的信息进行监督，及时清除有害信息；不链接含有有害信息的网站，确保网络信息内容的合法、健康；制作、发布或传播网络信息，要遵守有关保护知识产权的法律、法规；引导广大用户文明使用网络，增强网络道德意识，自觉抵制有害信息的传播。

《中国互联网行业自律公约》是一个比较全面且富于实践操作性的行业自律守则，在促进行业自律方面比较具有约束力。

3. 信息法律法规

信息法律法规是一个社会最低限度的信息伦理规范的表达，是对严重不道德信息行为的预防和惩处，没有信息法律法规作为坚强后盾，信息伦理将会是苍白无力的。

与西方发达国家相比，我国的信息技术和网络技术起步较晚，并且相关信息法律法规方面也还不完善。但随着近年来大力推进信息网络法制建设，相关部门已出台《中华人民共和国网络安全法》《非营利性互联网信息服务备案管理办法》《中国互联网网络信息中心域名争议解决办法》《互联网站管理工作细则》《互联网电子邮件服务管理办法》《互联网新闻信息服务管理规定》《互联网信息服务管理办法》等一系列网络信息监管的法律法规，我国的网络信息法律法规逐渐呈现框架体系。特别是2000年国务院通过的《互联网信息服务管理办法》，为规范互联网信息服务活动，促进互联网信息服务健康有序发展提供了法律保

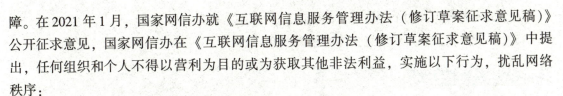

障。在2021年1月，国家网信办就《互联网信息服务管理办法（修订草案征求意见稿）》公开征求意见，国家网信办在《互联网信息服务管理办法（修订草案征求意见稿）》中提出，任何组织和个人不得以营利为目的或为获取其他非法利益，实施以下行为，扰乱网络秩序：

①明知是虚假信息而发布或者有偿提供信息发布服务的。

②为他人有偿提供删除、屏蔽、替换、下沉信息服务的。

③大量倒卖、注册并提出互联网信息服务账号，被用于违法犯罪的。

④从事虚假点击、投票、评价、交易等活动，破坏互联网诚信体系的。

习近平同志在第二届世界互联网大会的开幕式主旨演讲中指出，网络空间不是"法外之地"。网络空间是虚拟的，但运用网络空间的主体是现实的，大家都应该遵守法律，明确各方权利义务。要坚持依法治网、依法办网、依法上网，让互联网在法治轨道上健康运行。信息法律法规与信息伦理应是一种共建共补的关系。建设网络强国，不仅需要信息伦理规范的调节与引领，还需要通过法律手段制约，控制、调节、处理扰乱信息社会秩序的违规和违法行为。

第二节 个人信息保护

大数据时代，除了姓名、职业、通信记录、家庭住址等传统个人信息外，个人上网痕迹、位置轨迹、交易记录、消费记录等个人信息日益增多，人脸、指纹、声纹等具有生物特征的个人信息应用也日益广泛。然而，个人信息的侵权事件却屡屡发生。那么人们该如何保护自己的个人信息呢？这引发了社会各界的广泛关注和讨论。

一、个人信息的概念

2021年1月1日正式实施的《中华人民共和国民法典》明确规定，个人信息是以电子或者其他方式记录的能够单独或者与其他信息结合识别特定自然人的各种信息，包括自然人的姓名、出生日期、身份证号码、生物识别信息、住址、电话号码、电子邮箱、健康信息、行踪信息等。

个人信息作为一种特殊的信息，在信息技术的发展过程中变得愈加重要，尤其是互联网的快速发展，缩短了现实生活中的距离，给信息收集带来诸多便利。个人信息，从字面上看，可以解释成与个人相关的信息。其中，虽然个人是指某个特定的信息主体，但信息本身属于模糊概念。因此，与个人相关的信息其实范围很广，可以包括：

①个人身份信息，如姓名、性别、出生日期、居住地址、证件号码、电话号码、受教育程度、工作经历、宗教信仰、政治面貌、指纹、血型、遗传特征等，而指纹、血型、遗传特征等又可称为个人的生物属性。

②个人金融信息，如个人财产状况、个人信用状况等。

③个人家庭基本情况，如父母、配偶、子女的基本情况等。

④个人动态行为，如个人行踪、购物记录、通信记录等。

⑤个人观点以及他人对信息主体的相关评价。

二、个人信息的自我保护

个人信息保护，首先是自我保护，每个人都要注意堵住个人信息可能泄露的途径，增强自我保护意识，提高自我保护能力。

1. 增强自我保护意识

总体而言，我国公民的个人信息保护意识比较薄弱。个人应学会自我保护，提高个人信息保护意识，积极防范各类信息泄露。比如身份证不能随便借用，在使用身份证复印件等证明材料时，必须在身份证复印件上写明用途及"重复复印无效"等字样。

2. 保护手机中的个人信息

手机已经成为承载最多个人信息的载体，保护手机中的个人信息安全就变得十分重要。比如不要随意丢弃旧手机，将不再使用的手机恢复出厂设置并彻底格式化，确保元数据难以恢复。

3. 保护个人上网记录信息

网络无处不在，一切能上网的设备都有"泄密"的可能，只要保持在线，用户的一举一动就会被搜索引擎或广告商监控。比如使用完计算机后，应当立刻清理上网记录方能防止用户数据泄露。

4. 谨慎使用公共设备

在公共场所尽量不使用不需要输入密码的免费 WiFi 网络，特别要警惕那些虚假的钓鱼WiFi，可能导致个人信息的泄露。

5. 拒绝一个密码走天下

密码是多数个人信息的最后一道防线。使用电脑、手机等电子设备要输入安全密码，不要使用简单密码，重要密码定期更换，必要时借助某些软件工具进行密码管理。

第三节　信息安全

信息时代的到来，使网络走入千家万户，我国已经成为网络大国，人们对于网络的依赖性和信息安全的关注度也日益增长。信息化和信息产业发展水平已成为衡量一个国家综合国力的重要标准。谈及网络，人们首先想到的就是信息安全问题，信息安全涉及的范围大到一个国家，小到个人财产。

一、信息安全概述

信息安全已发展为计算机科学的一个重要分支，而信息安全的内涵非常丰富，它涉及法律学、犯罪学、心理学、经济学、应用数学、数论、计算机科学、加密学及审计学等相关学科。

网络用来传输信息、交换信息；计算机用来处理信息、存储信息。没有计算机，网络难以完成传输信息、交换信息的任务。同样地，没有网络，计算机就不能充分发挥处理信息、存储信息的作用。若没有计算机和网络，海量的信息就无法传输、处理、存储，我们这个时代也就不能成为信息时代。21世纪，计算机、网络和信息这三个概念已变得唇齿相依、相辅相成、不可分割，探讨和研究三者中的任何一个问题，都离不开另外的两者。涉及网络安全的问题，也都与信息安全及计算机安全相关。

信息安全本身包括的范围很大，大到国家军事政治等机密安全，小到如防范商业企业机密泄露、防范青少年对不良信息的浏览、个人信息的泄露等。网络环境下的信息安全体系是保证信息安全的关键，包括计算机安全操作系统、各种安全协议、安全机制（数字签名、消息认证、数据加密等）、安全系统等，只要存在安全漏洞，便可威胁全局安全。

狭义的信息安全建立在以密码为基础的计算机安全领域，早期中国信息安全专业通常以此为基准，辅以计算机技术、通信网络技术与编程等方面的内容；广义的信息安全是综合型的，从传统的计算机安全到信息安全，不只是名称的改变，也是对安全发展的延伸，安全不再是单纯的技术问题，而是管理、技术、法律等问题相结合的产物。

二、　信息安全常见类型

网络安全主要包括线路连接安全、网络操作系统安全、权限系统安全、应用服务安全、人员安全管理等几个方面。安装能保证安全的相关软件、硬件及相关权限管理等手段，可以提高网络系统和信息系统的安全性，降低各类风险，及时掌握网络信息系统中存在的信息安全问题，发现安全问题和攻击行为，并有针对性地做出相对应的处理措施。

信息安全包括国家军事政治机密、商业企业机密、个人私有信息机密等。网络环境下的安全体系是保证网络信息安全的关键，包括操作系统、安全协议、数字签名、信息认证、数据加密等，任何一个漏洞都可能威胁大到全局的安全。信息安全的实质就是保护信息系统和信息资源不受各种威胁和破坏，从而保证信息的安全性。

文化安全主要指各种不利于我国国家发展、制度实施及传统文化的威胁，主要表现在宣传舆论方面。在信息化时代，文化越来越成为综合国力竞争的重要因素，国家文化安全也越来越成为人们关注的焦点。如何应对挑战，规划和构筑21世纪文化发展战略和国家文化安全战略，已经成为时代赋予我们的一项艰巨任务。

三、　信息安全的重要性

不管是机构还是个人，正把日益繁多的事情交由计算机和网络来完成，敏感信息经过脆弱的通信线路在计算机系统之间传送，专用信息在计算机内存储或在计算机之间传送，电子银行业务使财务账目可通过通信线路查阅，执法部门从计算机中了解罪犯的前科，医生用计算机管理病历，等等。在信息传输和传播的全过程中，保障信息安全，使其不至于在对非法（非授权）获取（访问）不加防范的条件下传输信息，都是极其重要的问题。

近年来，通过网络犯罪的案件不断增加，网络系统的安全已引起国家和个人的高度重视。对于上网所涉及的信息，如果得不到安全保证，网络攻击者就会通过一定的技术手段窃取和获得相应的权限，然后进行操作，产生不可估量的严重后果。所以，在网络环境的虚拟世界里，安全问题尤为重要。

信息安全是任何国家、政府、部门、行业都必须十分重视的问题，是不容忽视的国家安全战略。随着网络信息化的不断普及，信息系统的安全已成为影响政府及个人的重要因素。当然，对于不同的主体来说，包括各种组织、行业和个人，其对信息安全的要求和重点也是有区别的。

第二篇

工具篇

第六章

图书检索工具

学习目标

知识目标：

(1) 了解联机公共检索目录、数字图书的内涵。

(2) 了解图书检索工具的检索方式和使用范围。

技能目标：

(1) 学会图书类检索工具的检索。

(2) 针对不同的图书检索工具，能灵活选择并调整检索式。

素养目标：

(1) 树立团结协作意识。

(2) 养成勇于探究的创新精神。

情境导入

自 2006 年以来，在中宣部、中央文明办、新闻出版总署、文化部、国家广电总局、教育部、解放军总政宣传部、共青团中央、全国总工会、全国妇联等部门的共同倡导下，全民阅读活动在全国各地蓬勃发展。

2022 年 4 月 23 日至 25 日，首届全民阅读大会在北京举行。习近平在贺信中指出，阅读是人类获取知识、启智增慧、培养道德的重要途径，可以让人得到思想启发，树立崇高理想，涵养浩然之气。中华民族自古提倡阅读，讲究格物致知、诚意正心，传承中华民族生生不息的精神，塑造中国人民自信自强的品格。

习近平希望广大党员、干部带头读书学习，修身养志，增长才干；希望孩子们养成阅读习惯，快乐阅读，健康成长；希望全社会都参与到阅读中来，形成爱读书、读好书、善读书的浓厚氛围。

思考：在全民阅读时代，如何免费检索、借阅图书呢？

本章内容结构

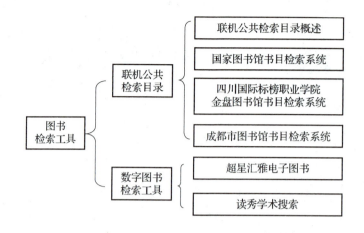

图书检索工具
- 联机公共检索目录
  - 联机公共检索目录概述
  - 国家图书馆书目检索系统
  - 四川国际标榜职业学院金盘图书馆书目检索系统
  - 成都市图书馆书目检索系统
- 数字图书检索工具
  - 超星汇雅电子图书
  - 读秀学术搜索

第一节 联机公共检索目录

一、联机公共检索目录概述

据统计，当今全世界每年出版大约 100 万种新书，其中绝大部分被图书馆收藏。获取这些图书信息的主要检索工具是联机公共检索目录，也称为馆藏机读目录数据库。联机公共检索目录英文称为"Online Public Access Catalog"，简称 OPAC。OPAC 是图书馆面向用户提供的电子目录查询服务，也是用户检索和使用图书馆信息资源的一种重要手段。OPAC 提供了利用计算机终端来查询图书馆馆藏资源的一种现代化检索方式，也就是说，读者通过互联网可以在任何地方对提供 OPAC 服务的图书馆馆藏资源进行检索。OPAC 是 20 世纪 70 年代初产生于美国大学和公共图书馆的一种通过网络查询馆藏书目资源的联机检索系统。经过多年的发展，OPAC 成为用户使用图书馆书目资源的主要入口，它是方便用户使用并达到图书馆资源共享的系统。

在传统的图书馆中，用户要查找某一本图书或期刊，需要使用目录柜翻看一张张的卡片，再根据卡片上的信息选择自己需要的图书或期刊。而现在，用户在办公室、实验室、宿舍里，只要通过上网的计算机，就可以随时利用书目检索系统查找所需的书目信息。书目检索系统比手工查询书目卡片更迅速、更准确、更方便，大大提高了书目检索的效率。

OPAC 系统可能因集成系统的不同，系统平台、用户界面都不尽相同，但是它的功能大致是相同的，如馆藏书刊信息查询、读者借阅情况查询、续借和预约图书、荐购图书、读者留言等。各馆可以根据自身资源和特色增减服务。

二、国家图书馆书目检索系统

1. 国家图书馆简介

国家图书馆历史悠久，其前身是筹建于 1909 年 9 月 9 日的京师图书馆。中华人民共和国成立后，更名为北京图书馆。1998 年 12 月 12 日经国务院批准，北京图书馆更名为国家图书馆，对外称中国国家图书馆。

国家图书馆是中国国家总书库、国家书目中心、国家古籍保护中心、国家典籍博物馆。国家图书馆馆藏宏富，品类齐全，涉及古今中外，集精撷萃。馆藏文献超过 3 700 万册件，并以每年百万册件的速度增长。

2. 国家图书馆馆藏目录检索

（1）登录方式

打开国家图书馆主页（http://www.nlc.cn）。首页的检索框默认检索范围为"文津搜索"。"文津搜索"是国家图书馆的资源发现系统，如图 6-1 所示。该检索平台整合了国家图书馆的各种类型文献检索。

图 6-1　国家图书馆"文津搜索"检索平台

如果只是想检索国家图书馆的馆藏书目信息，可以选中"馆藏目录"，在该检索平台直接检索，也可以单击页面右侧的"馆藏目录"检索，进入国家图书馆书目目录检索系统。

办理了国家图书馆读者卡的用户，可以通过读者卡号和密码登录系统，在网上对国家图书馆的图书进行预约、续借等个性化操作。

（2）检索方式

单击"馆藏目录"进入馆藏目录检索系统首页。系统默认为"基本检索"。国家图书馆馆藏目录检索系统提供基本检索、多字段检索、组合检索、通用命令语言检索和分类浏览等多种检索方式。

1）简单检索

如图 6-2 所示，基本检索是馆藏目录检索系统的主要检索方式之一，即选择单一检索字段，输入检索词检索馆藏目录。可选择的检索字段包括题名、著者、主题词、中图分类号、出版年、ISBN 等共计 19 项。

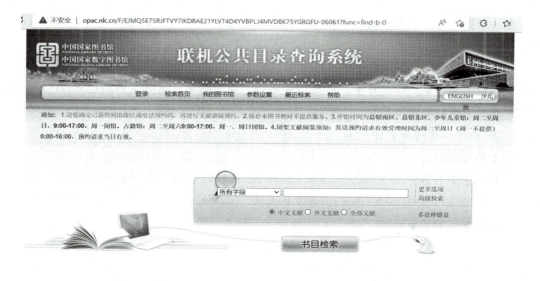

图6-2 国家图书馆馆藏目录检索系统首页（基本检索）

［检索案例］查找国家图书馆是否有四大名著之《西游记》，以及是否能够外借。

［检索步骤］第一步：选择检索字段"正题名"。

第二步：输入检索词"西游记"。

第三步：选择数据库"中文文献库"。

第四步：单击"书目检索"。

［检索结果］如图6-3所示。由检索结果中的相关记录，可知有不同版本的该书。馆藏地显示了该书不同版本在国家图书馆的具体位置和借阅情况。不同的馆藏地借阅规则不同，有些只能在阅览室阅览，有些可以外借。该书可以提供外借的馆藏地为"北区中文图书区"。

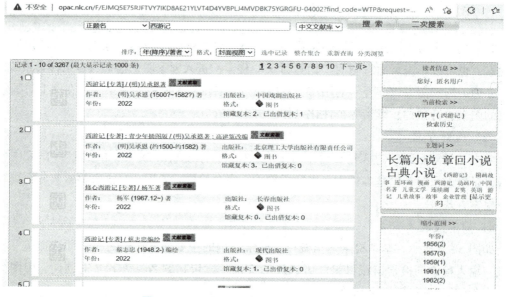

图6-3 《西游记》检索结果（基本检索）

单击某一条书目信息，获取可外借复本的详细信息，如图 6-4 所示，决定当前是否有能外借的复本。当前（2022 年 4 月 26 日）该书在中文基藏、北区中文图书区各有一本，北区中文图书区一本已被借阅，中文基藏的一本在架上，所以该书当前没有可外借的复本。读者可以单击"预约请求"进行预约排队，也可以去中文基藏区阅览。

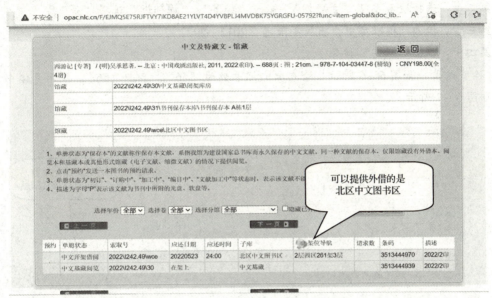

图 6-4 《西游记》的详细馆藏、外借信息（2022 年 4 月 26 日）

2）高级检索

高级检索包括多字段检索、多库检索、组合检索、通用命令语言检索、浏览、分类浏览。读者常用的有多字段检索与组合检索，如图 6-5 所示。

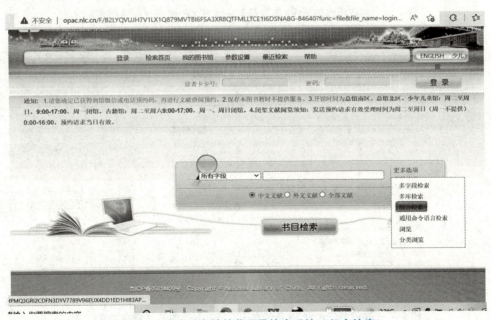

图 6-5 国家图书馆馆藏目录检索系统（组合检索）

　　例如，组合检索是为满足读者同时提出多项检索限定而设计的，最多可同时选择3项检索字段进行组合。

　　[检索实例]　查找我国著名经济学家吴敬琏先生近10年的有关经济方面的图书。

　　[检索步骤]　第一步：选择检索字段"著者"，输入"吴敬琏"，"词邻近"选择"是"，

　　第二步：选择检索字段"主题词"，输入"经济"，"词邻近"选择"是"。

　　第三步：检索范围限定中，出版年限定"2012—2022"，

　　第四步：单击"确定"按钮。

　　[检索结果]　如图6-6所示。检索命中记录数为"56"。单击"56"，显示具体书目信息，如图6-7所示。

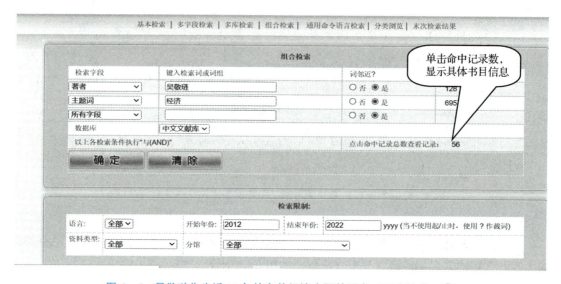

图6-6　吴敬琏先生近10年的有关经济方面的图书（组合检索）①

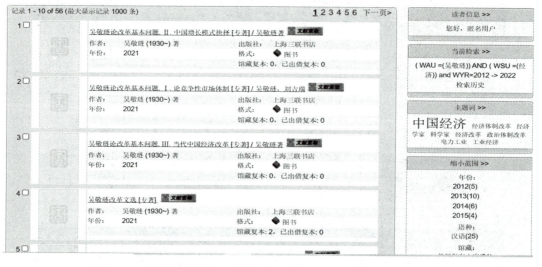

图6-7　吴敬琏先生近10年的有关经济方面的图书（组合检索）②

3）分类浏览

分类浏览是根据自己的需要在目录中逐层选择需要的图书，如图6-8所示。

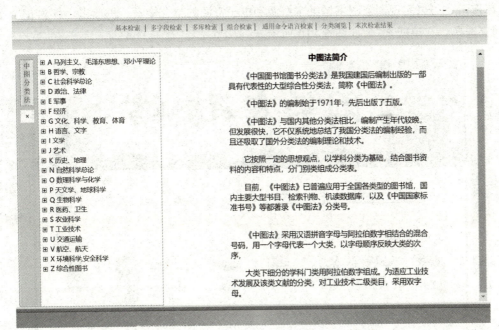

图6-8　国家图书馆馆藏目录检索系统（分类浏览）

[检索实例] 查找我国儒家哲学著作。

[检索步骤] 第一步：单击"B 哲学、宗教"。

第二步：单击"中国哲学"。

第三步：单击"先秦哲学（~前220年）"。

第四步：单击"儒家"，页面右侧即为我国儒家哲学著作。

[检索结果] 如图6-9所示。

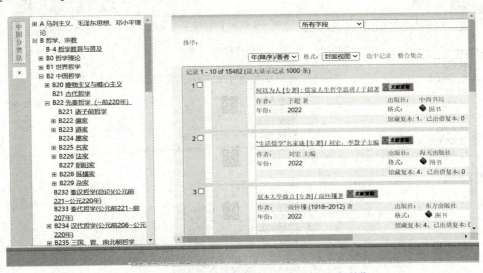

图6-9　国家图书馆馆藏儒家哲学著作（分类浏览）

3. 国家图书馆"文津搜索"

"文津搜索"是国家图书馆采用的资源发现系统。不同于传统的书目信息检索系统，"文津搜索"可以实现国家图书馆纸本资源和电子资源的整合检索。仍然以"西游记"为检索词，选择"文津搜索"，如图6-10所示。

图6-10 "文津搜索"检索

检索结果包括图书、期刊、报纸等涉及"西游记"的文献信息，检索结果既有馆藏图书，也有数据库，如图6-11所示。

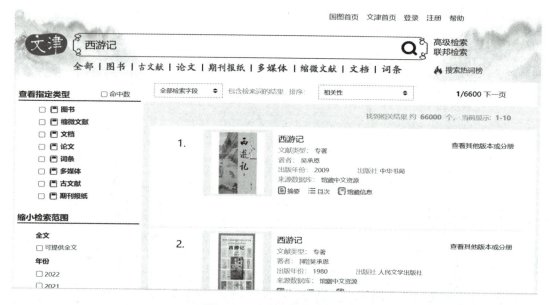

图6-11 "文津搜索"结果

三、 四川国际标榜职业学院金盘图书馆书目检索系统

四川国际标榜职业学院图书馆（简称标榜图书馆）选用的 OPAC 系统是金盘图书馆书目检索系统。标榜图书馆金盘图书馆书目检索系统于 2005 年开始对外开放。经过几年建设，目前已拥有中文图书、外文图书、中文期刊、外文期刊、中文视听资料、外文视听资料，小牛津分馆 7 个数据库 50 余万条馆藏书目数据。

1. 登录方式

打开标榜图书馆主页（http://lib. polus. edu. cn），如图 6－12 所示。

图 6－12 标榜图书馆网站主页

进入系统，单击"纸本图书、期刊"进入金盘图书馆书目检索系统，如图 6－13 所示。

图 6－13 标榜图书馆金盘图书馆书目检索系统

2. 检索方式

金盘提供简单检索、多字段检索、组合检索和分类浏览四种检索方式。

（1）简单检索

所谓的简单检索，就是选择一个检索的途径来检索所需要的图书，即使用题名、责任者、出版者、标准编码、索书号、主题词、全部字段中的任意一个检索途径进行检索，如图 6－14 所示。

图 6－14　金盘简单检索界面

［检索案例］季羡林，字希逋，又字齐奘。著名的古文字学家、历史学家、东方学家、思想家、翻译家、佛学家、作家。他精通 12 国语言，生前曾撰文三辞桂冠：国学大师、学界泰斗、国宝。要检索标榜学院图书馆有无季羡林先生的著作，该如何检索并获取？

［检索步骤］第一步：检索框输入检索词"季羡林"。

第二步：选择检索途径"责任者"。

第三步：单击"搜索"按钮。

［检索结果］标榜图书馆共收藏季羡林先生的著作 90 种，如图 6－15 所示。

图 6－15　季羡林先生著作检索结果

单击某一条书目信息，获取可外借复本的详细信息，如图 6-16 所示，显示当前是否有能外借的复本。当前（2022 年 4 月 26 日）该书在中文流通书库有 3 本，均在架，可外借。

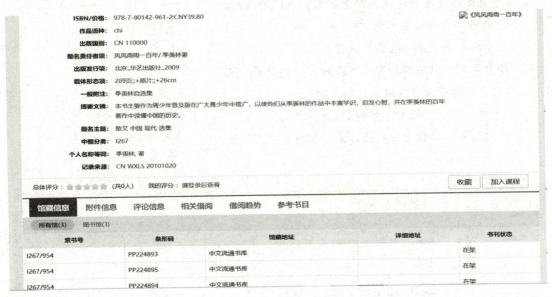

图 6-16　《风风雨雨一百年》的详细馆藏、外借信息（2022 年 4 月 26 日）

（2）多字段检索

多字段检索就是用多个检索途径进行组配检索，即在题名、责任者、索书号、出版者、标准编码、主题词等途径中任意选择几个途径进行组配检索，检索的结果往往比简单检索要更精确。如图 6-17 所示。

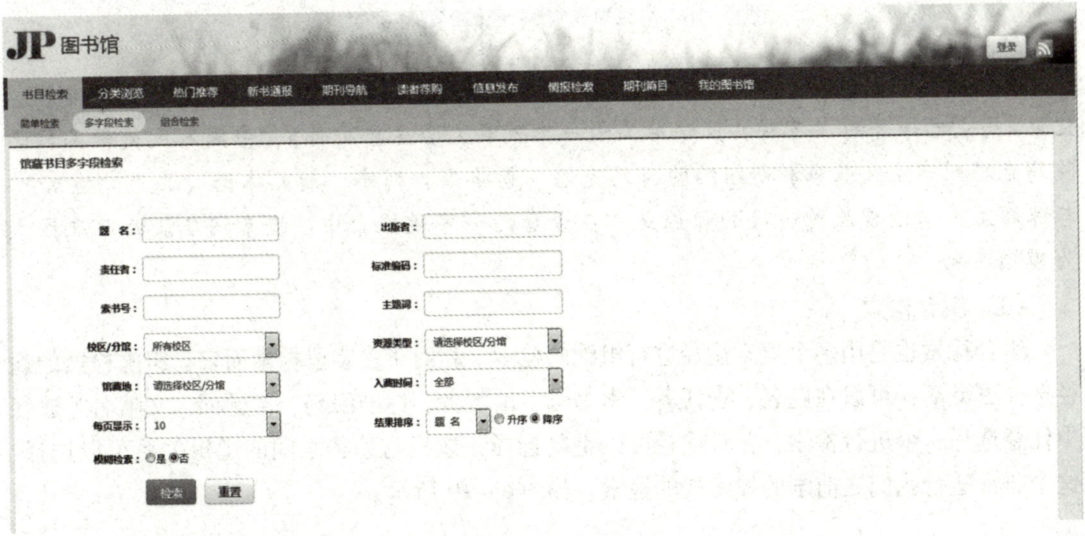

图 6-17　金盘多字段检索界面

[检索案例] 2020年6月27日，习近平总书记给复旦大学《共产党宣言》展示馆党员志愿服务队全体队员回信，勉励他们继续讲好关于理想信念的故事，号召党员特别是青年党员做《共产党宣言》精神的忠实传人。

若想借阅马克思著的《共产党宣言》，该如何检索？

[检索词] 马克思共产党宣言

[检索式] 马克思 and 共产党宣言

[检索步骤] 第一步：题名字段输入"共产党宣言"。

第二步：责任者字段输入"马克思"。

第三步：单击"检索"按钮。

[检索结果] 共检索出6条记录，如图6-18所示。

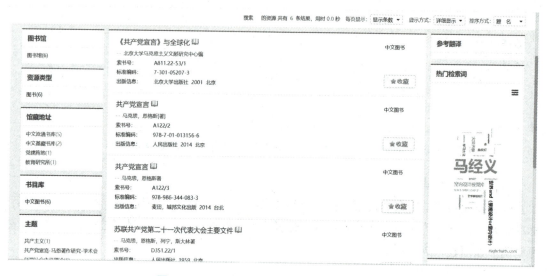

图6-18 马克思著《共产党宣言》检索结果

观察检索结果发现，北京大学马克思主义文献研究中心编的《〈共产党宣言〉与全球化》、马克思等著的《苏联共产党第二十一次代表大会主要文件》、中国人民大学函授学院马克思列宁主义基础教研组编的《马克思、恩格斯、列宁、斯大林论〈共产党宣言〉》与课题无关，造成此种情况的原因是：在金盘的多字段检索中，检索词默认的匹配方式为模糊匹配。

（3）组合检索

组合检索也是用多个检索途径进行组配的检索，相对于多字段检索而言，组配检索的途径选择更灵活，可以在题名、责任者、索书号、出版者、标准编码、主题词、文献名等途径中任意选择一个进行检索，并且途径可以重复选择，途径与途径之间的逻辑关系可以选择，这个非常适合我们之前学的检索式的检索。如图6-19所示。

图 6 – 19　金盘组合检索界面

[检索案例] 王小凯是一名人居与环境设计系的学生，专业知识学习需要查找园林景观及建筑装饰的工程造价方面的图书资料，该如何检索？

[检索词] 园林景观、建筑装饰、工程造价

[检索式]（园林景观 or 建筑装饰）and 工程造价

[检索步骤] 第一步：将检索式（园林景观 or 建筑装饰）and 工程造价输入检索框，如图 6 – 20 所示。

组合检索

	题名	园林景观
或者	题名	建筑装饰
并且	题名	工程造价

搜索　重置

图 6 – 20　（园林景观 or 建筑装饰）and 工程造价的检索结果

第二步：单击"搜索"按钮，共检索出 16 条记录，检索结果如图 6 – 21 所示。

观察检索结果后发现，只有建筑装饰工程造价方面的图书，那么是否馆内没有关于园林景观工程造价方面的图书呢？

第三步：将检索式中逻辑"或"连接的检索词的位置进行交换，调整为（建筑装饰 or 园林景观）and 工程造价并输入检索框，如图 6 – 22 所示。

第四步：单击"搜索"按钮，共检索出 1 条记录，检索结果如图 6 – 23 所示。

图 6 – 21　检索结果

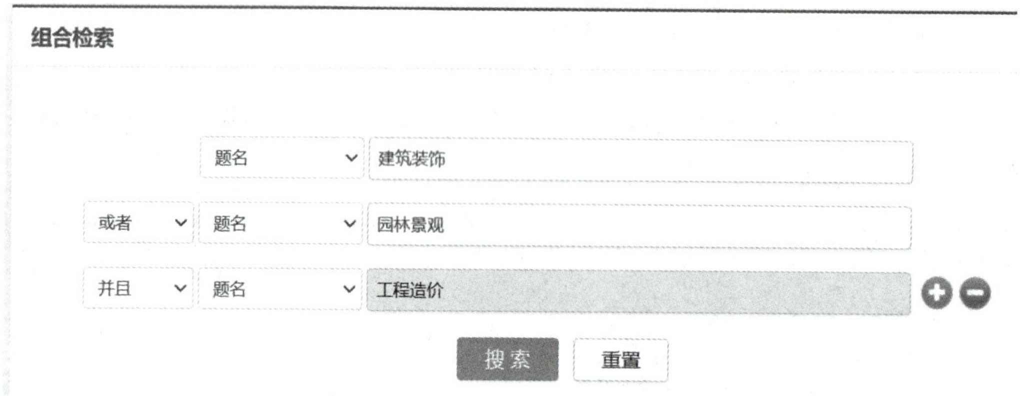

图 6 – 22　（建筑装饰 or 园林景观）and 工程造价检索过程界面

图 6 – 23　（建筑装饰 or 园林景观）and 工程造价检索结果

观察检索结果，发现图书馆有园林景观工程造价方面的图书，再次检查我们的检索过程，检索式、检索途径、检索步骤都是正确的，那么到底是哪个环节出了问题呢？

经过多个检索实验，发现在金盘书目检索系统中，逻辑"或"连接的检索词不能输入不同的检索框，而应放在同一检索框内，换言之，在金盘的组合检索中，一个检索框内填入两个及以上的检索词，这些检索词之间默认为"逻辑或"的关系，如图 6－24～图 6－26所示。

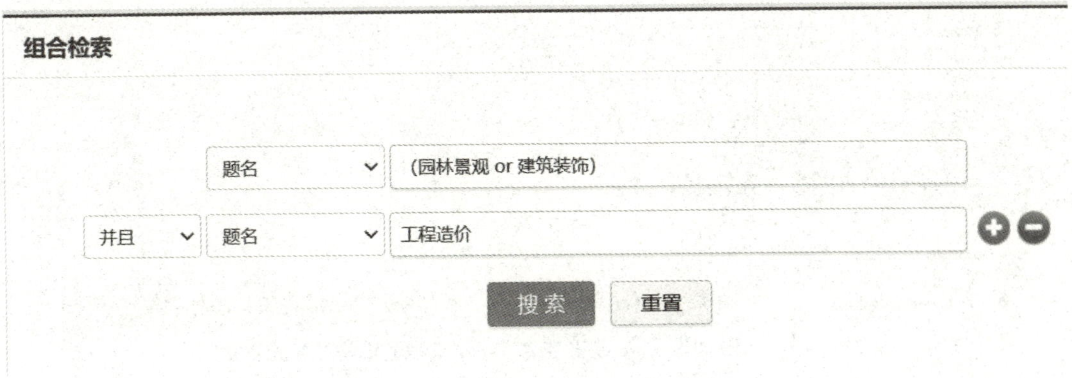

图 6－24　（园林景观 or 建筑装饰）and 工程造价的准确检索过程界面①

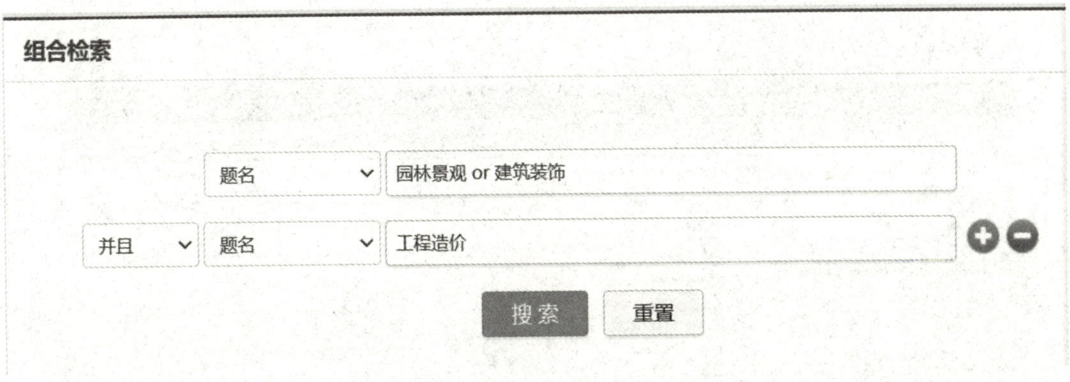

图 6－25　（园林景观 or 建筑装饰）and 工程造价的准确检索过程界面②

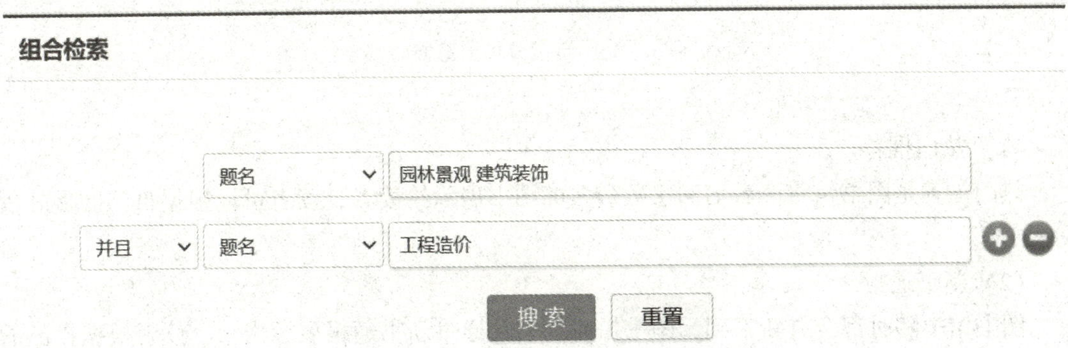

图 6－26　（园林景观 or 建筑装饰）and 工程造价的准确检索过程界面③

[检索结果] 如图6-27所示，共检索出17条记录。

图6-27 （园林景观 or 建筑装饰）and 工程造价检索结果界面

（4）分类浏览

分类浏览是根据自己的需要在目录中逐层选择需要的图书，如图6-28所示。

图6-28 金盘分类浏览界面

3. 个性化功能

（1）热门推荐

热门推荐是图书馆将读者借阅次数最多的图书展示给读者，读者可以根据自己的喜好借阅图书。

（2）新书通报

图书馆中随时都会有新书到，图书馆将新书都通过新书通报展示出来，读者根据自己的需求进行借阅。

（3）期刊导航

期刊导航将图书馆所有的期刊，包括过期期刊全部展示给读者，读者可以根据自己的需求选择阅读。需要注意的是，期刊不支持外借。

（4）读者推荐

读者推荐是读者将图书馆没有但是有价值、值得阅读的图书推荐给图书馆，希望图书馆购买。读者推荐必须在读者登录的情况下，填写好如图 6－29 所示信息，图书馆工作人员收到信息后进行处理。

图 6－29　金盘读者荐购界面

（5）信息发布

信息发布是图书馆公布信息的一个平台。

（6）我的图书馆

我的图书馆是个性化服务的最好体现，可以根据自己的借阅证号码登录系统，并进行图书借阅历史查询、图书预约、图书续借、图书推荐购买等。如图 6－30 所示。

图 6－30　金盘之我的图书馆登录界面

四、成都市图书馆书目检索系统

1. 成都市图书馆的书目检索系统概述

成都图书馆新馆是市委、市政府"为民办实事"项目。2003 年 10 月 1 日正式对外开放。馆舍占地10亩①，建筑面积2.198万平方米，是成都市重要的精神文明建设阵地和公共文化服务窗口。成都图书馆于2006年获文化部"公共文化设施管理先进单位"光荣称号；2007年被文化部授予"文化遗产日获奖单位"；四川省文化厅授予"首届中国成都非物质文化遗产节优秀组织奖"；市委宣传部颁发的"文化科技卫生三下乡先进集体"；2008年中国图书馆学会授予"全民读书先进单位"称号；荣获四川省妇联颁发的"省三八红旗手集体"；2009年"蜀风雅韵·成都非物质文化遗产数字博物馆"荣获文化部第三届创新奖。成都图书馆还是全国古籍重点保护单位、成都市首批青少年科普教育场馆、成都市青少年校外活动示范基地。

新馆藏书201万册（其中古籍10.5万册）。在数字图书馆建设方面，拥有5个独立域名网站，即成都图书馆网站（www.cdclib.org），全国文化信息资源共享工程成都支中心网站（cddcn.cdclib.org），蜀风雅韵·成都非物质文化遗产网站（www.ichngdu.cn），第一、二届中国成都国际非物质文化遗产官方网站（www.ich2007.org或www.ich2009.cn）。

"读者第一、服务至上、公益性、人性化"是成都图书馆的办馆宗旨，"创新与品牌"是成都图书馆的服务理念。

四川国际标榜职业学院在2015年6月成为成都市图书馆的分馆，共享成都市图书馆资源的图书。

2. 成都市图书馆馆藏书目检索系统

（1）登录方式

在地址栏输入"https://www.cdclib.org/"进入成都市图书馆的主页。单击"本馆书目检索"即可进入成都市图书馆馆藏书目检索系统。成都市图书馆的书目检索系统可检索成都市图书馆总馆和成都市各区县的21个分馆的书目信息，如图6-31所示。

图6-31　成都图书馆网站

---

① 1亩 = 666.67平方米。

（2）检索方式

1）简单检索

简单检索时，选择题名、正题名、ISBN/ISSN、著者、主题词、分类号、订购号、出版社、索书号中任意一个检索途径，在检索词一栏中输入相对应的词语，勾选要检索的图书馆即可检索，如图6-32所示。

图6-32 成都图书馆馆藏书目检索系统简单检索

[检索案例] 流沙河，中国现代诗人、作家、学者、书法家。从2009年到2019年1月这10年间，在成都图书馆，流沙河给市民带来近120场公益讲座，从老成都故事到《庄子》，再到诗词歌赋，把自己热爱的传统文化传播给了更多市民。

成都图书馆收藏有多少流沙河老先生的著作？该如何检索？

[检索词] 流沙河

[检索式] 流沙河

[检索步骤] 第一步：选择检索途径"著者"。

第二步：在检索框输入"流沙河"。

第三步：选择"成都图书馆"。

第四步：单击"搜索"按钮。

[检索结果] 成都图书馆共收藏流沙河著作55种，检索结果如图6-33所示。

2）高级检索

高级检索是通过题名、正题名、ISBN/ISSN、著者、主题词、分类号、控制号、订购号、出版社、索书号、出版地中的三个检索途径进行组配检索。成都市图书馆书目检索系统的高级检索与四川国际标榜职业学院的高级检索有不同之处。成都市图书馆书目检索系统的高级检索只有组合检索一种，并且只能三个词语进行组合，而四川国际标榜职业学院书目检索系统的高级检索有组合检索和多字段检索两种，其中组合检索可以有很多个词语，如图6-34所示。

图6-33 成都图书馆流沙河著作检索结果

图6-34 成都图书馆馆藏书目检索系统高级检索

[检索案例] 王小凯是一名四川国际标榜职业学院人居与环境设计系的学生，专业知识学习需要查找更多园林景观及建筑装饰的工程造价方面的图书资料，该如何检索？

[检索词] 园林景观　建筑装饰　工程造价

[检索式]（园林景观or建筑装饰）and工程造价

[检索步骤] 第一步：选择检索途径"题名"。

第二步：输入检索式（园林景观or建筑装饰）and工程造价。

第三步：选择"所有图书馆"。

第四步：单击"搜索"按钮，检索结果为0，如图6-35所示。

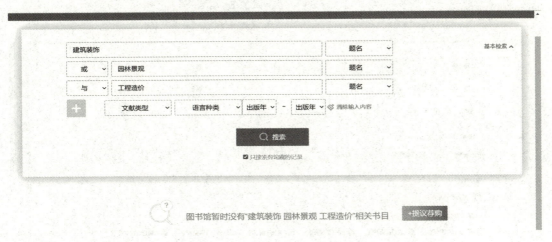

图6-35　检索结果

仔细观察检索过程发现，输入检索框的检索式和构造的检索式不一致，即检索框内的检索式为：园林景观 or 建筑装饰 and 工程造价，故检索结果"0"是不正确的。

经过多个检索实验，发现在成都图书馆馆藏书目检索系统中，"逻辑与""逻辑或""逻辑非"不能同时进行检索，所以需要将检索式（园林景观 or 建筑装饰）and 工程造价拆分成：园林景观 and 工程造价、建筑装饰 and 工程造价两个检索式分别进行检索。如图6-36和图6-37所示。

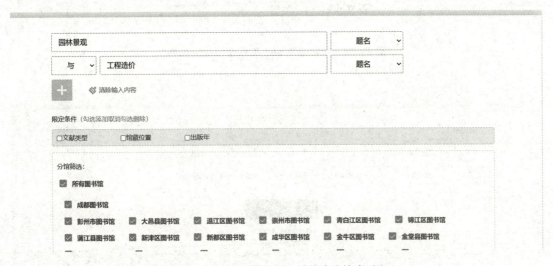

图6-36　园林景观 and 工程造价检索过程

[检索结果] 成都图书馆收藏有园林景观工程造价方面的图书1种，未收藏建筑装饰工程造价方面的图书，如图6-38和图6-39所示。

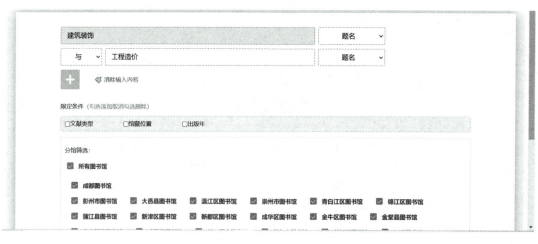

图 6 - 37　建筑装饰 and 工程造价检索过程

图 6 - 38　园林景观 and 工程造价检索结果

图 6 - 39　建筑装饰 and 工程造价检索结果

第二节　数字图书检索工具

一、超星汇雅电子图书

1. 超星数字图书馆概述

超星数字图书馆由北京世纪超星信息科技有限责任公司创建，开通于1999年，2000年被列入国家"863"计划中国数字图书馆示范工程，以数字图书馆的方式进行推广和示范，覆盖人文科学、社会科学、自然科学及工程技术等学科，其中，尤以档案文献、历史文献、社科经典文献等类别收藏齐全。超星数字图书馆为用户提供中文电子书的阅读、下载、打印等服务。超星数字图书馆收录的图书回溯性较好，出版于1944—1979年的占1成，出版于1980—2015年的占9成，深受人文社会科学类读者的欢迎。

很多高校都购买超星电子图书，一般购买的形式有两种，即远程包库和本地镜像。所谓远程包库，就是通过远程访问超星数据来阅读图书，只有图书的使用权，图书数据不属于学校。本地镜像是学校拥有图书的数据，一般是通过访问学校的服务器来阅读图书。

四川国际标榜职业学院的读者可以阅读到80万种的包库图书和58万种的镜像图书。接下来介绍超星远程包库电子图书。

2. 超星数字图书馆检索

（1）登录方式

在地址栏输入"http://www.sslibrary.com"，进入超星图书馆的包库界面，如图6-40所示。

图6-40　超星数字图书馆包库界面

（2）检索方式

1）简单检索

简单检索就是选择一个检索途径并输入相应的检索词进行检索。

超星远程的简单检索是在书名、作者、目次、全文中的任意一个途径进行检索。检索结果会因为途径的不同而大大不一样，其中全文检索是将图书打碎，以章节为基础来检索图书内容，检索结果很丰富。

［检索案例］ 检索"人物形象设计"方面的资料

［检索词］ 人物形象设计

［检索式］ 人物形象设计

［检索途径］ 书名、全文

［检索结果］ 书名途径检索结果如图 6–41 所示，全文途径检索结果如图 6–42 所示。

图 6–41 "人物形象设计"书名途径检索结果

图 6–42 "人物形象设计"全文途径检索结果

2）高级检索

超星远程包库的高级检索是多字段检索，即将书名、作者、主题词、分类、中图分类号、年代等检索途径进行组配检索，如图6－43所示。

[检索案例]《红星照耀中国》（Red Star Over China），曾译名为《西行漫记》，是美国记者埃德加·斯诺所著的纪实文学作品。该作品真实记录了埃德加·斯诺自1936年6月至1936年10月在中国西北革命根据地进行实地采访的所见所闻，报道了中国和中国工农红军以及许多红军领袖、红军将领的情况，从多个方面展示中国共产党为民族解放而艰苦奋斗和牺牲奉献的精神，瓦解了种种歪曲、丑化共产党的谣言。

[检索词] 斯诺　红星照耀中国　西行漫记

[检索式] 斯诺 and（红星照耀中国 or 西行漫记）

[检索步骤] 超星远程包库高级检索界面，逻辑"与"、逻辑"或"、逻辑"非"不能同时检索，需将检索式调整为：斯诺 and 红星照耀中国、斯诺 and 西行漫记分开检索。如图6－44和图6－45所示。

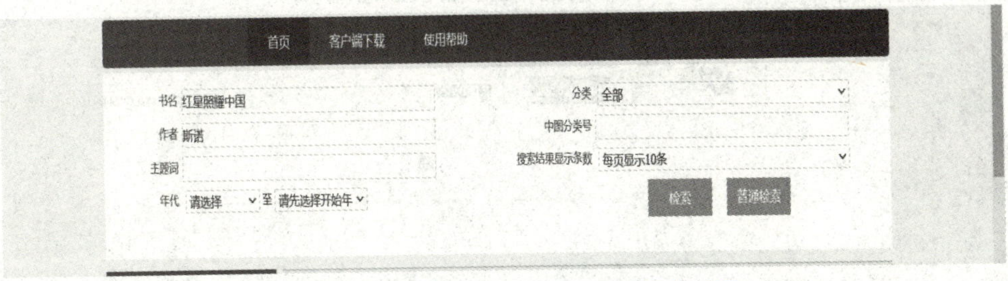

图 6 –44　斯诺 and 红星照耀中国检索过程

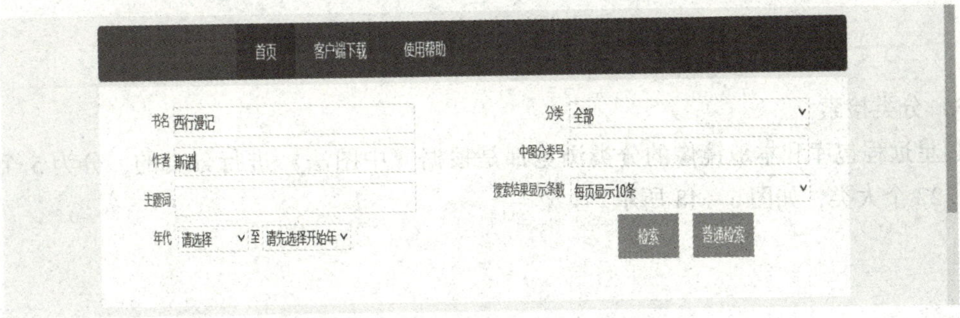

图 6 –45　斯诺 and 西行漫记检索过程

[检索结果] 超星远程包库中有 3 种版本《红星照耀中国》、1 种《西行漫记》，如图 6-46 和图 6-47 所示。

图 6-46 斯诺 and 红星照耀中国检索结果

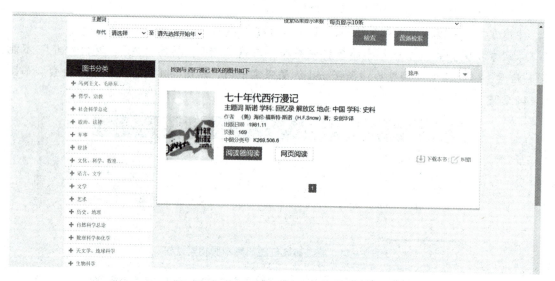

图 6-47 斯诺 and 西行漫记检索结果

3）分类检索

超星远程包库和本地镜像的分类浏览都是根据《中图法》进行分类的，分为 5 个大的部类，22 个大类，如图 6-48 所示。

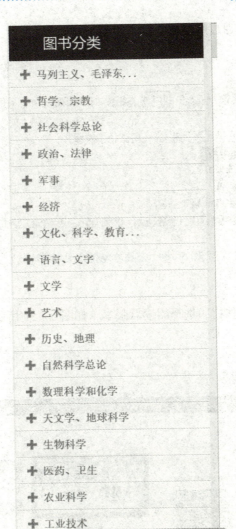

图 6 – 48　超星远程包库分类浏览界面

（3）图书阅读

超星远程包库可以通过阅读器和网页两种方式阅读。一般在有网络的情况下选择网页阅读，如图 6 – 49 所示。

图 6 – 49　超星远程包库图书阅读

超星本地镜像只能够通过阅读器阅读，如图 6 – 50 所示。

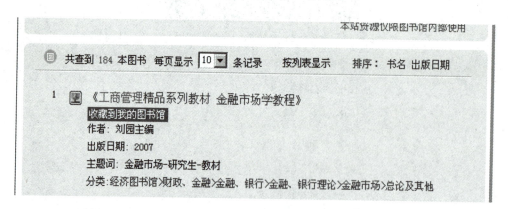

图 6 – 50　超星本地镜像图书阅读

1）下载超星阅读器

单击"客户端下载"按钮，选择阅读器版本，如图 6 – 51 所示。

图 6 – 51　超星阅读器下载页面

2）安装超星阅读器

超星阅读器安装程序下载完毕后，双击安装程序将自动进入安装向导，向导会引导用户完成超星阅读器的安装。

3）阅读图书

单击图书即可自动启动超星阅读器阅读图书，如图 6 – 52 所示。

4）图书下载

阅读时，在图书阅读页面上单击鼠标右键，选择"下载"菜单，下载这本书，如图 6 – 53 所示。

图6-52　《人像摄影四部曲 雕琢光线》

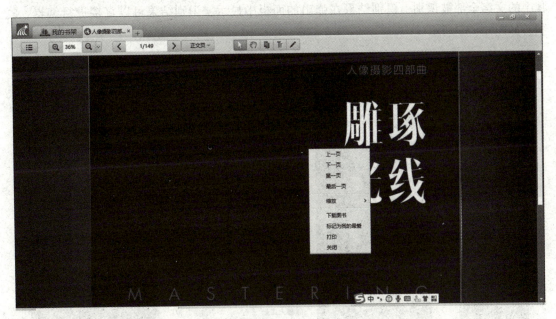

图6-53　超星电子图书下载页面

在"设置"菜单中自定义下载图书的存放路径，可选择打包下载或分页下载，如图6-54所示。

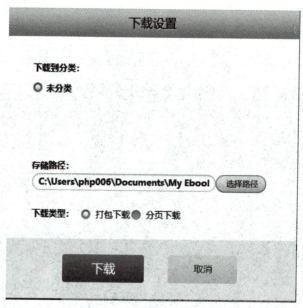

图6-54 超星电子图书下载设置

5）文字识别与摘录

单击阅读页面上方的"文字识别"按钮 ，然后按住鼠标左键任意拖动一个矩形，其中的文字全部被识别，识别结果在弹出的面板中显示，识别结果可以直接进行编辑、复制，如图6-55所示。

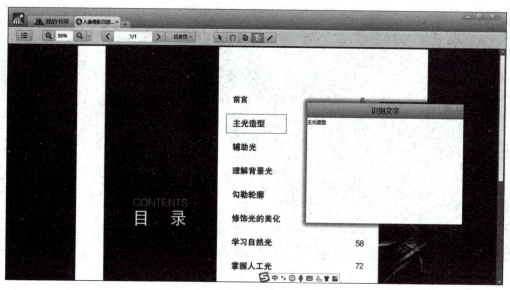

图6-55 超星阅读器文字识别功能

6）文字标注

单击阅读页面上方的"标注绘制"按钮，将会弹出标注工具栏，如图6-56所示。

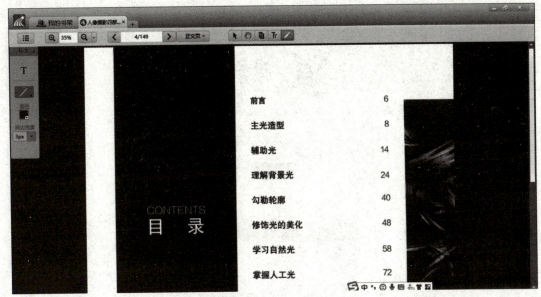

目录 CONTENTS

前言	6
主光造型	8
辅助光	14
理解背景光	24
勾勒轮廓	40
修饰光的美化	48
学习自然光	58
掌握人工光	72

图 6－56　超星阅读器文字标注功能

二、读秀学术搜索

1. 读秀学术搜索概述

读秀学术搜索是一个真正意义上的文献搜索及获取服务平台，其后台建构在一个由海量全文数据库及超大型数据库基础上。读秀现收录 670 万种中文图书题录信息，320 万种中文图书原文，可搜索的信息量超过 17 亿页（以上数据仍在增加中），为读者提供深入图书内容的全文检索、部分文献试读、参考咨询等多种功能。

同时，读秀的一站式检索模式实现了馆藏纸质图书、电子图书等各种资源站同一平台的统一检索、获取。不论是学习、研究还是写论文、做课题，读秀都能够为读者提供最全面、准确的学术资源。读秀致力于为用户提供全面特色的数字图书馆整体解决方案和文献资源服务，为广大读者打造一个获取知识资源的捷径。

①读秀学术搜索涵盖的学术资料比以往任何传统的数据库都全面。读者通过读秀学术搜索，能够获得关于检索点的最全面的学术资料，避免了反复收集和查找的困扰。

②将检索结果与馆藏各种资源整合。读者检索任何一个知识点，都可以直接获取本单位文献服务机构内与其相关的纸质图书、电子图书全文等，不需要再对各种资源逐一登录检索查找。

③读秀提供参考咨询服务，通过文献传递，直接将相关学术文献资料发送到读者邮箱，使读者零距离获取珍稀学术资源。

2. 读秀学术搜索的检索

（1）登录方式

在地址栏输入读秀学术搜索主页网址"http://www.duxiu.com/"，或者通过图书馆网站登录，如图 6－57 所示。

图 6-57 读秀学术搜索界面

（2）检索功能

读秀给读者提供了三种对文献不同利用方式的检索：知识检索、图书检索、搜索其他文献。

1）知识检索

知识检索即全文检索，为用户在海量的图书数据资源中，围绕该关键词深入图书的每一页资料中进行信息深度查找。

[检索案例] 检索体育舞蹈的竞赛规则的相关信息

[检索词] 体育舞蹈　竞赛规则

[检索式] 体育舞蹈 and 竞赛规则

[检索途径] 全文途径

[检索步骤] 在实施检索的时候，可以将检索式直接放到检索框中进行检索，或者先检索体育舞蹈，然后选择"在结果中检索"即二次检索来完成。需要注意的是，在读秀中，逻辑"与"、逻辑"非"、逻辑"或"的关系不能够同时使用，如图 6-58 所示。

图 6-58 体育舞蹈 and 竞赛规则检索过程

［检索结果］读秀学术搜索知识频道共检索出 877 条记录，如图 6－59 所示。

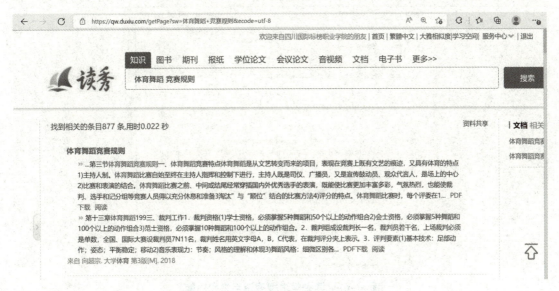

图 6－59　体育舞蹈 and 竞赛规则检索结果

阅读：单击标题或"阅读"按钮即可查阅文献；单击"PDF 下载"按钮即可下载。

文字摘录及提取：单击"文字提取"按钮后，根据需要选择"文字提取"或"文字摘录"，即可完成文字摘录及提取，如图 6－60 所示。

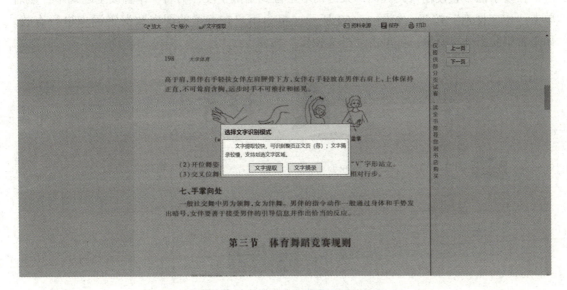

图 6－60　读秀文字提取功能

资料来源：单击"资料来源"选项后，即可查看该知识来源于何处，保证了权威性和学术性，如图 6－61 所示。

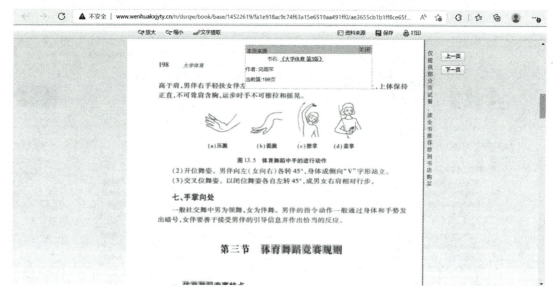

图 6 – 61　读秀学术搜索资料来源功能

2）图书搜索

图书搜索有四种方式：简单检索、高级检索、专业检索和分类导航。

• 简单检索

在搜索框中直接输入关键词，关键词可定位到全部字段、书名、作者或主题词中，然后单击"中文搜索"按钮，如图 6 – 62 所示，将为用户在海量的图书数据资源中进行查找。如果希望获得外文资源，可单击"外文搜索"按钮。

图 6 – 62　读秀学术搜索简单检索界面

• 高级检索

即多字段检索，在文本框中输入图书的相关信息，然后单击"高级搜索"按钮，更准确地定位到图书，如图 6 – 63 所示。

图 6 – 63　读秀学术搜索高级检索界面

- 专业检索

在文本框中输入要查找的任意词的任意组合，然后单击"搜索"按钮，如图 6 – 64 所示，搜索到的范围更精确。

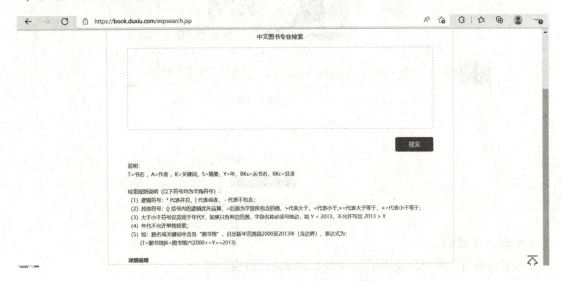

图 6 – 64　读秀学术搜索专业检索界面

- 分类导航

单击"分类导航"按钮，将通过列表逐级对图书进行浏览，如图 6 – 65 所示。

3）搜索其他文献

- 选择频道

读秀可搜索的学术资源类型众多，如要搜索的资源类型不是图书、知识，而是其他，比如专利、标准、期刊、论文、报纸等，可以在"更多"中找到相应的频道进行搜索，如图 6 – 66 所示。

图书导航				
马列主义、毛泽东思想、邓				
哲学、宗教	**马列主义、毛泽东思想、邓小平理论**				
社会科学总论	马克思、恩格斯著作	列宁著作	斯大林著作	毛泽东著作	邓小平著作
政治、法律	马克思、恩格斯、列宁、斯	马克思、恩格斯、列宁、斯	马克思主义、列宁主义、毛		
军事				
经济	**哲学、宗教**				
文化、科学、教育、体育	哲学教育与普及	哲学理论	世界哲学	中国哲学	亚洲哲学
语言、文字	非洲哲学	欧洲哲学	大洋洲哲学	美洲哲学	思维科学
文学	逻辑学(论理学)	伦理学(道德哲学)	美学	心理学	宗教
艺术	丛书(汇刻书)、文库	习题、试题及题解	名词术语、词典、百科全书	论文集	
历史、地理				
自然科学总论	**社会科学总论**				
数理科学和化学	社会科学理论与方法论	社会科学现状及发展	社会科学机构、团体、会议	社会科学研究方法	社会科学教育与普及
天文学、地球科学	社会科学丛书、文集、连续	社会科学参考工具书	社会科学文献检索工具书	统计学	社会学
生物科学	人口学	管理学	系统科学	民族学	人才学
医药、卫生	劳动科学				
农业科学				
工业技术				
交通运输	**政治、法律**				
航空、航天	政治理论	国际共产主义运动	中国共产党	各国共产党	工人、农民、青年、妇女运
环境科学、安全科学	世界政治	中国政治	各国政治	外交、国际关系	法律(D9)
综合性文献	法律(DF)	习题、试题及题解	教学法、教学参考书		
古籍				

图 6 - 65　读秀学术搜索分类导航界面

图 6 - 66　读秀学术搜索选择频道界面

- 输入关键词

选定频道后，用户只需要输入检索关键词进行搜索即可。

在此可以限定某些选项（如题名、作者等）进行搜索，以保证搜索结果的准确性。

- 左侧聚类

读秀搜索结果页面，左侧一般都有聚类，比如类型聚类、年代聚类、学科聚类，单击特定聚类，可精准定位，如图 6 - 67 所示。

- 右侧一站式检索

读秀针对用户输入的关键词，同时检索了所有的文献类型。一站式检索可以扩大搜索范围，如图 6 - 68 所示。

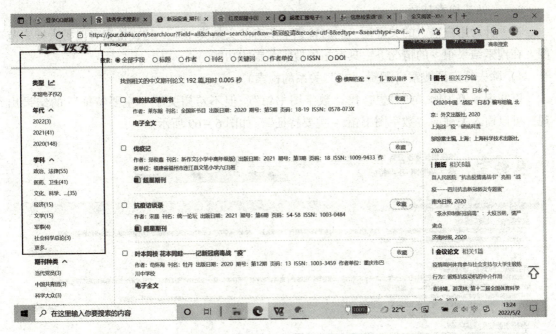

图 6-67 读秀学术搜索左侧聚类界面

图 6-68 读秀学术搜索右侧一站式检索

（3）读秀学术的检索技巧

1）关键词技巧

为方便用户快速找到需要的结果，建议使用多个关键词或较长的关键词进行检索。

2）聚类技巧

读秀搜索结果页面中，左侧一般都有聚类，单击特定聚类，可精准定位。在搜索结果过多的情况下，其具有筛选的功能。

3）一站式检索技巧

读秀针对用户输入的关键词，同时检索了所有的文献类型。一站式检索可以扩大搜索范围。在搜索结果很少的情况下，具有拓展搜索范围的功能。

4）除去特定词搜索（逻辑"非"关系的检索）

以知识频道为例，如果想查找"数字图书馆"，但不希望关于"主要特征"的结果出现，可以输入关键词"数字图书馆 – 主要特征"，如图6–69所示。

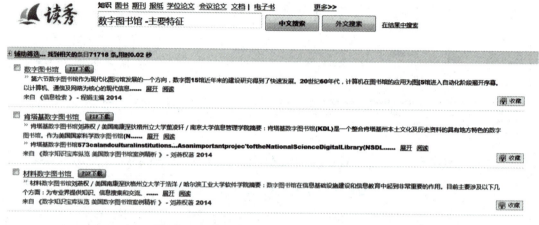

图6–69　读秀学术搜索逻辑"非"检索界面

注意：前一个关键词和减号之间必须有空格，否则，减号会被当成连字符处理，而失去减号语法功能。

5）特定年份内搜索

在知识频道下搜索时，在关键词后加上"time:时间"，用于命中某一年出版的资料。例如："数字图书馆 time:2010"，搜索结果为2010年的资料，如图6–70所示。

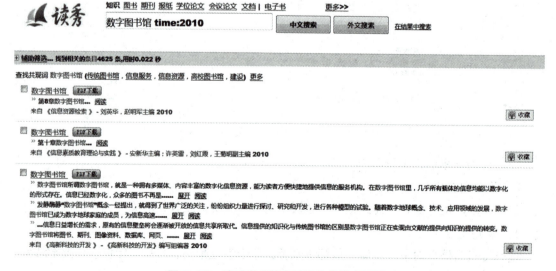

图6–70　读秀学术搜索特定年份检索界面

6）提示查找外文文献（图6-71）

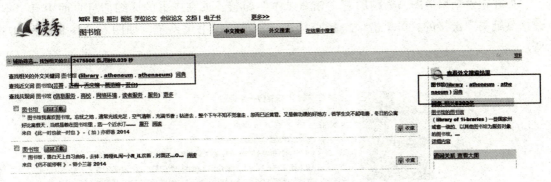

图6-71 读秀学术搜索外文检索界面

7）提示近义词搜索（图6-72）

图6-72 读秀学术搜索近义词检索界面

8）提示共现词搜索（图6-73）

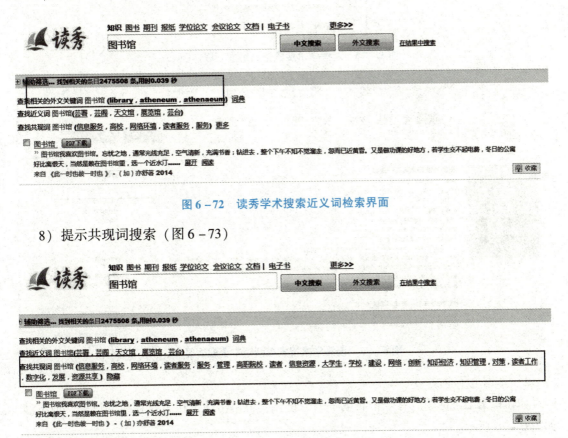

图6-73 读秀学术搜索共现词检索界面

（4）读秀学术搜索文献的获取

读秀学术搜索整合了本单位馆藏书目检索系统、超星电子图书全文，同时提供特色的文献传递和文献互助平台。换句话说，通过读秀学术搜索这个平台可以检索到馆藏纸本图书、超星电子图书和部分阅读一些图书。

1）本馆馆藏纸本

如在检索结果页图书标题后有"馆藏纸本"链接，或在图书的详细信息页面中有"本馆馆藏纸书"链接的，可单击该链接直接进入本单位图书馆系统，如图6-74和图6-75所示。

图6-74　读秀学术搜索馆藏纸本获取途径①

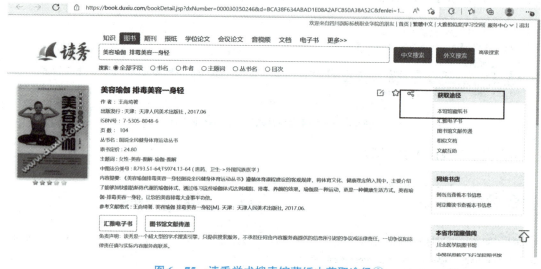

图6-75　读秀学术搜索馆藏纸本获取途径②

2）本馆电子全文

如在检索结果标题后有"汇雅电子书"链接，可单击该链接直接在线阅读全文或下载，如图6-76所示。

3）文献传递

所谓文献传递，就是图书馆参考咨询中心通过E-mail快速、准确地将用户需要的资料发送到用户的邮箱，供用户全文阅读（此服务免费）。以图书为例，在图书详细信息页面，可以单击"图书馆文献传递"按钮，进入"图书馆参考咨询服务"页面，如图6-77所示。

《美容瑜伽 排毒美容一身轻》

作　者：王尚琦著

出版日期：2017.06　　　页　数：104

丛书名：图说全民健身体育运动丛书

简　介：《美容瑜伽排毒美容一身轻图说全民健身体育运动丛书》遵循〔体〕育文化、健康理念纳入其中，主要介绍了能够加快脂肪新陈代谢的瑜伽〔〕到减脂、排毒、养颜的效果。瑜伽是一种运动，更是一种健康生活方式〔〕让您的美容排毒大业事半功倍。

ISBN：7-5305-8048-6

主题词：女性-美容-图解-瑜伽-图解

分　类：医药、卫生->外国民族医学

馆藏纸本　　**汇雅电子书**

图 6 - 76　读秀学术搜索超星汇雅电子书获取途径

图 6 - 77　读秀学术搜索文献传递界面

在图书馆参考咨询服务页面，请认真、仔细填写如图 6 - 78 所示信息，以确保提交无误。最后单击"确定"按钮即可。

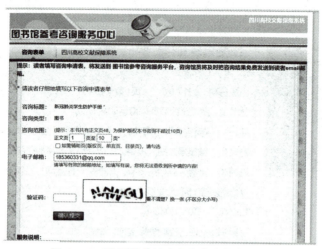

图6-78 读秀学术搜索参考咨询服务界面

第 七 章

期刊论文检索工具

学习目标

知识目标：

(1) 了解中国知网、万方、维普的文献资源类型。

(2) 了解中国知网、万方、维普的专业检索方式。

技能目标：

(1) 学会中国知网、万方数据知识服务平台的检索方法。

(2) 学会处理检索结果。

素养目标：

(1) 培养专业素养能力。

(2) 养成学术道德素养。

情境导入

2019 年 12 月以来，我国湖北省武汉市持续开展流感及相关疾病监测，发现多起病毒性肺炎病例，均诊断为病毒性肺炎/肺部感染，即新冠肺炎。世界卫生组织 3 月 11 日表示，新冠肺炎疫情的爆发已经构成一次全球性"大流行"。

2020 年 3 月份的 10 天里，在推特上发布了 260 万条与疫情相关推文，以及对这些推文的 2 550 万次转发，其中有很多针对中国的阴谋论传播，比如"新冠病毒是中国制造的生物武器"等。

2020 年 6 月，澳大利亚研究所下属"责任技术中心"研究主管罗德·坎贝尔等发布了题为《像病毒一样——新冠病毒假消息的协同传播》的报告，引起众多媒体关注。报告指出，社交媒体推特上存在着带有政治色彩的协同传播新冠疫情假消息的账号网络。与某些政治派别有关的团体或其外围势力，利用远程控制的"机器人账号"协同转发新冠假消息，持续不断散布污蔑中国的阴谋论。

他们这项研究的初衷，是希望了解社交媒体上发布新冠疫情信息的真实性。他认为，在社交媒体发布这类信息应"能够有利于公众健康、有助于相关机构制定应对新冠疫情的政策，而不是传播虚假信息"。

思考：作为一名大学生，面对网络上的不实信息和谣言，我们该如何利用信息检索知识自我学习、自我探索呢？

本章内容结构

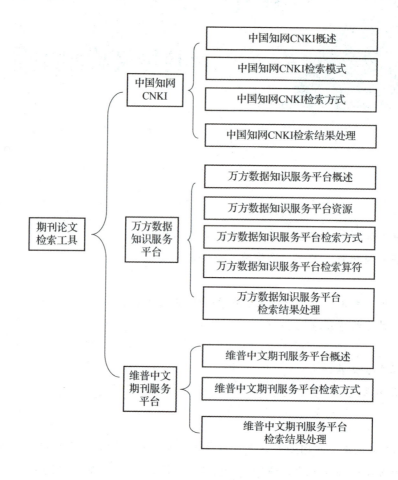

第一节　中国知网 CNKI

1. 中国知网 CNKI 概述

中国知网，全称中国知识基础设施工程（CNKI, http://www.cnki.net），是以实现全社会知识信息资源共享为目标的国家信息化重点工程，于 1999 年 6 月正式启用，现已建设《中国知识资源总库》及 CNKI 网络资源共享平台，实现对各类知识资源的跨库、跨平台、跨地域的检索，如图 7 - 1 所示。

CNKI 总库包括了《中国学术期刊（网络版）》《中国学位论文全文数据》《中国重要会议论文全文数据库》《中国重要报纸全文数据库》《中国专利全文数据库（知网版）》等资料。

（1）《中国学术期刊（网络版）》简介

《中国学术期刊（网络版）》实现中、外文期刊整合检索。其中，中文学术期刊 8 560 余种，含北大核心期刊 1 970 余种，网络首发期刊 2 270 余种，最早回溯至 1915 年，共计

图7-1 中国知网主页

5 910余万篇全文文献；外文学术期刊包括来自80个国家及地区900余家出版社的期刊7.5万余种，覆盖JCR期刊的96%、Scopus期刊的90%，最早回溯至19世纪，共计1.1余亿篇外文题录，可链接全文。

（2）《中国学位论文全文数据》简介

《中国学位论文全文数据》包括《中国博士学位论文全文数据库》和《中国优秀硕士学位论文全文数据库》，是目前国内资源完备、质量上乘、连续动态更新的中国博硕士学位论文全文数据库。该库出版510余家博士培养单位的博士学位论文40余万篇，780余家硕士培养单位的硕士学位论文490余万篇，最早回溯至1984年，覆盖基础科学、工程技术、农业、医学、哲学、人文、社会科学等各个领域。

（3）《中国重要会议论文全文数据库》简介

《中国重要会议论文全文数据库》重点收录1999年以来，中国科协系统及国家二级以上的学会、协会，高校、科研院所、政府机关举办的重要会议以及在国内召开的国际会议上发表的文献，部分重点会议文献回溯至1953年，目前已收录国内会议、国际会议论文集4万本，累计文献总量350余万篇。

（4）《中国重要报纸全文数据库》简介

《中国重要报纸全文数据库》是以学术性、资料性报纸文献为出版内容的连续动态更新的报纸全文数据库。报纸库收录并持续更新2000年以来出版的各级重要党报、行业报及综合类报纸500余种。

（5）《中国专利全文数据库（知网版）》简介

包括中国专利和海外专利。中国专利收录了1985年以来在中国大陆申请的发明专利、外观设计专利、实用新型专利，共4 320余万项，每年新增专利约250万项；海外专利包含美国、日本、英国、德国、法国、瑞士、世界知识产权组织、欧洲专利局、俄罗斯、韩国、加拿大、澳大利亚、中国香港及中国台湾等十国两组织两地区的专利，共计收录从 1970 年至今专利 1.1 余亿项，每年新增专利约 200 万项。

2. 中国知网 CNKI 检索模式

中国知网检索模式有单库检索和跨库检索两种。在同一种检索方式下，不同的检索模式检索出来的结果有所差异。

（1）单库检索

单库检索是对某一个数据库的检索。在 CNKI 系列数据库中，各数据库页面及功能相似。单库检索页中提供初级检索及其相应的检索控制功能。在此页面上，用户可利用检索导航、检索框、检索控制项等完成简单检索和一般的逻辑组合检索。

（2）跨库检索

跨库检索是指以同一检索条件同时检索多个数据库。在数据库列表中选择多个要检索的数据库，然后进行跨库检索。一般是在跨库检索的范围讨论检索。

（3）文献导航

文献导航的目的是从不同的角度和途径导出（自动检索出）数据库中的相关内容，实现分类浏览和下载。文献导航包括专辑导航和专库导航。

1）专辑导航

是以 CNKI 文献专辑系统的自然科学与工程技术文献的 6 个专辑类目和人文社会科学文献的 4 个专辑类目为导航类目，即基础科学、工程科技Ⅰ辑、工程科技Ⅱ辑、农业科技、医药卫生科技、信息科技、哲学与人文科学、社会科学Ⅰ辑、社会科学Ⅱ辑、经济与管理科学十大专辑导航系统。

2）专库导航

又称数据库导航，是根据收录文献的不同特征所提供的特性导航，设于各个数据库中。例如：《中国期刊全文数据库》的期刊导航、基金导航、作者单位导航；《中国优秀博硕士学位论文全文数据库》的博硕士学位授予单位导航；《中国重要会议论文全文数据库》的会议主办单位导航；《中国重要报纸全文数据库》的报纸导航、出版社导航。

3. 中国知网 CNKI 检索方式

总库提供的检索方式有一框式检索、高级检索、作者发文检索、句子检索、专业检索等。

（1）一框式检索

1）一框式检索的特点

也叫简单检索，其特点是将检索功能浓缩至"一框"中，根据不同检索项的需求特点采用不同的检索机制和匹配方式，体现智能检索优势，操作便捷。检索结果兼顾查全率和查准率。

2）操作方式

在平台首页选择检索范围，下拉选择检索途径，在检索框内输入检索词，单击"检索"按钮或按 Enter 键执行检索，如图 7－2 所示。

图7-2　一框式检索操作方式

3）检索途径

总库提供的检索途径有主题、篇关摘、关键词、篇名、全文、作者、第一作者、通讯作者、作者单位、基金、摘要、小标题、参考文献、分类号、文献来源、DOI。

主题检索。主题检索是在中国知网标引出来的主题字段中进行检索。该字段内容包含一篇文章的所有主题特征，同时，在检索过程中嵌入了专业词典、主题词表、中英对照词典、停用词表等工具，并采用关键词截断算法，将低相关或微相关文献进行截断。

篇关摘检索。篇关摘检索是指在篇名、关键词、摘要范围内进行检索，具体参见篇名检索、关键词检索、摘要检索。

关键词检索。关键词检索的范围包括文献原文给出的中、英文关键词，以及对文献进行分析计算后机器标引出来的关键词。机器标引的关键词基于对全文内容的分析，并结合专业词典，解决了文献作者给出的关键词不够全面、准确的问题。

篇名检索。期刊、会议、学位论文、辑刊的篇名为文章的中、英文标题。报纸文献的篇名包括引题、正标题、副标题。年鉴的篇名为条目题名。专利的篇名为专利名称。标准的篇名为中、英文标准名称。成果的篇名为成果名称。古籍的篇名为卷名。

全文检索。全文检索指在文献的全部文字范围内进行检索，包括文献篇名、关键词、摘要、正文、参考文献等。

作者检索。期刊、报纸、会议、学位论文、年鉴、辑刊的作者为文章中、英文作者。专利的作者为发明人。标准的作者为起草人或主要起草人。成果的作者为成果完成人。

第一作者检索。只有一位作者时，该作者即为第一作者。有多位作者时，将排在第一位的作者认定为文献的第一责任人。

通讯作者检索。目前期刊文献对原文的通信作者进行了标引，可以按通信作者查找期刊文献。通信作者是指课题的总负责人，也是文章和研究材料的联系人。

作者单位检索。期刊、报纸、会议、辑刊的作者单位为原文给出的作者所在机构的名称。学位论文的作者单位包括作者的学位授予单位与原文给出的作者任职单位。年鉴的作者单位包括条目作者单位和主编单位。专利的作者单位为专利申请机构。标准的作者单位为标准发布单位。成果的作者单位为成果第一完成单位。

基金检索。根据基金名称，可检索收到此基金资助的文献。支持基金检索的资源类型包括期刊、会议、学位论文、辑刊。

摘要检索。期刊、会议、学位论文、专利、辑刊的摘要为原文的中、英文摘要，原文未明确给出摘要的，提取正文内容的一部分作为摘要。标准的摘要为标准范围。成果的摘要为成果简介。

小标题检索。期刊、报纸、会议的小标题为原文的各级标题名称。学位论文的小标题为原文的中英文目录。中文图书的小标题为原书的目录。

参考文献检索。检索参考文献中含检索词的文献。支持参考文献检索的资源类型包括期刊、会议、学位论文、年鉴、辑刊。

分类号检索。通过分类号检索，可以查找到同一类别的所有文献。期刊、报纸、会议、学位论文、年鉴、标准、成果、辑刊的分类号指中图分类号。专利的分类号指专利分类号。

文献来源检索。文献来源指文献出处。期刊、辑刊、报纸、会议、年鉴的文献来源为文献所在的刊物。学位论文的文献来源为相应的学位授予单位。专利的文献来源为专利权利人/申请人。标准的文献来源为发布单位。成果的文献来源为成果评价单位。

DOI 检索。输入 DOI 号可以检索期刊、学位论文、会议、报纸、年鉴、图书。国内的期刊、学位论文、会议、报纸、年鉴只支持检索在知网注册 DOI 的文献。

4）检索推荐

CNKI 平台提供检索时的智能推荐，根据输入的检索词自动提示，可根据提示进行选择，更便捷地得到精准结果。

使用推荐功能后，不支持在检索框内进行修改，修改后可能得到错误的结果或得不到结果。

主题词智能提示。输入检索词，自动进行检索词补全提示。适用字段有主题、篇名、关键词、摘要、全文。

例如，输入"新冠"，下拉列表显示"新冠"开头的热词，如图 7－3 所示，通过鼠标选中提示词，鼠标单击"检索"按钮（或直接按 Enter 键）或者单击提示词，执行检索。

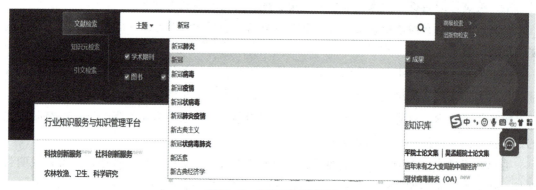

图 7－3　主题词智能提示

5）匹配方式

一框式检索根据检索途径的特点，采用不同的匹配方式。

相关度匹配。采用相关度匹配的检索途径为主题、篇关摘、篇名、全文、摘要、小标题、参考文献、文献来源。根据检索词在该字段的匹配度，可以得到相关度高的检索结果。

精确匹配。采用精确匹配的检索途径为关键词、作者、第一作者、通讯作者。

模糊匹配。采用模糊匹配的检索途径为作者单位、基金、分类号、DOI。

6）同字段组合运算

支持运算符"＊""＋""－"及单引号、双引号、括号进行同一检索项（即检索途径）内多个检索词的组合运算，检索框内输入的内容不得超过120个字符。

输入运算符"＊""＋""－"时，前后要空一个字节，优先级即括号需用英文半角括号。

若检索词半身含空格或"＊""＋""－""/""%""＝"等特殊符号，进行多词组合运算时，为避免歧义，须将检索词用英文半角单引号或英文半角双引号引起来。

例1：篇名检索项后输入"新冠＊治疗"，可检索到篇名包含"新冠"与"治疗"的文献，如图7-4所示。

图7-4　检索式"新冠＊治疗"检索界面

例2：篇名检索项后输入"新冠＊（治疗＋预防）"，可检索到篇名包含"治疗"或"预防"，并且有关"新冠"的文献，如图7-5所示。

例3：如果需检索篇名包含"2＋3"和"人才培养"的文献，在篇名检索项后输入"'2＋3'＊人才培养"，如图7-6所示。

7）结果中检索

结果中检索是在上一次检索结果的范围内按新输入的检索条件进行检索。

输入检索词后，单击"在结果中搜索"按钮，则在检索结果区上方显示检索条件，如图7-7所示。

图 7-5　检索式"新冠 *（治疗 + 预防）"检索界面

图 7-6　检索式"'2+3'*人才培养"检索界面

第一次检索篇名为"'2+3'*人才培养"的文献，在此结果中检索文献篇名包含为"高职"的文献。单击最后的"×"，消除最后一次的检索条件，退回到上一次的检索结果。

（2）高级检索

1）高级检索入口

在首页单击"高级检索"选项进入高级检索页面，如图 7-8 所示。

在"高级检索"页面单击，可切换至专业检索页面、作者发文页面、句子检索页面，如图 7-9 所示。

图7-7　在结果中检索

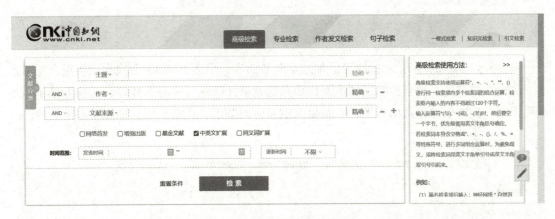

图7-8　中国知网高级检索入口

图7-9　"高级检索"页面

2）高级检索的特点

高级检索支持多字段逻辑组合，并可通过选择精确或模糊的匹配方式、检索控制等方法完成较复杂的检索，得到符合需要的检索结果。

多字段组合检索的运算优先级别按从上到下的顺序依次进行。

3）检索区

检索区分为两部分，上半部分为检索条件输入区，下半部分为检索控制区。

①检索条件输入区。默认显示主题、作者、文献来源（即期刊名称）三个检索框，可自由选择检索项、检索项之间的逻辑关系（AND/OR/NOT）、检索词匹配方式（精确、模糊）等，如图 7－10 所示。

图 7－10　检索条件输入区

单击检索框后的 ✚ 、 ━ 按钮可添加或删除检索项，最多支持 10 个检索项的组合检索。

②检索控制区。检索控制区的主要作用是通过条件筛选、时间选择等，对检索结果进行范围控制。控制条件包括出版模式、基金文献、时间范围、检索扩展，如图 7－11 所示。

图 7－11　检索控制区

4）检索途径

检索途径包括主题、篇关摘、关键词、篇名、全文、作者、第一作者、通讯作者、作者单位、基金、摘要、小标题、参考文献、分类号、文献来源、DOI。各检索途径具体描述参见一框式检索中的检索途径。

5）切库区

高级检索页面下方为切库区，单击库名，可切至某单库的高级检索，如图 7－12 所示。

图 7－12　切库区

6）文献分类导航

文献分类导航默认为收起状态，单击"展开"按钮后勾选所需类别，可缩小和明确文献检索的类别范围，如图 7 – 13 所示。

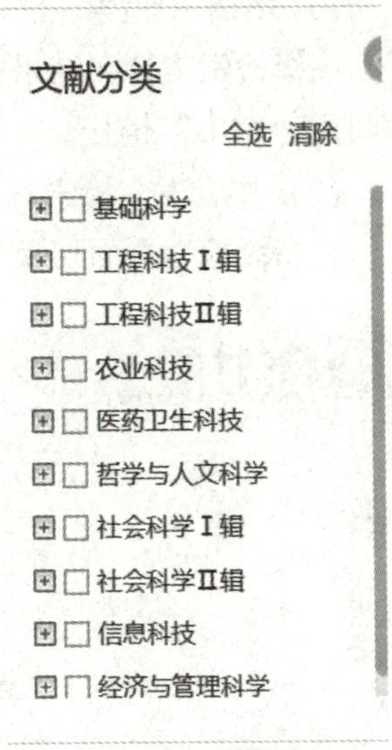

7）匹配方式

除主题只提供相关度匹配外，其他检索途径均提供精确、模糊两种匹配方式。

篇关摘（篇名和摘要部分）、篇名、摘要、全文、小标题、参考文献的精确匹配是指将检索词作为一个整体在该检索途径进行匹配，完整包含检索词的结果。模糊匹配则是检索词进行分词后在该检索项的匹配结果。

篇关摘（关键词部分）、关键词、作者、机构、基金、分类号、文献来源、DOI 的精确匹配是指关键词、作者、机构、基金、分类号、文献来源、DOI 与检索词完全一致。模糊匹配是指关键词、作者、机构、基金、分类号、文献来源、DOI 包含检索词。

8）词频选择

全文和摘要检索时，可选择词频，辅助优化检索结果。

选择词频后进行检索，检索结果为在全文或摘要范围内包含检索词，且检索词出现次数大于等于所选词频的文献。

例如，摘要检索途径后输入"新冠肺炎"，选择词频"7"，检索结果为摘要中"新冠肺炎"出现大于等于 7 次的文献，如图 7 – 14 所示。

文献分类

全选　清除

☐ 基础科学
☐ 工程科技Ⅰ辑
☐ 工程科技Ⅱ辑
☐ 农业科技
☐ 医药卫生科技
☐ 哲学与人文科学
☐ 社会科学Ⅰ辑
☐ 社会科学Ⅱ辑
☐ 信息科技
☐ 经济与管理科学

图 7 – 13　文献分类导航

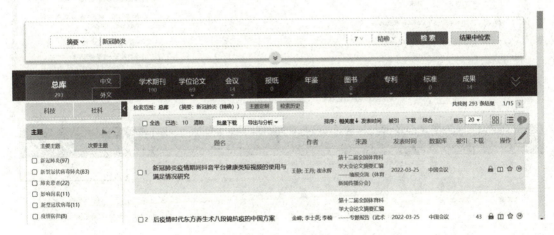

图 7 – 14　词频选择

9）同字段组合运算

一框式检索、高级检索均支持同一检索途径内输入"*""+""–"进行多个检索词的组合运算。详见一框式检索中的同字段组合运算。

10）结果中检索

高级检索支持在结果中检索，执行后在检索结果区上方显示检索条件，与之前的检索条件间用"AND"链接。

（3）作者发文检索

在高级检索页面切换"作者发文检索"标签，可进行作者发文检索。如图7-15所示。

图7-15 作者发文检索页面

作者发文检索通过输入作者姓名及其单位信息，检索某作者发表的文献，其功能与操作与高级检索基本相同，检索时，作者单位选择"模糊"匹配，否则影响查全率。

例：检索四川国际标榜职业学院马经义副院长发表的论文，作者单位选择"精确"匹配和"模糊"匹配所得结果是不一样的，如图7-16和图7-17所示。

图7-16 精确匹配结果

（4）句子检索

在高级检索页面切换"句子检索"标签，可进行句子检索，如图7-18所示。

句子检索是通过输入的两个检索词，在全文范围内查找同时包含这两个词的句子，找到有关事实的问题答案。

图 7 – 17　模糊匹配结果

图 7 – 18　句子检索页面

句子检索不支持空检，同句、同段检索式必须输入两个检索词。

例如，检索同一句包含"新冠疫情"和"作用机理"的文献，如图 7 – 19 所示。

图 7 – 19　句子检索（1）

检索结果如图 7 – 20 所示，句子 1、句子 2 为查找到的句子原句，"句子来自"为这两个句子出自的文献题名。

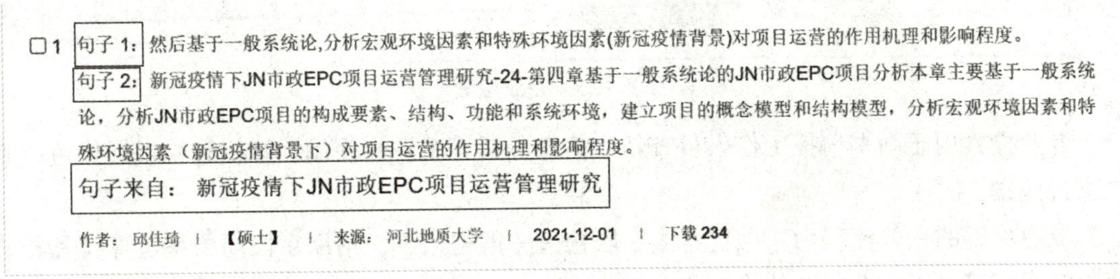

□ 1　句子 1：然后基于一般系统论,分析宏观环境因素和特殊环境因素(新冠疫情背景)对项目运营的作用机理和影响程度。

句子 2：新冠疫情下JN市政EPC项目运营管理研究-24-第四章基于一般系统论的JN市政EPC项目分析本章主要基于一般系统论，分析JN市政EPC项目的构成要素、结构、功能和系统环境，建立项目的概念模型和结构模型，分析宏观环境因素和特殊环境因素（新冠疫情背景下）对项目运营的作用机理和影响程度。

句子来自：新冠疫情下JN市政EPC项目运营管理研究

作者：邱佳琦　【硕士】　来源：河北地质大学　2021-12-01　下载 234

图 7 – 20　句子检索（2）

句子检索支持同句或同段的组合检索。

例如，在全文范围内检索同一句中包含"数据"和"挖掘"，并且同一句中包含"计算机"和"网络"的文章，如图7-21所示。

图7-21 句子检索（3）

检索到的文献中有一句同时包含"数据"和"挖掘"，并且另一句同时包含"计算机"和"网络"，如图7-22所示。

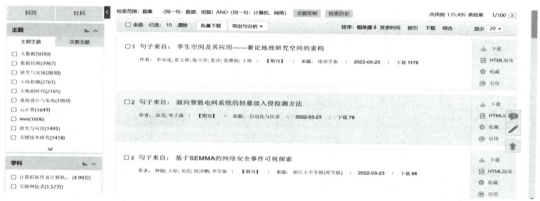

图7-22 句子检索（4）

（5）专业检索

1）专业检索入口

在高级检索页面切换"专业检索"标签，可进行专业检索，如图7-23所示。

图7-23 专业检索

专业检索用于图书情报工作人员查新、信息分析等工作，使用运算符和检索词构造检索式进行检索。

专业检索的一般流程为：确定检索字段构造一般检索式，借助字段间关系运算符和检索值限定运算符可以构造复杂的检索式。

专业检索表达式的一般式为：＜字段＞＜匹配运算符＞＜检索值＞。

2）专业检索字段

专业检索字段见表7－1。

表7－1　专业检索字段对照表

SU	TI	KY	AB	FT	AU	FI	AF	CLC	SN	CN
主题	题名	关键词	摘要	全文	作者	第一责任人	机构	中国分类号	ISSN	统一刊号
JN	RF	CF	FU	IB	YE	RT	PT	HX	EI	SI
刊名	参考文献	被引频次	基金	ISBN	年	更新时间	发表时间	核心期刊	EI收录刊	SCI收录刊

3）逻辑运算符

布尔逻辑运算符：and（逻辑"与""＊"）、not（逻辑"或""＋"）、or（逻辑"非"
"－"）。

例如：SU＝（'经济发展'＋'可持续发展'）＊'转变'－'泡沫'，可检索"经济发展"
或"可持续发展"有关"转变"的信息，并且可以去除与"泡沫"有关的部分内容，如
图7－24所示。

图7－24　专业检索

4. 中国知网CNKI检索结果处理

（1）按资源类型查看文献

横向展示总库所覆盖的所有资源类型，总库检索后，各资源类型下显示符合检索条件的
文献量，凸显总库各资源的文献分布情况，可单击查看任一资源类型下的文献，如图7－25
所示。

图7－25　按资源类型查看文献

（2）按中文、外文筛选文献

单击"中文"或"外文"，查看检索结果中的中文文献或外文文献。单击"总库"回到中外混检结果。

（3）单库检索

当选中某单库时，上文检索区为该单库的检索项。例如，选中"学位论文"，检索项为题名、摘要、作者等，如图7-26所示。

图7-26 单库检索

（4）分组筛选功能

检索结果区左侧为分组筛选区，提供多层面的筛选角度，并支持多个条件的组合筛选，可以快速、精准地从检索结果中筛选出所需的优质文献，如图7-27所示。

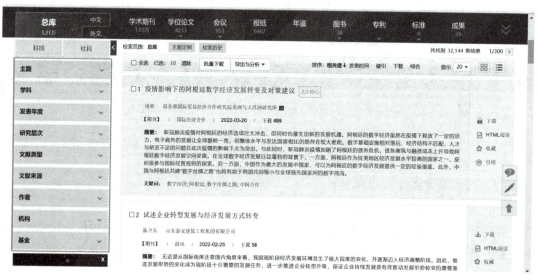

图7-27 资源类型与分组筛选

横向资源类型区与纵向分组区形成知识服务矩阵，两者配合使用，可快速、有效地找到所需文献。

（5）排序

检索结果提供发表时间、相关度、被引频次、下载排序，可根据需要选择相应的排序方式，如图 7 – 28 所示。

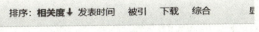

图 7 – 28　文献排序

全文检索默认按相关度降序排列，将最相关的文献排在前面，其余次之。其他检索默认按发表时间降序排列，展示最新研究成果和研究方向。

（6）文献管理

在文献管理中心对选定的文献进行相关处理，包括导出题录、生成检索报告、计量分析和在线阅读等功能，如图 7 – 29 和图 7 – 30 所示。

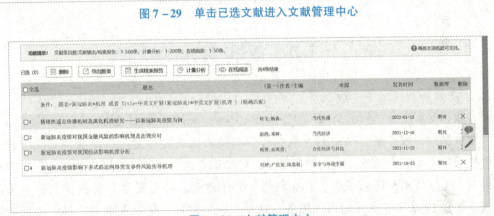

图 7 – 29　单击已选文献进入文献管理中心

图 7 – 30　文献管理中心

从检索结果页面或者文献管理中心进入导出题录页面，包括多种文献导出格式，如图 7 – 31 所示。默认显示为 GB/T 7714—2015 格式题录。

图 7 – 31　GB/T 7714—2015 格式题录

（7）文献下载

检索结果的下载阅读有 CAJ 和 PDF 两种格式，如图 7 – 32 所示。

图 7 – 32　CNKI 文献下载阅读界面

第二节　万方数据知识服务平台

1. 万方数据知识服务平台概述

万方数据知识服务平台的访问网址是 http://www. wanfangdata. com. cn。

万方数据知识服务平台是由万方数据股份有限公司研究开发的，涵盖期刊、学位、会议、科技报告、专利、标准、科技成果等十余种知识资源类型的大型网络数据库，内容涵盖自然科学、工程技术、医药卫生、农业科学、哲学政法、社会科学、科教文艺等全学科领域。该系统于 1997 年 8 月开始对外服务，是在互联网领域，集信息资源产品、信息增值服务和信息处理方案为一体的综合信息服务商，也是国内最早的中文信息资源产品与服务提供商之一。

万方数据股份有限公司在积累了大量的信息资源基础之上，打造出全新的产品和服务，推出了万方数据知识服务平台、万方医学网、万方软件、万方数据中小学数字图书馆和万方视频。

（1）万方数据知识服务平台

万方数据知识服务平台（Wanfang Data Knowledge Service Platform）集高品质知识资源、先进的发现技术、人性化设计于一身，是国内一流的高品质知识资源出版、增值服务平台。目前平台出版的资源总量超过 2 亿条，全面覆盖各学科、各行业。其基于海量高品质的知识资源，运用科学的方法和先进的信息技术，构建了多种增值服务，如图 7 – 33 所示。

（2）万方医学网

万方医学网（http://new. med. wanfangdata. com. cn/）独家收录中华医学会、中国医师协会等权威机构主办的 220 余种中外文医学期刊，拥有 1 000 余种中文生物医学期刊、4 100 余种外文医学期刊、930 余部医学视频等高品质医学资源。万方医学网镜像版是万方数据联

图7-33　万方数据知识服务平台

合国内医学权威机构共同推出的，是为广大医院、医学院校等机构用户提供的信息解决方案，如图7-34所示。

图7-34　万方医学网

（3）万方软件

万方软件的主要产品有万方元数据仓储（基于知识获取五要素的事实型数据库）、万方学术搜索系统、科技创新辅助决策支持系统以及万方科技成果转化服务系统等。同时，其开发了基础件互联网文档信息资源采集工具、资源数字化加工工具、关系数据库数据采集与同步系统和全文资源数据库服务器，如图7-35所示。

（4）万方数据中小学数字图书馆

万方数据中小学数字图书馆（https://edu.wanfangdata.com.cn/）是一款专门针对中小

图 7 – 35　万方软件

学教学应用的数字图书馆产品，旨在为全国中小学教师、教研人员和学生提供"一站式"教育教学资源服务。万方数据中小学数字图书馆利用知识链接技术，实现了期刊、会议论文、学位论文、视频、试题、教案和教辅图书等异构资源的知识组织，将现代教育理念与高品质基础教育资源有机融合，有效推动了中小学教育用户素质和能力的提升，如图 7 – 36 所示。

图 7 – 36　万方数据中小学数字图书馆

（5）万方视频

万方视频（https：//video．wanfangdata．com．cn/）是以科技、教育、文化为主要内容的学术视频知识服务系统，与中央电视台、教育部、凤凰卫视、中华医学会、中国科学院、北大光华、法国陈氏传媒等国内外著名专业制作机构进行了广泛的战略合作。2012 年，万方视频隆重推出"中国名师讲坛"系列，特邀全国知名高校的著名学者、专家，以讲座、会议发言、实验等各种生动形式展示最新教学成果和研究心得，如图 7 – 37 所示。

2. 万方数据知识服务平台资源

万方数据知识服务平台提供的资源不仅涉及范围广、信息量大，而且更新速度快，为用户实时显示各类资源的总记录数和更新时间。万方数据资源按照资源类型可以分为全文类信

图 7 - 37　万方视频

息资源、文摘、题录类信息资源及事实型动态信息资源。全文类信息资源包括会议论文全文资源、学位论文全文资源、法律法规全文资源、期刊论文全文资源，其中会议论文全文资源是最具权威性的学术会议全文库。文摘、题录类信息资源及事实型动态信息资源主要包括大量科技文献、政策法规、企业产品等多个数据库，是科研机构进行科学研究，企业单位进行技术创新、产品研发，科技管理机构进行科研决策的信息依据。

（1）期刊资源——中国学术期刊数据库

期刊论文是万方数据知识服务平台的重要组成部分，集中了多种科技及人文和社会科学期刊的全文内容。收录始于 1998 年，包含 8 000 余种期刊，其中包含北京大学、中国科学技术信息研究所、中国科学院文献情报中心、南京大学、中国社会科学院历年收录的核心期刊 3 300 余种，年增 300 万篇，每天更新，涵盖自然科学、工程技术、医药卫生、农业科学、哲学政法、社会科学、科教文艺等各个学科。

万方中国学术期刊数据库提供学科分类导航、刊首字母导航、地区分类导航、核心收录导航等。期刊论文内容包括论文标题、论文作者、作者单位、来源刊名、论文的年卷期、中图分类号、关键词、所属基金项目、页数、页码、摘要等信息，并提供全文下载。

（2）学位论文资源——中国学位论文全文数据库

学位论文收录了国家法定学位论文收藏机构——中国科技信息研究所提供的自 1980 年以来我国自然科学领域各高等院校、研究生院及研究所的硕士研究生、博士及博士后论文，年增 35 余万篇，涵盖基础科学、理学、工业技术、人文科学、社会科学、医药卫生、农业科学、交通运输、航空航天和环境科学等各学科领域。

万方中国学位论文全文数据库内容包括论文题名、作者、专业、授予学位、导师姓名、授予学位单位、馆藏号、分类号、论文页数、出版时间、主题词、文摘等信息，并提供全文下载。

（3）会议论文资源——中国学术会议文献数据库

会议论文收录由中国科技信息研究所提供的国家级学会、协会、研究会组织召开的各种学术会议的会议论文，每年涉及 1 000 余个重要的学术会议，范围涵盖自然科学、工程技术、农林、医学等多个领域。

万方中国学术会议文献数据库内容包括数据库名、文献题名、文献类型、馆藏信息、馆藏号、分类号、作者、出版地、出版单位、出版日期、会议信息、会议名称、主办单位、会议地点、会议时间、会议届次、母体文献、主题词、文摘、馆藏单位等，为用户提供最全面、详尽的会议信息，是了解国内学术会议动态、科学技术水平，进行科学研究必不可少的工具。

（4）专利资源——中外专利数据库

中外专利数据库涵盖 1.3 亿余条国内外专利数据。其中，中国专利收录始于 1985 年，共收录 3 300 万余条专利全文，可本地下载专利说明书，数据与国家知识产权局保持同步，包含发明专利、外观设计和实用新型三种类型，准确地反映中国最新的专利申请和授权状况，每月新增 30 万余条。国外专利 1 亿余条，均提供欧洲专利局网站的专利说明书全文链接，收录范围涉及中国、美国、日本、英国、德国、法国、瑞士、俄罗斯、韩国、加拿大、澳大利亚、世界知识产权组织、欧洲专利局等十一国两组织数据，每年新增 300 万余条。

中外专利数据库提供 IPC 国际专利分类导航。专利文献内容包括专利类型、申请/专利号、申请日期、公开/公告号、公开/公告日、主分类号、分类号、申请/专利权人、发明/设计人、主申请人地址、主权项、摘要等信息。

（5）标准资源——中外标准数据库

万方标准资源综合了由国家技术监督局、建设部情报所、建材研究院等单位提供的相关行业的各类标准题录，包括中国标准、国际标准以及各国标准等 200 多万条记录。其更新速度快，保证了资源的实用性和实效性。目前其已成为广大企业及科技工作者从事生产经营、科研工作不可或缺的宝贵信息资源。

（6）科技成果资源——中国科技成果数据库

科技成果主要收录了自 1978 年以来国家和地方主要科技计划、科技奖励成果，以及企业、高等院校和科研院所等单位的科技成果信息，涵盖新技术、新产品、新工艺、新材料、新设计等众多学科领域，收录的科技成果总记录 90 余万项。

（7）法规资源——中国法律法规数据库

法规资源主要由国家信息中心提供，信息来源权威、专业，对把握国家政策有着不可替代的参考价值。其收录自 1949 年以来全国各种法律法规，年新增量不低于 8 万条。其内容不但包括国家法律法规、行政法规、地方法规，还包括国际条约及惯例、司法解释、案例分析等，关注社会发展热点，更具实用价值，被认为是国内最权威、全面、实用的法律法规数据库。

（8）科技报告——中外科技报告数据库

中外科技报告数据库包括中文科技报告和外文科技报告。中文科技报告收录始于 1966 年，源于中华人民共和国科学技术部，共计 10 万余份。外文科技报告收录始于 1958 年，涵盖美国政府四大科技报告（AD、DE、NASA、PB），共计 110 万余份。

（9）地方志资源

地方志是由地方政府组织专门人员按照统一体例编写，综合记载一定行政区域内、一定历史时期的政治、经济、文化及自然资源的综合著作。通常按年代分为新方志、旧方志，新方志收录始于1949年，共计4.7万册；旧方志收录于中华人民共和国成立之前，8 600余种，10万多卷。

3. 万方数据知识服务平台检索方式

万方数据知识服务平台提供了简单检索、高级检索、专业检索、作者发文检索、导航浏览检索等检索方式。

（1）简单检索

简单检索在万方又叫作"一框式"检索，当需要检索时，首先要选择需要查找的文献类型，然后输入检索词或检索表达式，单击"检索"按钮即可。检中的文献包含期刊、学位、会议、专利、科技报告、成果、标准等类型，如图7-38所示。

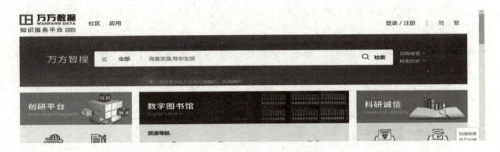

图7-38 万方数据知识服务平台简单检索（1）

简单检索界面默认接受的检索语言为PairQuery，即PQ表达式。每个PQ表达式用冒号分隔符分隔为左、右两部分，左侧为限定的检索字段，右侧为要检索的词或短语，即"检索字段：检索词"，如图7-39所示。

图7-39 万方数据知识服务平台简单检索（2）

（2）高级检索

在知识服务平台的首页单击检索输入框右边的"高级检索"选项卡，进入高级检索界面，如图7-40所示。

高级检索界面默认的文献类型是期刊论文、学位论文、会议论文。但在高级检索界面文献类型一栏，可根据课题检索的实际需要，选择多种文献类型进行跨库检索。

高级检索界面检索区域提供多个输入框的菜单式界面，默认的是提供3个输入框，但可以单击界面的"＋"按钮增加检索输入框，或单击"－"按钮减少检索输入框，单击字段下拉菜单可选择其提供的检索途径，包括主题、题名或关键词、题名、作者、作者单位、关键词、摘要、全部等字段。

图 7 − 40　万方数据知识服务平台高级检索界面

（3）专业检索

在高级检索界面单击"专业检索"选项卡，进入专业检索界面，如图 7 − 41 所示。

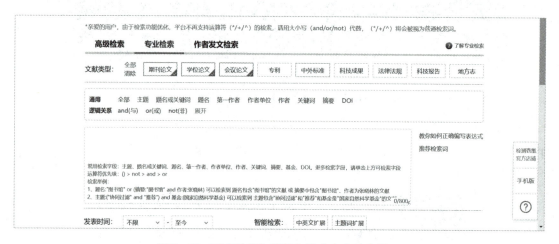

图 7 − 41　万方数据知识服务平台专业检索界面

专业检索是用户使用通用查询语言（CQL），构建能够表达信息需求的检索式来实施检索的检索方式。检索表达式中如含有空格或其他特殊字符的单个检索词，需使用双引号进行精确匹配限定，多个检索词之间根据逻辑关系使用布尔逻辑算符"and""or""not"连接。专业检索提供的常用检索字段有主题、题名或关键词、题名、第一作者、作者单位、作者、关键词、摘要、基金、DOI 等。

（4）作者发文检索

在高级检索界面单击"作者发文检索"选项卡，进入作者发文检索界面，如图 7 − 42 所示。

图 7－42　万方数据知识服务平台作者发文检索界面

作者发文检索提供作者、第一作者、作者单位等字段选择，用于查找相关作者的学术成果，检索词的匹配方式系统默认为精确匹配。

（5）导航浏览检索

用户在万方数据知识服务平台上可以按照期刊论文、学位论文、会议论文、专利、标准、科技报告、地方志、法律法规、视频等不同的文献类型进行分类浏览。

首先，单击进入需要浏览的文献类型页面。然后，通过直接检索和提供的导航类目进行逐级浏览，查找所需的文献。

例如，通过导航浏览获取所需刊物或论文。单击期刊，进入期刊浏览页面，可以通过界面提供的两种方式查找所需的刊物或者期刊论文：①直接输入检索词进行论文检索或刊名检索。检索方式包括简单检索、高级检索、专业检索。②导航浏览检索，通过其提供的学科分类导航、刊首字母导航、地区分类导航、核心收录导航等逐级缩小浏览范围，最终找到所需的目标刊物。如图 7－43 所示。

图 7－43　万方数据知识服务平台刊物导航检索界面

4. 万方数据知识服务平台检索算符

万方数据知识服务平台对科技报告、地方志、法规等各种文献资源提供了浏览检索、简单检索、高级检索、专业检索等检索方式，并支持布尔逻辑运算符、精确检索算符、优先检索算符及字段限定检索。

（1）布尔逻辑运算符

高级检索界面布尔逻辑运算符可以通过下拉菜单选择"与""或""非"。简单检索、专业检索逻辑与可用"and"或"AND"，表示检索结果中同时包含所输入的两个词；逻辑或可用"or"或"OR"，表示检索结果中至少包含所输入的两个词中的一个；逻辑非可用"not"或"NOT"，表示检索结果中包含 not 前面的词，但不包含 not 后面的词。

（2）精确检索算符

双引号表示精确检索算符，引号中的检索词作为一个整体进行检索。

（3）优先检索算符

括号表示优先检索算符。

在检索式中，逻辑运算符存在优先级，优先级顺序为（ ）> not > and > or。

（4）字段限定检索

万方数据知识服务平台支持 PQ 表达式，字段代码与检索词之间用冒号连接。常用检索字段有主题、题名或关键词、题名、第一作者、作者、关键词、摘要等。

5. 万方数据知识服务平台检索结果处理

万方数据知识服务平台的检索结果分为左、右两部分，如图 7-44 所示。左侧页面按资源类型、年份、学科分类等进行聚类分析；右侧页面提供了重新检索、二次检索功能，并按照著录格式显示检中的文献。

图 7-44　万方数据知识服务平台检索结果页面

（1）重新检索

在检索框中重新输入检索词或检索式，单击"检索"按钮即可进行重新检索。

（2）二次检索

在"结果中检索"功能区，通过题名、作者、关键词、发表年份等条件限定在前一次检索结果基础上进行再次限定检索。

（3）检索结果聚类分析

将检索结果按资源类型、年份、学科分类进行归类分析。通过单击某一组类的检中条数，可缩小查询范围，提高查准率。

（4）检索结果排序

提供三种排序方式：相关度、出版时间、被引频次，如图7-45所示。

①相关度。检中文献中与检索词最相关的文献优先排在最前面。

②出版时间。检中文献按发表时间进行升序或降序排列。

③被引频次。检中文献按被引用次数进行升序或降序排列。

（5）题录的导出

在检索结果页面上，勾选需要导出的记录，单击"导出"按钮，将弹出含有勾选记录的导出列表。在导出的列表中选择导出格式（如参考文献、查新格式、自定义格式、NoteExpress等），然后单击"导出"按钮即可下载保存所需记录。题录导出页面如图7-46所示。

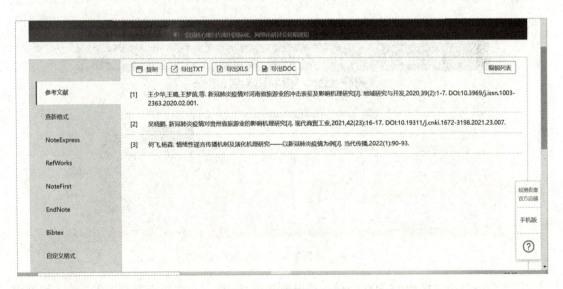

（6）全文下载

检索结果简单格式和详细格式页面均提供"在线阅读"和"下载"全文功能，可通过其链接来获取全文。检索结果详细格式页面如图7-47所示。

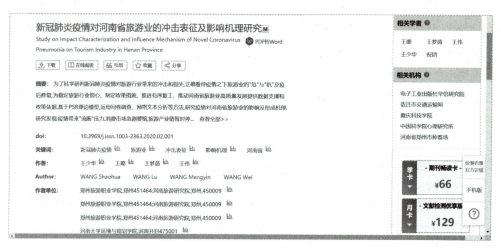

图 7-47　检索结果详细格式页面

第三节　维普中文期刊服务平台

1. 维普中文期刊服务平台概述

维普中文期刊服务平台（http://qikan.cqvip.com/）是以中文期刊资源保障为核心，以数据检索应用为基础，以数据挖掘与分析为特色，面向教、学、产、研等多场景应用的期刊大数据服务平台，如图 7-48 所示，提供电脑＋手机双向授权服务。

图 7-48　维普中文期刊服务平台主页

该平台收录中文期刊 15 300 余种，其中现刊 9 456 种、北大核心期刊 1 973 种，回溯年限至 1989 年，部分期刊回溯至创刊。学科范围涵盖医药卫生、农业科学、机械工程、自动化与计算机技术、化学工程、经济管理、政治法律、哲学宗教、文学艺术等 35 个学科大类，457 个学科小类。

该平台采用《中国图书馆分离法》、《检索期刊条目著录规则》（GB/T 3793—19831）、

《文献主题标引规则》（GB/T 3860—2009）、《信息与文献参考文献著录规则》（GB/T 7714—2015）等标准进行分类、标引和著录，进行严格的人工质检，著录错误率≤0.000 3，全文采用国际通用的高清晰 PDF 全文数据格式。更新周期为中心网站日更新。

2. 维普中文期刊服务平台检索方式

该平台提供基于期刊论文的一框式检索、高级检索、检索式检索（即专业检索）三种检索方式，以及基于期刊浏览的"期刊导航"和基于期刊评价指标的"期刊评价报告"查询的检索方式。

（1）一框式检索

一框式检索也称简单检索，是中文期刊服务平台的默认检索方式，如图 7-49 所示。其界面简洁，类似于搜索引擎，包含一个用于输入检索词的检索框和一个用于选择检索途径的下拉菜单，此菜单包含任意字段、题名或关键词、题名、关键词、文摘、作者、第一作者、作者简介、机构、基金、分类号、参考文献、栏目信息、刊名 14 个检索字段选项。

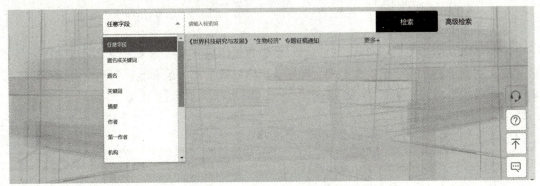

图 7-49　维普一框式检索界面

（2）高级检索

单击一框式检索界面的"高级检索"选项卡，即可进入高级检索界面，如图 7-50 所示。

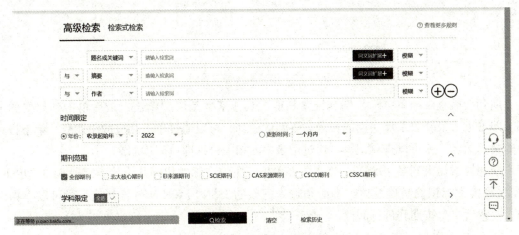

图 7-50　维普高级检索界面

（3）专业检索

在高级检索界面单击"检索式检索"选项卡即可进入专业检索界面，如图7-51所示。

图7-51　维普专业检索界面

（4）期刊导航

期刊导航以期刊为描述对象，可以通过刊名直接浏览、查看全文，提供期刊检索、首字母导航、期刊学科分类导航、核心期刊导航、国内外数据库收录导航、期刊地区分布导航与期刊主题导航等功能，如图7-52所示。

图7-52　维普期刊导航界面

期刊导航直观简单，除了期刊搜索功能，其他基本是层层单击，最后单击到想要的期刊，即可进入最新收录那一期的目录。要阅读过刊，可以通过单击相应的年期号，单击目录中的文章篇名，就可以查看记录，通过记录中的相关链接即可阅读原文。

期刊检索提供刊名、ISSN、CN、主办单位、主编、邮发代码几个检索字段入口，ISSN、CN字段检索标识要精确检索，即必须输入完整的ISSN号和CN号，其他字段可以模糊匹配，检索后也是按期刊进行阅读。

3. 维普中文期刊服务平台检索结果处理

维普中文期刊服务平台对检索结果的处理包括结果的排序与显示、结果聚类与二次检索、检索结果的输出、检索结果的分析等内容。

（1）结果的排序与显示

平台在检索结果页面的上方提供了所有检索结果的"相关度排序""被引量排序""时效性排序"三种排序方式和"文摘""详细""列表"三种显示方式，通过单击相应按钮，可以切换不同排序或显示方式，如图 7 – 53 所示。

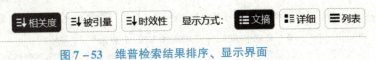

图 7 – 53　维普检索结果排序、显示界面

（2）结果聚类与二次检索

对于过多的检索结果，维普中文期刊服务平台提供了"结果聚类"和"二次检索"两种方式来优化检索结果，缩小检索范围，提高查准率。

1）结果聚类

在中文期刊服务平台检索结果页面的左侧集成了基于年份、学科、期刊收录、主题、作者和机构分面聚类的结果精炼功能，各分面聚类只能通过一项一项层层单击来实现聚类浏览功能，不能进行组配运算，如图 7 – 54 所示。

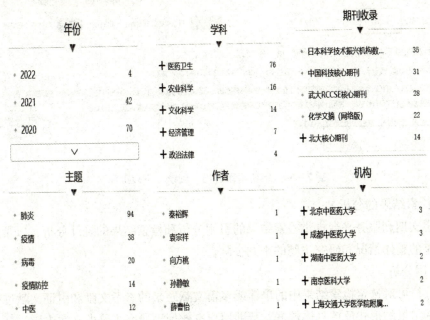

图 7 – 54　维普检索结果分面聚类界面

2）二次检索

二次检索是在已有检索结果的基础上，通过"在结果中检索"选定特定检索内容，或者通过"在结果中去除"摒弃特定检索内容，缩小检索范围，进一步精确检索结果。

维普中文期刊服务平台的二次检索功能出现在每一次的检索结果页面的左上角位置，并且会把每一次二次检索的记录从上到下按序排列在检索框上方，如图 7 – 55 所示。二次检索提供 12 个检索字段（14 字段中"任意字段"和"题名或关键词"排除在外）、2 个兼做检索按钮的布尔逻辑运算符，使用时，先选择检索字段，然后输入检索词，最后单击"在结果中检索"（功能等同于逻辑与）或"在结果中去除"（功能等同于逻辑非）按钮。

图7-55　维普二次检索界面

（3）检索结果的输出

维普中文期刊服务平台提供便捷的题录导出、全文在线阅读和下载功能，对于没有全文的题录，提供"文献传递"链接，如图7-56所示。

图7-56　维普题录导出、阅读、下载页面

（4）检索结果的分析

维普中文期刊服务平台提供检索结果的引用分析和检索结果的统计分析，以帮助用户了解检索结果的整体情况和研究主题的来龙去脉。

1）引用分析

引用分析可对选定检索结果中的单篇或多篇文献题录的参考文献和引证文献进行汇总分析，以查询结果的形式反馈具体数据，帮助用户有效梳理研究主题的来龙去脉。

2）统计分析

统计分析提供对"检索结果"和"已选文献"的统计分析功能，以图或表的形式分析文献集合的年份、发文作者、发文机构、发文期刊、发文领域等多维度的分布情况，帮助用户了解全部检索结果或选定检索结果的总体情况，还提供检索报告下载功能。

第八章

网络信息检索工具

学习目标

知识目标：

(1) 了解网络信息资源的概念和特点。

(2) 了解搜索引擎的工作原理及分类。

技能目标：

(1) 掌握百度的检索方法。

(2) 学会使用专门和学术搜索引擎。

素养目标：

(1) 培养学生的法制意识和职业素养。

(2) 培养学生的创新探索和钻研精神。

情境导入

2014年4月，西安电子科技大学计算机科学与技术专业的魏则西被确诊为腹壁滑膜肉瘤三期，这是一种恶性软组织肿瘤，目前没有有效的治疗手段，生存率极低，五年生存率是20%~50%。之后魏经某搜索引擎搜索后，被竞价排名误导，前往某医院就医，并接受了未经审批、效果未经确认的所谓肿瘤生物免疫疗法。在花费超过人民币20万元，并且耗费大量治疗时间后，2016年4月12日，魏则西因被贻误治疗，不治去世。

思考：

(1) 网络信息资源的特点有哪些？

(2) 如何正确面对和使用网络信息资源？

(3) 如何合理选择搜索引擎检索所需信息？

本章内容结构

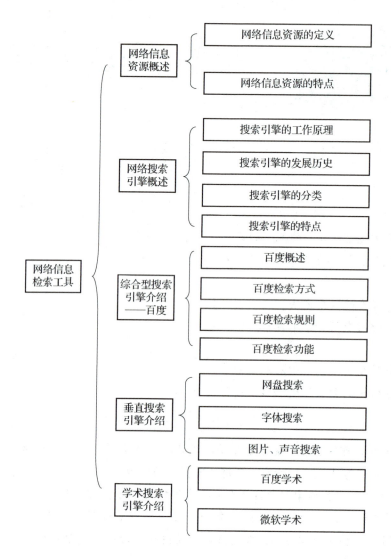

随着计算机技术和网络通信技术的发展，Internet 得到日益普及和扩张，已经发展成为世界上规模最大、用户最多、资源最为丰富的网络互联系统，为全球范围内快速传递信息提供了有效手段，也为信息检索提供了广阔的发展平台。但是，Internet 的开放性和自由性不可避免地引发网络信息资源呈现数量庞大、异构性、分散性和动态性的特征，阻碍了人们对网络信息的充分利用，从而使得网络环境下的信息检索面临新的挑战。

网络信息浩如烟海，并且增长迅速、类型多样，要想从中快速找到自己所需的信息，必须借助于网络信息检索工具。不同的网络信息检索工具，其特点、原理和作用是不相同的。其中，搜索引擎适用于较能明确表达检索需求的用户。

第一节　网络信息资源概述

1. 网络信息资源的定义

关于网络信息资源的定义，并没有一个统一的说法。目前的一般理解为："通过计算机网络可以利用的各种信息资源的综合。"① 即以数字化形式记录的，以多媒体形式表达的，分布式存储在网络计算机的磁介质、光介质以及各类通信介质上，并通过计算机网络通信方式进行传递的信息内容的集合②。该定义主要揭示了网络信息资源的载体、表达形式、组织的结构以及传播手段等要素。

2. 网络信息资源的特点

①信息资源极为丰富，种类繁多，几乎无所不包。

②超文本、超媒体、集成式地提供信息。

③信息来源分散、无序，没有统一的管理机构，信息新生、变化、消亡时有发生，难以控制。

④信息获取方便、及时、快速，具有交互性。

第二节　网络搜索引擎概述

搜索引擎来自英文"Search Engine"，意为信息查找的发动机，是最常用的网络资源搜索工具之一。关于搜索引擎的定义有广义和狭义之分。

广义的搜索引擎泛指网络上提供信息检索服务的工具和系统，是网络检索工具的统称。

狭义的搜索引擎主要指利用自动搜索技术软件（Robot、Spider 等），对互联网（主要是万维网）资源进行搜集、组织并提供检索的信息服务系统。本章采用狭义的搜索引擎的定义。

1. 搜索引擎的工作原理

搜索引擎的工作原理如图 8-1 所示。首先，搜索器根据一定的搜索策略抓取互联网上的网页，然后由索引器对搜集回来的网页信息进行分析，抽取索引项，用于表示文档以及生成文档库的索引表，形成索引数据库。用户通过检索接口输入相关的查询请求，并对用户的查询请求进行分析和转换，由检索器在索引数据库中进行查找和匹配，最后将符合要求的文档按相关性程度的高低进行排序，形成结果列表，并通过用户接口将检索结果列表返回给用户。

2. 搜索引擎的发展历史

根据搜索引擎不同时期的研究重点和服务性能，可以将搜索引擎的发展分为三个阶段。

第一阶段起始于 1994 年，以 Yahoo!、Alta Vista 和 Infoseek 为代表，这个时期的搜索引

---

① 黄纯元. 图书馆与网络信息资源［J］. 中国图书馆学报，1997（6）：13-19.
② 李莹. 试析网络信息资源管理的特点［J］. 情报科学，2000（4）：319-321.

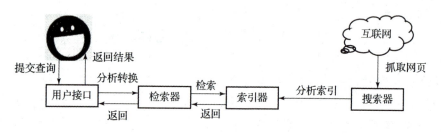

图 8－1　搜索引擎的工作原理

擎一般索引都少于 100 万个网页，并且不重新搜集网页并刷新索引，而且其检索速度非常慢。在实现技术上也基本沿用较为成熟的传统检索技术，相当于利用一些已有的技术实现在互联网上的信息检索。

第二阶段起始于 1998 年，以谷歌为代表，处于这个阶段的搜索引擎大多采用分布式方案来提高数据库规模、响应速度和用户数量，并且只专注于做后台技术的提供者，在服务模式上不断创新，竞价排名和图形图像以及 MP3 的搜索引擎便是这个阶段的产物。

第三阶段起始于 2000 年左右，也是当前搜索引擎空前繁荣的时期，以谷歌、百度、雅虎等搜索引擎为代表，这一时期的搜索引擎的主要特点是：①索引数据库的规模大，一般的商业搜索引擎都保持在几千万甚至上亿个网页。②除了一般意义上的搜索外，开始出现主题搜索和地域搜索。③能够实现一定程度上的智能化、可视化检索。④由于搜索返回数据量大，检索结果相关度评价成为研究的重点。这一阶段的发展为搜索引擎拓展了生存空间，同时，提高了搜索的质量和效率。

3. 搜索引擎的分类

随着搜索引擎的数量剧增，其种类也越来越多。它们可以按照搜索机制、搜索内容等方式加以区分。

（1）按搜索机制划分

搜索引擎按搜索机制划分，可分为全文搜索引擎、目录搜索引擎以及元搜索引擎。

1）全文搜索引擎

原理：基于机器人（Robot）程序（也叫蜘蛛程序（Spider））提取站点上的网页。索引器为搜集到的信息建立索引。检索器按输入检索词检索索引库并返回结果。

优点：信息量大、更新及时、无须人工干预；交互性强，可二次检索。适用于目的明确的检索。

缺点：返回信息过多，有很多无关信息，需要用户进行筛选。

举例：国外，谷歌，www. google. com。

　　　国内，百度，www. baidu. com。

2）目录搜索引擎

依靠专职编辑或志愿人员建立数据库，根据站点的内容和性质将其归类，由编辑人员对站点进行描述。

优点：系统性强，可以浏览目录进行检索，可以人为控制收录哪些站点；体现了知识概念的系统性，查准率高。

缺点：更新慢，检索不全面；查全率低；分类不完全科学、标准。

举例：网址之间，http://www.hao123.com。

3）元搜索引擎

又称集合型搜索引擎，将多个单一搜索引擎集成在一起，提供统一的检索界面，将用户的检索提问同时提交给多个独立的搜索引擎，可同时检索多个数据库；并根据多个独立搜索引擎的检索结果进行二次加工，如对检索结果进行去重、排序等；输出给用户。

它没有自己的资源库和信息采集系统，是由多个独立功能的搜索引擎构成的虚拟整体。

（2）按搜索内容划分

搜索引擎按搜索内容划分，可分为综合型搜索引擎、专门型搜索引擎。

1）综合型搜索引擎

综合型搜索引擎是一种集成了多种搜索产品的搜索平台，可从其所收录的丰富的网络资源中为用户检索到所需的信息。

目前应用较为广泛的综合型搜索引擎包括谷歌、百度、Bing（必应）等。

2）专门型搜索引擎

专门型搜索引擎也叫垂直搜索引擎，是用于查找某些特殊类型的信息，如电话号码、多媒体文件、人物、地图等的专门检索工具。由于侧重于收录某一方面的信息，因此它们往往能比综合型搜索引擎更迅速、准确和深入地查找上述专门信息。

专门型搜索引擎有鸠摩搜索（https://www.jiumodiary.com/）、百度学术搜索（https://xueshu.baidu.com/）等。

4. 搜索引擎的特点

互联网上的搜索引擎有很多，各有各的风格，有的以查询速度快见长，有的以数据库容量大占优，与传统信息检索工具和其他类型检索工具相比，搜索引擎具有以下优点：

①支持全文检索。

②检索功能较为全面，检索方法多样。

③检索结果按相关性排序。

④查询速度快，维护更新及时。

⑤支持关键词检索和分类目录检索。

第三节　综合型搜索引擎介绍——百度

1. 百度概述

百度公司于 1999 年年底成立于美国硅谷，是目前世界上数据更新时间最快、中文信息量最大的中文搜索引擎，以其优秀的中文信息检索与传递技术被公认为是众多搜索引擎中的佼佼者。

当前，中国所有提供搜索引擎的门户网站中，超过 80% 都是由百度提供的技术支持，其客户有新浪、搜狐、腾讯、263、新华网、西部时空、重庆热线等。

2. 百度检索方式

百度搜索引擎提供了简单检索、高级检索和分类检索三种检索方式。

（1）简单检索

百度首页默认为简单检索，选择恰当的检索词，键入检索框，执行检索即可，如图8-2所示。

图8-2 百度简单检索界面

（2）高级检索

从百度首页右上角的"设置"下拉菜单中选择"高级搜索"选项卡即可进入。依据检索需求，用户可以通过高级检索中提供的各种条件限制来精确检索范围，从而提高检索的查准率。在百度高级检索中，用户可限制某一检索必须包含或排除某些特定的关键词或短语。也可以定制搜索结果页面所含信息条目数量，可从10到100条任选。还可以限定所搜索网页的时间、地区、语言、格式及关键词在结果中出现的位置等。如图8-3所示。

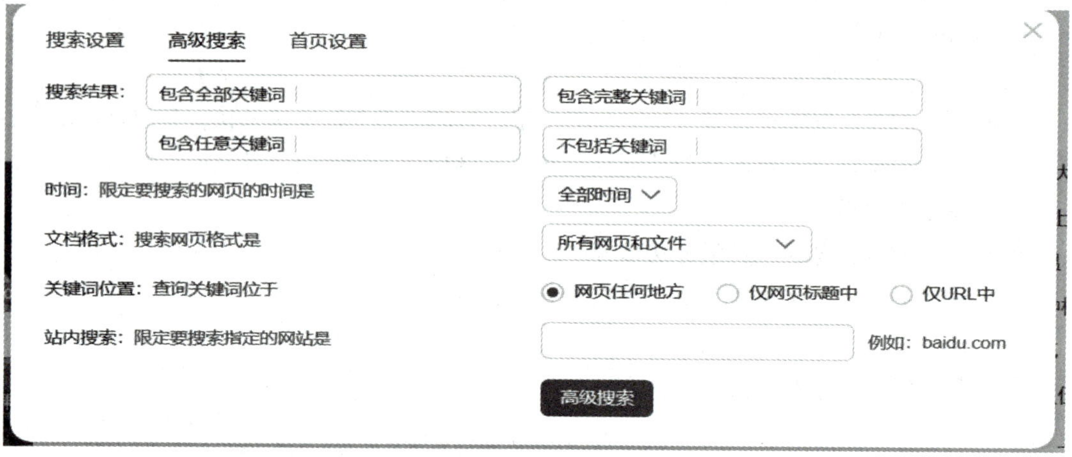

图8-3 百度高级检索界面

（3）分类检索

百度工具中的很多子数据库均提供了分类检索，例如百度音乐、百度视频、百度图片、百度文库等，如图8-4所示。

3. 百度检索规则

（1）大小写

百度不区分大小写，输入"English""english"和"enGliSh"后搜索出来的结果是一样的。

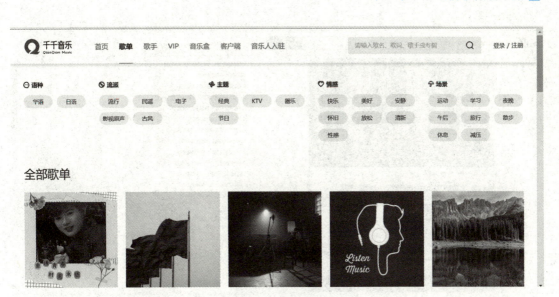

图 8 - 4　百度音乐分类检索界面

（2）检索运算符

1）支持逻辑"与"运算

增加搜索范围，运算符为"空格"。例如搜索"信息检索课程改革"的相关资料，只要输入"信息检索　课程改革"进行搜索即可，如图 8 - 5 所示。

图 8 - 5　逻辑"与"运算

2）支持逻辑"非"运算

排除无关资料，运算符为"－"。需要注意的是，减号前必须留一空格，否则视为无效检索，执行默认的逻辑"与"关系检索。例如，要查找"2022 年流行服饰"相关资料，但是不需要春装，检索式为"2022 年流行服饰　－（春）"，检索结果如图 8 - 6 所示。

3）支持逻辑"或"运算

并行检索，运算符为"｜"。注意"｜"前后空一个字符。例如，要查找"文献检索

图 8 - 6　逻辑"非"运算

课"或"信息检索课"的相关资料，无须分两次查询，只要输入"文献检索课 ｜ 信息检索课"搜索即可，如图 8 - 7 所示。

图 8 - 7　逻辑"或"运算

4. 百度检索功能

（1）百度快照

有时候对于搜索的结果，网页无法打开或者打开速度特别慢，这时就可以使用"百度快照"来解决问题。百度快照只会临时缓存网页的文本内容，图片、音乐等非文本信息仍是存储于原网页。当原网页进行了修改、删除或者屏蔽后，百度搜索引擎会自动修改、删除或者屏蔽相应的网页快照。如图 8 - 8 所示。

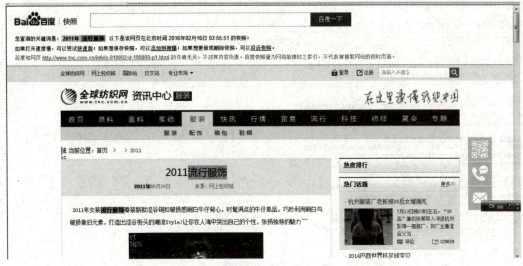

图 8 - 8　百度快照

（2）精确检索

用双引号可以进行整句话的精确检索。只有和双引号内的检索词完全匹配，才是命中的结果。在百度中，中文书名号是可被查询的。加上书名号的检索词，有两层特殊功能：一是书名号会出现在搜索结果中；二是被书名号括起来的内容不会被拆分。如图 8 - 9 和图8 - 10所示。

图 8 - 9　双引号搜索结果

（3）title：把搜索范围限定在网页标题中

网页标题通常是对网页内容提纲挈领式的归纳。把查询内容范围限定在网页标题中，有时能获得良好的效果。

例如：检索标题中含有"信息检索"的网页。

检索式：title：（信息检索）

检索结果如图 8 - 11 所示。

图 8 - 10　书名号搜索结果

图 8 - 11　title 检索结果（1）

例如：检索标题中同时含有"信息检索"和"课程改革"的网页。

检索式：title：（信息检索 课程改革）

检索结果如图 8 - 12 所示。

（4）site：把搜索范围限定在特点站点中

如果知道某个站点中有自己需要找的信息，就可以把搜索范围限定在这个站点中，提高查询效率。

例如：在四川国际标榜职业学院的网站中检索所有包含"社会体育"的网页。

检索式："社会体育 site：polus. edu. cn"

检索结果如图 8 - 13 所示。

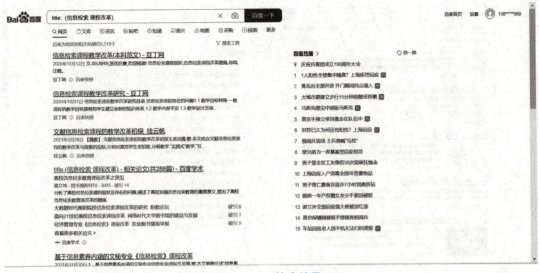

图 8 – 12　title 检索结果（2）

图 8 – 13　site 检索结果

（5）inurl：把搜索范围限定在 URL 链接中

网页 URL 中的某些信息，常常有某种有价值的含义。如果对搜索结果的 URL 做某种限定，就可以获得良好的效果。

例如：检索 URL 中含有"信息检索"的网页。

检索式：inurl：（信息检索）

检索结果如图 8 – 14 所示。

（6）filetype：对搜索对象做格式限制

使用方法是在"filetype："后跟文件格式。"filetype："可以跟以下文件格式：DOC、XLS、PPT、PDF、TXT、RTF、ALL，其中，ALL 表示搜索所有这些文件类型。

例如：检索含有"信息检索原理"的所有课件。

图 8 – 14　inurl 检索结果

检索式：filetype：ppt 信息检索原理或者信息检索原理 filetype：ppt

检索结果如图 8 – 15 所示。

图 8 – 15　filetype 检索结果

第四节　垂直搜索引擎介绍

垂直搜索引擎是相对于网页搜索引擎（也称综合搜索引擎）而定义的。网页搜索引擎就是传统意义上的搜索引擎，它的资源包罗万象，用户可以通过在检索栏中输入检索词来检索几乎任何类型、任何主题的资源。但是，由于它有收录的资源范围广、死链接较多、相关度较低等缺点，人们开发了垂直搜索引擎。

垂直搜索引擎，也被称为专业或专用搜索引擎，就是专为查询某一个学科或主题的信息而产生的查询工具。专门收录某一方面、某一行业或某一主题的信息，在解决某些实际查询问题的时候比综合搜索引擎有效。具体而言，垂直搜索引擎就是对网页库中的某类专门的信息进行一次整合，定向分字段抽取出需要的数据，进行处理后再以某种特定形式返回给用户，它是搜索引擎的细分和延伸。

垂直搜索引擎的应用领域很多，比如网盘搜索、字体搜索、电子书搜索、图片声音搜索、类似网站搜索、语料搜索……几乎各行各业各类信息都可以进一步细化成各类垂直搜索引擎。

下面介绍几种垂直搜索引擎：网盘搜索、字体搜索、图片、声音搜索等。

一、网盘搜索

很多人都使用过网盘，比如百度云盘。思考一下：我们能否搜索网盘中的信息资源呢？由于百度云盘没有提供站内搜索功能，我们考虑使用垂直搜索引擎来获取资源。比如：盘多多、西林街、盘搜搜、网盘搜、胖次等。

1. 盘多多（网址：http://www. panduoduo. org）

它的广告词是"我们不生产资源，只做资源的搬运工。找资源，上盘多多！"试着输入一些关键词，发现资源还可以，热门资源、专业资源方面出来的结果都可以，各科目的文献资料都有，只要单击链接，就能进入详细页面进行下载，在页面下方，也列出了其他相关资源，全站无诱导下载的假按钮，如图 8 - 16 所示。

图 8 - 16　盘多多检索界面

2. 盘搜搜

国内老牌的百度网盘搜索引擎，每天都有更新，不同达人分享自己的"盘中资源"。盘搜搜不存储任何网盘内容，只提供信息检索服务，所以你也不用担心个人信息的安全问题。如图 8 - 17 所示。

注意事项：①通过盘多多之类的网盘搜索，我们搜索到的是网盘中别人公开分享的内容。如果别人没有分享或者采用的分享方式为私密分享，我们是无法通过网盘搜索找到这些资源的。②对搜索的结果可以进行筛选和排序，初步评价。③扩大战果。利用搜到的资源再

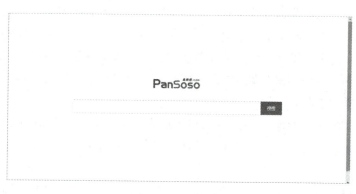

图 8 – 17　盘搜索检索界面

次搜索该作者的其他资料。④网盘搜索特点是：质量普遍较高；搜索比较直接；方便转存和收集；易侵权。

二、字体搜索

"宋体""楷体"等是操作系统内置的字体，但有些时候会看到特殊字体（尤其是在广告设计上），这些特殊字体该如何查找呢？利用垂直搜索字体的工具还是有可能获取到资源的。比如求字体网、字体之家、字体量贩、fontsquirrel、fontfont、1001 font、QT86等。

求字体网创建于 2012 年，是全球首个支持中英文等多语种字体识别的搜索引擎，是一个免费提供上传图片找字体、字体实时预览及字体下载服务的网站。求字体网希望打造成一个人性化的字体网站，让每一个设计师们都能轻松找字体，如图 8 – 18 所示。

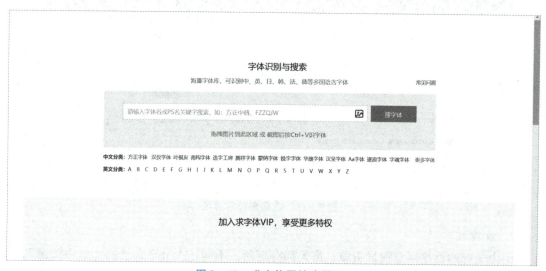

图 8 – 18　求字体网搜索界面

为了提高字体识别效率，要注意：①字与字之间要有空隙，不要连在一起；②文字不要带有与填充色不同的描边；③背景尽量保持简单，复杂的背景要简化；④文字尽量保持水平；⑤如果图片中有很多文字，可以抓取其中某些字上传，不用整个图片上传；⑥上传前尽量用抓图工具把没用的部分切掉，留下尽可能干净的文字部分。

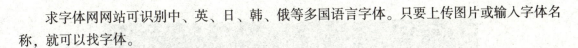

求字体网网站可识别中、英、日、韩、俄等多国语言字体。只要上传图片或输入字体名称，就可以找字体。

三、图片、声音搜索

综合类搜索引擎和垂直搜索引擎都可以进行图片、声音搜索，此处重点介绍有关图片、声音的垂直搜索引擎。

1. 图片垂直搜索引擎

（1）以图识图

很多时候，我们会存储一些不错的图片，但质量并不很好，例如，在论坛上看到的小头像或网站上的一些缩略图，但它们要么分辨率太低，要么是有水印的，不适合收藏，很多人希望能找到该图片的大图或者说无水印的原图，这时难倒你了吗？

其实，网上早就有"以图搜图"的搜索引擎存在了，比如老牌的"TinEye"图片搜索和新生的百度识图、谷歌识图、淘宝识图等。

（2）图库

Pixabay（网址：https://pixabay.com/zh/）是一个充满活力的创意社区，分享免费的图片和视频。所有的内容都是在 Creative Commons Zero（CC0）下发布的，这使得它们可以安全地使用，而无须为创作者署名——即使是出于商业目的。你可以通过复制、修改、转发等方式使用这些图像，甚至用作商业用途，无须申请许可，也无须支付版税。但是，图像中的内容仍有可能涉及商标权和公共及隐私权。下载之前需要注册，如图 8-19 所示。

图 8-19　Pixabay 检索界面

另外一个类似的免费图库网址为 https://www.pexels.com/，如图 8-20 所示。

2. 声音垂直搜索引擎

（1）听音识曲

主要搜索平台有百度音乐、SoundHound、Midomi。SoundHound 是目前顶级的智能手机音乐识别软件，而且在不断地自我更新完善。SoundHound 能快速、准确地识别被测音乐和网络中存储的目标音乐的差异，并将音乐的名称及各项信息显示在识别界面上，用户还可以试听音乐的准确度。

图 8 – 20　Pexels 检索界面

（2）音效搜索

刮风下雨、树林里的鸟叫声、小孩哭声等在百度音乐中不太容易找到的音效，可通过 Findsounds、Freesound 等搜索平台找到。

第五节　学术搜索引擎介绍

学术搜索引擎已成为最主要的互联网学术信息检索工具。当需要检索一些以深层或隐形网页形式存在的学术资源时，学术搜索引擎是比普通搜索引擎更好的选择。学术搜索引擎以学术资源为索引对象，一般涵盖互联网上免费的学术资源和以深层网页形式存在的学术资源，通过对这类资源的爬行、抓取、索引，以统一的接口向用户提供服务。

下面介绍两种有代表性的学术搜索引擎：百度学术搜索、微软学术搜索。

一、百度学术概况

百度学术（https：//xueshu. baidu. com/）于2014年6月上线，是百度旗下的免费学术资源搜索平台，涵盖了各类学术期刊、学位、会议论文，可以提供海量中英文文献学术资源。百度学术搜索可检索到收费和免费的学术论文，并通过时间筛选、标题、关键字、摘要、作者、出版物、文献类型、被引用次数等细化指标提高检索的精准性。如图8－21所示。

百度学术收录了包括知网、维普、万方、Elsevier、Springer、Wiley等120多万个国内外学术站点，索引了超过12亿学术资源页面，建设了包括学术期刊、会议论文、学位论文、专利、图书等类型在内的4亿多篇学术文献。

百度学术目前提供以下两大类服务：

①学术搜索。支持用户进行文献、期刊、学者三类内容的检索，并支持高校、科研机构及图书馆定制版学术搜索。

②学术服务。支持用户"订阅"感兴趣的关键词，"收藏"有价值的文献，对所研究的方向做"开题分析"，进行毕业论文"查重"，通过"单篇购买"或者"文献互助"的方式

图 8 – 21 百度学术网站界面

获取所需文献，在首页设置常用数据库方便直接访问。

二、 学术搜索

1. 快速检索

用户只需要在百度学术检索框中直接输入检索词或检索式，再单击右边"百度一下"按钮即可完成一次检索。快速检索会默认在所有字段、所有文献类型中进行检索，如图 8 – 22 所示。

图 8 – 22 百度学术搜索快速检索界面

百度学术搜索继承百度搜索的检索符，通过添加"检索符"，可以提高检索的准确性和有效性。目前百度学术主要支持的"检索符"有空格、双引号、author、title、inurl、site、 filetype、减号（－）、或者（｜）、圆括号等。此外，无论用户输入的标点符号是全角还是半角，系统都会自动更正为英文半角符号，用户不需要担心标点符号输入是否有误。

①空格。多个关键词直接使用空格连接，实现"与"检索，即多个关键词都必须出现在检索结果中。

②双引号。检索词在检索结果中必须作为一个整体出现，实现检索词的精确检索。

③author（作者姓名）。作者姓名检索，作者名必须放于圆括号中才能生效。

④journal（期刊名称）。按照期刊名称检索，出版物名称必须放置于圆括号内。

⑤conference（会议名称）。按照会议名称检索，出版物名称或会议名称必须放置于圆括号内。

⑥title（题名）。题名字段检索，检索词必须放置于圆括号内。

⑦inurl 站点域名中的关键词。把搜索范围限定在含有某些链接中，如"美容"inurl：（cnki）。

⑧site 站点域名。把搜索范围限定在某个站点域名中，"site："后面跟的站点域名不要带 http://。如"美容"site：（polus.edu.cn）。

⑨filetype。检索指定文件类型的文件。如 PDF、DOC、TXT、CAJ 等。

⑩减号（－）。表示不包含特定检索词。减号和前一个关键词之间必须有空格，减号和后一个关键词之间不能存在空格。

⑪或者（｜）。使用｜实现多关键词"或"检索，｜前后都需要有空格。同时，可以使用双引号实现精确检索，如"天然气水合物"｜"可燃冰"。

快速检索检准率较差，检索符又相对复杂，要想快速地提高检索的准确性和有效性，可以使用高级检索功能。

2. 高级检索

高级检索位于检索框最右侧，单击即可出现高级检索界面，如图 8－23 所示。在高级搜索中，百度学术为用户提供了以下选项：包含全部检索词、包含精确检索词、包含至少一个检索词、不包含检索词、出现检索词的位置、作者、机构、出版物、发表时间、语言检索范围等。

图 8－23　百度学术高级搜索界面

第九章

专利信息检索工具

学习目标

知识目标：

(1) 了解专利相关概念。

(2) 了解知识产权法律法规。

技能目标：

(1) 掌握专利的类型及特点。

(2) 学会专利文献检索工具的检索方法。

素养目标：

(1) 树立科技强国的意识。

(2) 培养学生知识产权职业伦理和职业道德。

情境导入

自2018年6月15日开始，美国对中国发起了一系列的贸易战争，企图遏制中国的发展。在当时，我国华为公司已经研发出了领先全球的5G技术，这一成果让远在另一头的美国眼红嫉妒。美国作为多年的霸权国家，岂能容忍他国技术的超越，于是便想方设法打压华为企业。而孟晚舟作为华为的核心领导人物，又是华为创始人任正非的长女，更有传闻表示孟晚舟将来会是华为的接班人，于是孟晚舟自然就成了美国打压开刀的对象。2018年12月1日，加拿大应美国当局要求逮捕孟晚舟，美国向加拿大要求引渡她。被捕罪名是电信和银行诈骗罪，仅仅是因为2013年时孟晚舟曾在香港与汇丰高层会面。

3G到5G甚至是未来的6G，华为从跟随到参与，再到主导。如今以华为为代表的中国通信技术已经对美国造成了前所未有的压力，为此，美国的危机感十足。所以，美国不希望华为成为以先进通信技术为核心的新兴产业的领导者，不甘心华为在5G领域的优势，为了维护其科技霸权，选择对华为进行打压。

思考：

(1) 谈一谈知识产权的重要性。

(2) 如何检索、申报专利？

本章内容结构

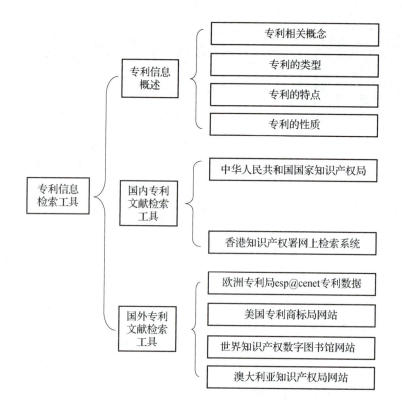

第一节　专利信息概述

1. 专利相关概念

（1）专利的概念

专利（patent）一词来源于拉丁语 litterae patentes，意为公开的信件或公共文献，是中世纪的君主用来颁布某种特权的证明。专利的基本含义有两个：一是公开，二是垄断。专利的基本含义可归纳为：①专利权；②受专利法保护的发明创造；③专利说明书。

（2）专利权的概念

专利权是由一个国家或者专利组织（例如欧洲专利局）的专利主管机关依照专利法规定，根据法定程序赋予自然人、法人或其他组织对其发明创造在一定期限内依法享有的专有权，是一种排他权（exclusive right）。专利权法律关系的主体是专利权所有人或者专利权持有人；其客体是被审批为专利的发明创造，例如发明、实用新型和外观设计；其内容是指法律规定的专利权人可以享受的权利和应当承担的法律义务。

专利权的重点内容是专利权的使用权，包括独占实施权、进口权、转让权、实施许可权、放弃权、标记权、禁止他人许诺销售权（即未经专利权人许可，通过广告、展销会、橱窗陈列而"许诺销售"其专利产品，也将被认定为侵权）。其中，发明和实用新型专利权

人与外观设计专利权人的独占实施权内容有不同规定；对实施许可权和转让权有一定规定。

专利权是工业产权中最主要的组成部分。知识产权是无形财产，包括著作权和工业产权两个主要部分。著作权是文学、艺术、科学技术作品的原创作者，依法对其作品所享有的一种民事权利；工业产权是指人们在生产活动中对其取得的创造性的脑力劳动成果依法取得的权利。除专利权外，工业产权还包括商标、服务标记、厂商名称、原产地名称等产权。

（3）专利文献的概念

专利文献（patent documentation）是指在专利制度下产生的一系列文献的总称，包括专利说明书、专利公报、专利文摘、专利索引、专利分类表等。专利文献具有独特的标准化著录方式。专利文献数量巨大、内容新颖、涉及面广、可操作性强。申请者为了获得尽可能大的保护范围，专利说明往往表述冗长，语言晦涩难懂。专利说明书记载专利的技术信息、法律信息以及外在形式信息，包含专利的基本著录信息、摘要、权利要求书、说明书和附图，是专利信息检索的核心目标。

2. 专利的类型

专利分为三种类型，即发明专利、实用新型专利和外观设计专利。

发明专利是指对产品、方法或者其改进所提出的新的技术方案。所谓产品，是指工业上能够制造的各种新制品，包括有一定形状和结构的固体、液体、气体之类的物品。所谓方法，是指对原料进行加工，制成各种产品的方法。发明专利并不要求它是经过实践证明可以直接应用于工业生产的技术成果，它可以是一项解决技术问题的方案或是一种构思，具有在工业上应用的可能性，但这也不能将这种技术方案或构思与单纯地提出课题、设想相混同，因单纯地提出课题、设想不具备工业上应用的可能性。发明专利最长的保护期是20年。

实用新型专利，就是指对产品的形状构造或者其结合所提出的适于实用的技术方案，仅限于产品，它必须具有一定形状结构。方法、工艺、流程不能申报实用新型专利。实用新型专利最长的保护期是10年。

外观设计专利，是对产品的形状、图案、色彩或其结合所做出的具有美感的适于工业上应用的新设计，也就是必须是产品形状、图案、色彩或其结合的新设计，而且必须用于具体产品上。如一幅山水画，如果不使用于具体产品上，就不能算外观设计，如果被用到脸盆上，该山水画就成了外观设计。外观设计专利最长的保护期是10年。

3. 专利的特点

（1）专有性

专有性，也称垄断性、独占性或排他性，是指专利权人对其发明创造享有的独占性的制造、使用、销毁、许诺销售和进出口的权利。未经发明人许可，任何单位或者个人不得在这个国家内制造、使用或销售、实施这项发明，否则就是侵权，要负法律责任。

（2）时间性

时间性是指专利权在一定期限内有效。专利权超过法定期限或因故提前失效，就成为全世界的公共财富，任何人都可无偿使用。各国专利法都规定了各自专利权的有效保护期限，保护期限的计算也各不相同，一般分为3种：一种自申请之日起计算；一种自公告之日起计算；一种自授权之日起计算。《中华人民共和国专利法》规定，发明专利权的期限为20年，实用新型和外观设计专利权的期限为10年，都自申请日起计算。

（3）地域性

专利权的地域性是指，一个国家依照其本国专利法授予的专利权，仅在该国法律管辖范围内有效，对其他国家没有任何约束力，外国对其专利权不承担保护的义务。如果一项发明创造只在我国取得专利权，那么专利权人只在我国享有专利权或独占权。如果有人在其他国家和地区生产、使用、销售该发明创造，则不属于侵权行为。

4. 专利的性质

授予专利权的专利，应具备新颖性、创造性、实用性，也称为专利的三性。

新颖性（Novelty）是指申请专利的发明必须是前所未有的。我国《专利法》规定："新颖性，是指在申请日以前没有同样的发明或者实用新型在国内外出版物上公开发表过、在国内公开使用过或者以其他方式为公众所知，也没有同样的发明或者实用新型由他人向国务院专利行政部门提出过申请并且记载在申请日以后公布的专利申请文件中。"各国对判断新颖性的地域标准的规定大致分为三种：一是全世界新颖性或称绝对新颖性，即发明在申请日以前在世界范围内未在出版物上公开发表或以其他方式为公众所知，也未被人们公开使用；二是本国新颖性或称相对新颖性，发明在本国范围内未公开发表和公开使用即可；三是混合新颖性，在世界范围内未公开发表、在本国内未公开使用的发明都具有新颖性。我国专利法实行的是混合新颖性这一标准。

创造性（Inventiveness）也称"非显而易见性"，一件发明或者实用新型具备了新颖性，不一定就有创造性。新颖性主要侧重于判断某一技术是否是前所未有的，而创造性侧重于判断技术水平。我国《专利法》规定："创造性，是指同申请日以前已有的技术相比，该发明有突出的实质性特点和显著的进步，该实用新型有实质性特点和进步。"

实用性（Practical Applicability）是指申请专利的技术能够制造或使用，并且能够产生积极的社会效果，而且可以多次再现。

第二节 国内专利文献检索工具

1. 中华人民共和国国家知识产权局

（1）中华人民共和国国家知识产权局介绍

中华人民共和国国家知识产权局网站网址为 http://www.cnipa.gov.cn/，如图9-1所示。

国家知识产权局（State Intellectual Property Office），原名中华人民共和国专利局（简称中国专利局）。1980年经国务院批准成立。1998年国务院机构改革，中国专利局更名为国家知识产权局，成为国务院的直属机构，主管专利工作和统筹协调涉外知识产权事宜。国家知识产权局专利局为国家知识产权局下属事业单位。国家知识产权局将对专利申请的受理、审查、复审、授权以及对无效宣告请求的审查业务委托国家知识产权局专利局承担。

国家知识产权局的网站提供我国专利信息的免费检索服务。

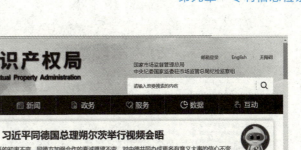

图 9 - 1　中华人民共和国国家知识产权局网站界面

专利检索及分析入口为 http://pss - system. cnipa. gov. cn/sipopublicsearch/portal/uilogin - forwardLogin. shtml。

该专利检索系统收录了 1985 年以来公布的全部中国专利信息，包括发明、实用新型和外观设计三种专利的题录及摘要，并提供了各种说明书全文及外观设计图形，具有较高的权威性，如图 9 - 2 所示。

图 9 - 2　国家知识产权局专利检索及分析界面

（2）国家知识产权局检索方式

国家知识产权局专利检索及分析系统提供常规检索、高级检索、导航检索、命令行检索四种检索方式。

1）常规检索

常规检索也称为简单检索。国家知识产权局专利检索的界面默认为常规检索界面。在检索框输入检索词，选择相对应的检索途径：申请号、公开（公告）号、申请（专利权）人、发明人、发明名称等，即可进行检索，如图 9 - 3 所示。

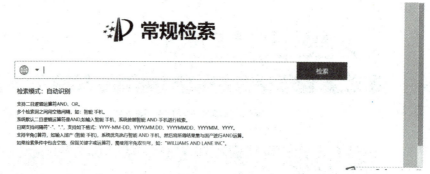

图 9 - 3 国家知识产权局专利检索常规检索界面

常规检索规则：支持二目逻辑运算符 AND（可用空格表示）、OR。日期支持间隔符
"-"".",支持如下格式：YYYY - MM - DD、YYYY. MM. DD、YYYYMMDD、YYYYMM、
YYYY。支持半角算符，如输入国产（智能手机），系统优先执行智能 AND 手机，然后将所
得结果集与国产进行 AND 运算。如果检索条件中包含空格、保留关键字或运算符，需使用
半角双引号，如"WILLIAMS AND LANE INC"。

2）高级检索

进入国家知识产权局专利检索的界面之后，单击检索框上方的"高级检索"选项，即
可进入高级检索界面，如图 9 - 4 所示。高级检索提供了菜单式和检索式两种检索模式。用
户可以在菜单检索区选择专利类型及检索项目，输入相应的检索词即可进行检索。用户也可
以在高级检索页面下方的"检索式编辑区"输入检索式进行检索，如图 9 - 5 所示。

图 9 - 4 国家知识产权局专利检索的菜单式高级检索界面

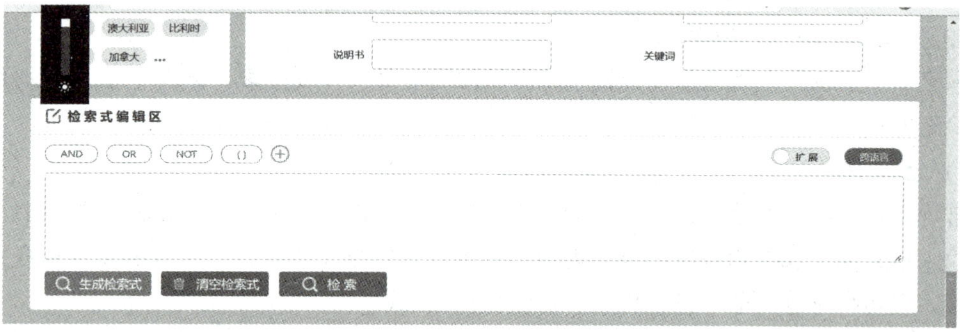

图 9 - 5 国家知识产权局专利检索的检索式检索界面

3）导航检索

进入国家知识产权局专利检索的界面之后，单击检索框上方的"导航检索"选项，即可进入导航检索界面，如图9-6所示。用户可根据需要层层单击类别，直至找到所需专利信息。

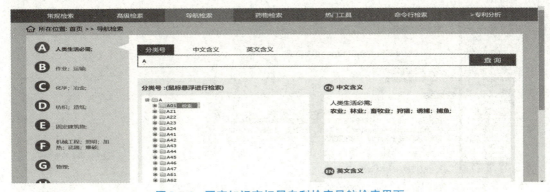

图9-6　国家知识产权局专利检索导航检索界面

4）命令行检索

进入国家知识产权局专利检索的界面之后，单击检索框上方的"命令行检索"选项，即可进入命令行检索界面，如图9-7所示。

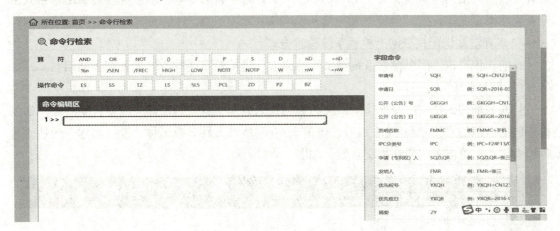

图9-7　国家知识产权局专利检索命令行检索界面

命令行检索规则：

可使用运算符在命令编辑区编辑检索式，检索式格式如摘要=（computer）OR 申请日=20050101：20061230。

非日期型表格项支持截词符＋、？、＃、＊。＋表示任何长度的字符；＃表示一个强制存在的字符；所有截词符均为半角字符。

2. 香港知识产权署网上检索系统

（1）香港知识产权署网上检索系统介绍

香港知识产权署网上检索系统网址：http://esearch.ipd.gov.hk，如图9-8所示。

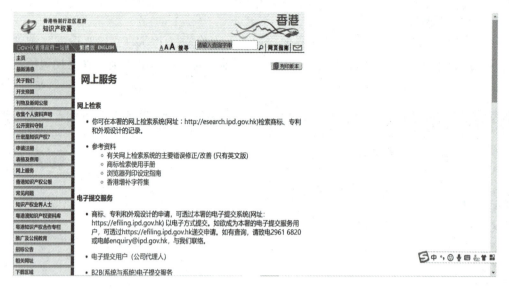

图9-8　香港知识产权署网上检索系统网站

香港知识产权署网上检索系统提供香港地区的商标、专利和外观设计的信息查询服务。该检索系统返回的检索结果包括发表编号、发明名称等概要信息，单击发明名称链接，即可进入专利的详细信息页面。对于1997年6月27日后公布的专利，用户可以查看图像格式的专利说明书全文。

（2）香港知识产权署网上检索系统检索方式

香港知识产权署网上检索系统提供简易检索、进阶检索两种方式来查询专利信息。

1）简易检索

打开香港知识产权署网上检索系统的专利检索界面，默认页面即为简易检索界面。简易检索包括申请编号、专利/发表编号、申请人/专利所有人姓名或名称、发明名称、送达地址等检索字段，可以限定专利提交日期，如图9-9所示。

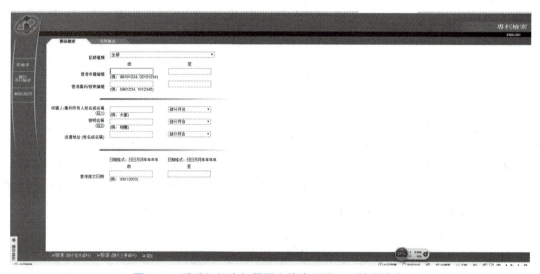

图9-9　香港知识产权署网上检索系统——简易检索

2）进阶检索

进入香港知识产权署网上检索系统的专利检索界面之后，单击上方的"进阶检索"选项即可进入进阶检索界面。进阶检索在简易检索的基础上，还可以通过国际专利分类号来查询信息，可以限定专利提交日期、专利授予日期以及优先权日期，如图9–10所示。

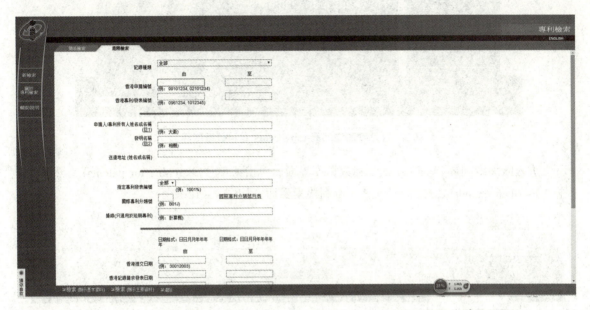

图9–10　香港知识产权署网上检索系统——进阶检索

第三节　国外专利文献检索工具

1. 欧洲专利局 esp@cenet 专利数据库

（1）欧洲专利局 esp@cenet 专利数据库介绍

欧洲专利局 esp@cenet 专利数据库网址：http://www.epo.org/，如图9–11所示。

欧洲专利局网站是由欧洲专利局、欧洲专利组织成员国及欧洲委员会共同研究开发的专利信息网上免费检索系统。该网站提供了自1920年以来世界上80多个国家公开的专利题录数据库及20多个国家的专利说明书。该网站是检索世界范围内专利信息的重要平台。该系统中各数据库收录专利国家的范围不同，各国收录专利数据的范围、类型也不同。

EPO各成员国数据库收录欧洲各成员国最近24个月公开的专利；EP数据库收录欧洲专利局最近24个月公开的专利；WO数据库收录世界知识产权组织最近24个月公开的专利。以上数据库提供有专利全文扫描图像。在此之前的专利文献可通过世界范围专利数据库检索。

世界范围专利数据库收录80个国家专利。在世界范围专利数据库所收录专利的国家中，收录题录、摘要、全文扫描图像、IPC及Ecla分类信息的只有英、德、法、美等少数几个国家，大部分国家只收录题录数据而未提供全文扫描图像。

图 9 – 11　欧洲专利局 esp@cenet 专利数据库界面

　　进入欧洲专利局 esp@cenet 专利数据库界面，单击菜单"Searching for patents"，然后单击"Espacent patent search"即可进入专利检索界面，如图 9 – 12 所示。

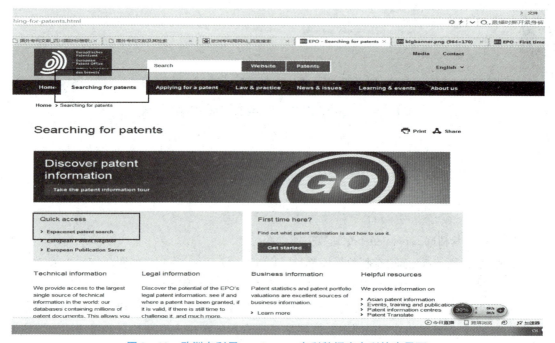

图 9 – 12　欧洲专利局 esp@cenet 专利数据库专利检索界面

　　（2）欧洲专利局 esp@cenet 专利数据库检索方式

　　1）快速检索（Smart search）

　　欧洲专利局 esp@cenet 专利数据库专利检索页面默认为快速检索。在检索框输入检索词，单击"Search"按钮得到检索结果，如图 9 – 13 所示。

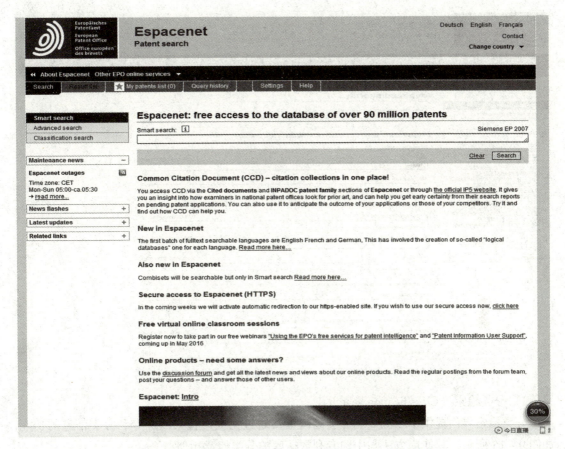

图 9 – 13　欧洲专利局 esp@cenet 专利数据库——快速检索

检索结果中列出选中专利的名称、发明人、申请人、公开日期、公开号、IPC 及 EC 分类号等信息。单击专利名称即可查看该专利的详细信息。单击专利名称右侧的"in my patent list"，所选记录将保存在"my patent list"中（可存放 20 条记录）。单击"my patent list"链接，可查看被保存的专利信息。

单击命中记录的专利名称，进入检索结果题录显示页面。该显示页面上方有获取题录（Bibliographic date）、参考文献 HTML 格式专利说明书（Description）、参考文献 HTML 格式权利要求书（Claims）、最初申请说明书的图形和 INPADOC 法律状态信息（INPADOC LEGAL status）的链接。

2）高级检索（Advanced search）

高级检索界面（图 9 – 14）提供了专利名称（Title）、专利名称或摘要（Title or abstract）、公开号（Publication number）、申请号（Application number）、优先权号（Priority number）、公开日（Publication date）、申请人（Applicant）、发明人（Inventor）、欧洲专利分类（European classification）、国际专利分类（IPC）等 10 个检索字段，各检索字段之间为逻辑"与"的关系。用户可根据需求在相应的对话框中输入检索词，单击"Search"按钮得到检索结果。检索结果及其显示格式与快速检索结果相同。

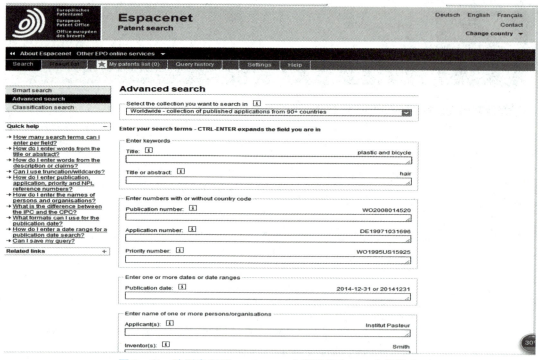

图 9 – 14　欧洲专利局 esp@cenet 专利数据库——高级检索

3）分类检索（Classification search）

分类检索界面提供了欧洲专利分类的浏览及通过关键词检索欧洲专利分类信息的功能，如图 9 – 15 所示。其使用方法与中国专利数据库的分类检索相似。

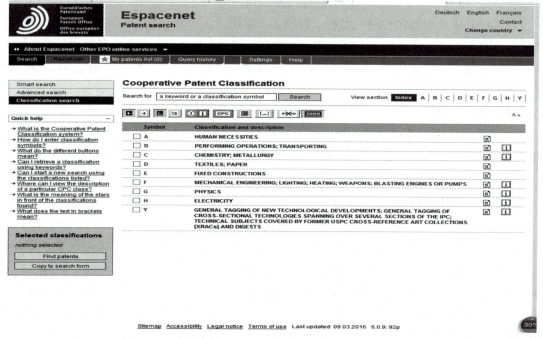

图 9 – 15　欧洲专利局 esp@cenet 专利数据库——分类检索

2. 美国专利商标局网站

（1）美国专利商标局网站介绍

美国专利商标局网站网址：http://www.uspto.gov/，如图9-16所示。

图9-16 美国专利商标局网站界面

美国专利商标局网站是美国专利商标局建立的政府性官方网站，收录美国自1790年实施专利法以来至最近一周的所有美国专利。其中，1976年1月至目前的专利提供全文检索功能，可获得HTML格式的专利说明书及权利要求书，并提供专利全文扫描图像链接。1790年至1975年12月的专利只能通过专利号和美国专利分类号检索，并通过链接查看专利全文扫描图像。

进入美国专利商标局网站界面，单击菜单"Patents"，然后单击"Search for patents"即可进入专利检索界面，如图9-17所示。

图9-17 美国专利商标局专利检索界面

（2）美国专利商标局检索方式

1）快速检索（Quick Search）

单击美国专利商标局专利检索界面的"Quick"按钮进入快速检索界面，如图 9 – 18 所示。

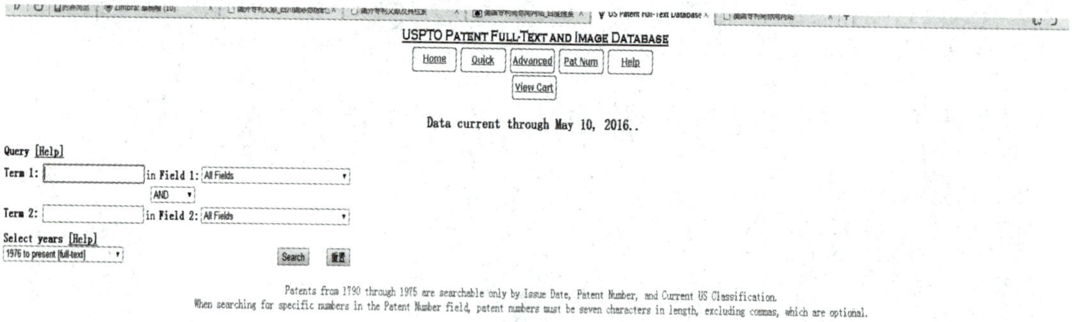

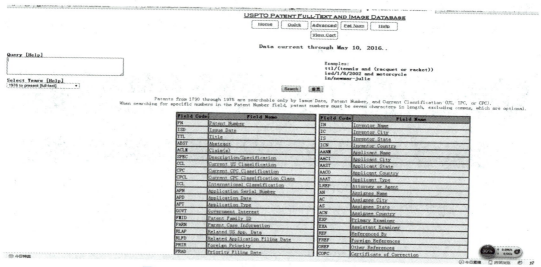

图 9 – 18　美国专利商标局专利检索——快速检索

检索界面提供两个对话框，在对话框 Term 1 和 Term 2 中输入检索词，两者之间的逻辑关系有 AND、OR、ANDNOT，由下拉式菜单控制。检索字段选择下拉式菜单提供包括全文、专利名称、文摘、专利号、申请号、权利要求、说明书、美国专利分类法、国际专利分类法、发明人、代理人、审查人、申请日、出版日、国外优先权等多达 30 个检索字段，通过年代选择下拉式菜单选择检索时间范围。单击"Search"按钮即可获得检索结果，一次可显示 50 条记录。单击记录中的下划线部分，即可获得专利全文，检索结果可打印或下载。

2）高级检索（Advanced Search）

单击"Advanced"按钮，进入高级检索界面，如图 9 – 19 所示。

图 9 – 19　美国专利商标局专利检索——高级检索

检索界面提供一个对话框，在对话框中一次输入检索式，单击"Search"按钮即可完成检索。检索式支持布尔逻辑组配和短语表达，逻辑组配用"AND""OR""ANDNOT"表示。例如 tennis AND（racqunet OR racket）、television OR（cathode AND tube）、needle AND-

NOT（（record AND player）OR sewing），短语用半角引号引起来表示，如"bawling balls"。检索式中用符号"/"限定检索词所在字段。限定字段代码有 31 种，在检索界面中有详细的列表可供参考。如发明名称字段代码 TTL，TTL/（nasal or nose）或 TTL/nasal or TTL/nose 代表检索词限定于发明名称中；发明人字段代码 IN，IN/Dobbs 代表发明人为 Dobbs 的所有专利等。

3）专利号检索（Patent Number Search）

单击"Pat Num"按钮，进入专利号检索界面，如图 9 – 20 所示。

图 9 – 20 美国专利商标局专利检索——专利号检索

检索界面提供一个对话框，在对话框中输入专利号，单击"Search"按钮即可完成检索。因美国专利分为发明、外观设计、植物、重颁、防卫等类型，对话框下面给出各种专利的专利号表达方式。

3. 世界知识产权数字图书馆网站

世界知识产权数字图书馆网站网址：http://www.wipo.int/portal/en/index.html，如图 9 – 21 所示。

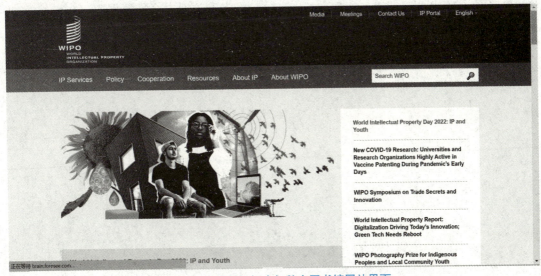

图 9 – 21 世界知识产权数字图书馆网站界面

　　世界知识产权数字图书馆（Intllectual Property Digital Library，IPDL）由世界知识产权组织于 1998 年建立，主要收录有 PCT 国际专利公报数据库、PCT 国际专利全文图形数据库、马德里快报数据库、海牙快报数据库、健康遗产测试数据库和专利审查最低文献量科技期刊数据库。系统中不同信息的更新时间不同，有的每天更新，有的每周更新，有的每月更新。

4. 澳大利亚知识产权局网站

　　澳大利亚知识产权局网站网址：https://www.ipaustralia.gov.au/，如图 9 - 22 所示。

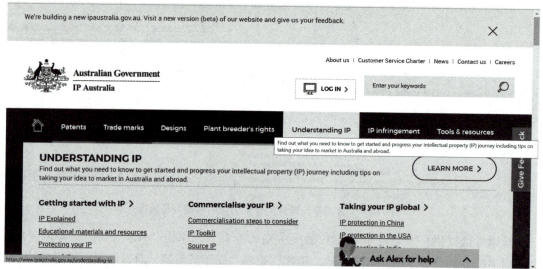

图 9 - 22　澳大利亚知识产权局网站界面

　　该网站提供澳大利亚 1975 年以来公开的专利申请的免费检索。单击网站主页上的"Search Database"选项，系统提供 4 个数据库：新专利方案数据库（New Patent Solution Datebase）、专利主机题录数据库（Patents mainframe bibliographic datebase）、澳大利亚公开专利数据库（AU Published Patent Date Searching）和专利说明书全文数据库（Patent specifi-cations）。

第 十 章

标准信息检索工具

学习目标

知识目标：

（1）了解标准及标准文献的概念。

（2）了解常用的标准检索工具。

技能目标：

（1）掌握标准文献的类型。

（2）学会标准检索工具的检索方法。

素养目标：

（1）树立规则意识。

（2）培养诚信道德意识。

情境导入

2000年，国家标准贯接到鲅鱼圈出入境检验检疫局的标准有效性确认请求。1997年间，鲅鱼圈在按照 ASTM 标准检测我国出口美国的锰矿石时，矿石检测全部合格，但是锰矿石到美国之后，经检测不符合标准。国家标准馆推断，鲅鱼圈出入境检验检疫局使用的检测锰矿石的 ASTM 标准的有效性存在问题，随即对鲅鱼圈出入境检验检疫局所使用的的检测锰矿石的系列 ASTM 标准进行了有效性的确认工作。经检索查证，其中使用的 4 份标准已经作废，被新标准替代。国家标准馆为鲅鱼圈出入境检验检疫局提供了最新的检测标准，从而顺利解决了鲅鱼圈出入境检验检疫局对锰矿石的检测问题。

思考：

（1）标准的特点有哪些？

（2）如何检索标准文献？

本章内容结构

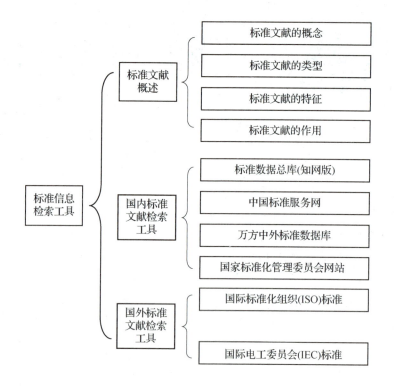

第一节 标准文献概述

1. 标准文献的概念

（1）标准的概念

在中华人民共和国国家标准《标准化工作指南第1部分：标准化和相关活动的通用词汇》（GB/T 20000.1—2002）中，对标准做了如下定义："为了在一定的范围内获得最佳秩序，经协商一致制定并经一个公认机构批准，共同使用的和重复使用的一种规范性文件。"这里的规范性文件是指"为各种活动或其结果提供规则、导则或规定性的文件"。

（2）标准文献的概念

标准文献有广义和狭义之分。

狭义标准文献是指由专门委员会制定，经过公认权威机构或国家行政主管部门批准的一套具有法定约束力的规范化文献，包括各种级别的标准、部门规范和技术规程等。

广义标准文献是指与标准化工作有关的一切文献，包括标准形成过程中的各种档案、宣传推广标准的手册及其他出版物、揭示报道标准文献信息的目录、索引等。

根据国际标准化组织（ISO）的界定："标准文献还包括有关的文献工具书：标准目录、索引、文献目录等。"

2. 标准文献的类型

标准可按其适用范围、研究的内容、标准实施的约束力和标准的性质四个方面进行分类。

（1）按标准的适用范围或层次划分

中国按 1989 年 4 月 1 日起正式实施的《中华人民共和国标准化法》将标准分为五级。

1）国际标准

国际标准是指由国际权威组织制定并为国际上承认和通用的标准，如国际标准化组织（ISO）标准、国际电工委员会（IEC）推荐的标准、国际理论与应用化学联合会（IUPAC）标准等。

2）区域性标准

区域性标准是指适用于世界某一区域的，由区域性标准化组织及参与标准化活动的区域团体所制定并通过的标准。国际上权威的区域性标准化组织如欧洲标准化委员会（CEN）、欧洲电工标准化委员会（CENELEC）等。

3）国家标准

国家标准是经全国性标准化组织批准、发布，在全国范围内统一实施的标准。如中国国家标准（GB）、美国国家标准学会（ANSI）标准、德国标准（DIN）、英国标准（BS）等。

4）行业标准

行业标准是经某一专业统一组织或专门部门通过的标准，用于一个国家的某一专业或相关专业。中国行业标准是在没有国家标准而又需要在全国某个行业范围内统一技术要求而制定和实施的标准，在相应国家标准实施后，即行废止。

5）企业标准

企业标准是一个企业或部门批准，只适用于本企业或部门的标准。企业标准是企业组织生产、经营活动的依据，企业标准化是企业科学管理的基础。

（2）按标准的研究内容划分

1）基础标准

基础标准是在一定范围内作为其他标准的基础并普遍使用的具有广泛指导意义的标准，如概念和符号标准、管理标准等。

2）产品标准

产品标准是对产品结构、质量和检验方法所做的技术规定。

3）方法标准

方法标准是以实验、检查、分析、抽样、统计、计算、测定、作业等方法为对象制定的标准，例如抽样方法、工艺规程、统计方法、分析方法等。

3. 标准文献的特征

标准文献是科技文献的重要组成部分，是科技信息的重要来源之一，但其又有着不同于一般科技文献的某些特性。

（1）规范性

标准文献编写有统一的格式要求，我国执行 GB/T 1.1—2000《标准化工作导则第 1 部分：标准的结构和编写规则》，而国际标准由《ISO/IEC 导则第 3 部分：国际标准的结构和起草规则》（1997 年英文版）规定。

（2）替代性

标准文献内容会不断随着技术进步和社会发展而做出修改，经修改后的新标准将代替原有的旧标准，而少数与实际要求不符，又没有修改价值的标准则会被废止。

（3）趋同性

随着国际间经济贸易和科技文化交流的扩大，各国纷纷将本国标准制定成国际标准，或者将国际标准转化成本国标准，使得相当数量的标准在内容上相同或相似。

（4）约束性

强制性标准具有法律约束力，必须执行；推荐性标准，国家鼓励自愿采用，但一旦纳入指令性文件，将具有相应的行使约束力。

（5）简洁性

标准数量多，篇幅小，文字简练，通常一个标准只解决一个问题。

无论是国际标准还是各国标准，在编号方式上均遵循各自规定的一种固定格式，通常为"标准代号＋流水号＋年代号"。这种编号方式上的固定化使得标准编号成为检索标准文献的途径之一。

4. 标准文献的作用

标准化的目的是在经济、技术、管理等社会事件中，对重复性事物和概念，通过制定、发布和实施标准，达到统一，从而获得最佳秩序和社会效益。作为标准化工作的产物，标准文献主要有以下几个方面的作用。

①通过标准文献可了解各国经济政策、技术政策、生产水平、资源状况和标准水平。

②在科研、工程设计、工业生产、企业管理、技术转让、商品流通中，采用标准化的概念、术语、符号、公式、量值、频率等有助于克服技术交流的障碍。

③可研究、借鉴国内外先进的标准，改进新产品，提高新工艺和技术水平依据。

④可作为鉴定工程质量、校验产品、控制指标和统一试验方法的技术依据。

⑤利用标准文献，可有效简化设计、缩短时间、节省人力及减少不必要的试验、计算。

⑥进口设备可按标准文献进行装备、维修、配置某些零件。

⑦有利于企业或生产机构经营管理活动的统一化、制度化、科学化和文明化。

第二节　国内标准文献检索工具

1. 标准数据总库（知网版）

（1）标准数据总库简介

《标准数据总库》是中国知网 CNKI（中国知识基础设施工程）的一个子库，包括国家标准全文、行业标准全文以及国内外标准题录数据库，共计 60 余万项。其中国家标准全文数据库收录了由中国标准出版社出版的，国家标准化管理委员会发布的所有国家标准；行业标准全文数据库收录了现行、废止、被代替、即将实施的行业标准；国内外标准题录数据库收录了中国以及世界上先进国家、标准化组织制定与发布的标准题录数据，共计54余万项，如图10-1所示。

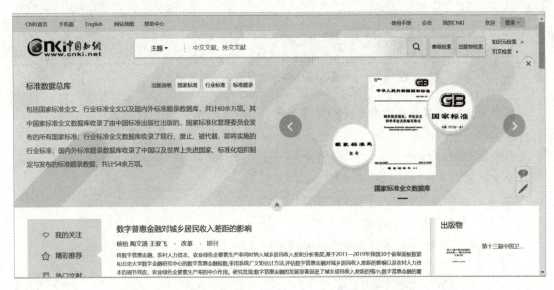

图 10-1　标准数据总库（知网版）

可以通过主题、篇关摘、标准名称、标准号、关键词、摘要、全文、起草单位、起草人、发布单位、出版单位、中国标准分类号、国际标准分类号等检索项进行检索，如图10-2所示。

图 10-2　标准数据总库（知网版）检索项

（2）标准数据总库（知网版）检索方式

1）简单检索

国标准数据总库（知网版）的检索界面默认为简单检索，如图10-3所示。在下拉菜单中选择合适检索项，在检索框填写相应的检索词，单击"检索"按钮即可。

图 10 − 3 标准数据总库（知网版）简单检索界面

[检索案例] 检索四川大学起草的标准文献

[检索词] 四川大学

[检索式] 四川大学

[检索步骤] 第一步：检索项选择"起草单位"。

第二步：在检索框中输入检索词"四川大学"。

第三步：单击"检索"按钮。

[检索结果] 共检索到 260 条标准，如图 10 − 4 所示。

图 10 − 4 标准数据总库（知网版）简单检索结果

2）高级检索

进入标准数据总库（知网版）的检索界面之后，单击页面的"高级检索"按钮即可进入高级检索页面，如图 10 − 5 所示。

高级检索界面左侧提供了三种文献分类：中标分类、国标分类和学科导航，可根据需要选择，系统默认为全部领域。依次选择检索项和填写检索词，单击"检索"按钮。标准数据总库（知网版）高级检索方法可参照第七章中中国知网高级检索。

[检索案例] 检索四川大学起草的纳米方面的标准文献

[检索词] 四川大学纳米

[检索式] 四川大学 and 纳米

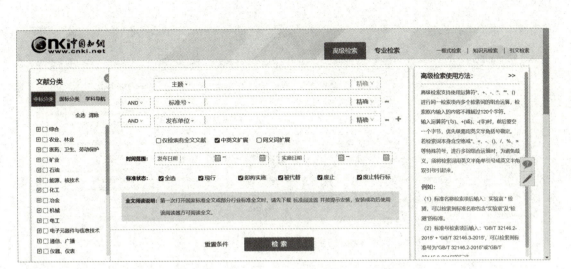

图 10 – 5　标准数据总库（知网版）高级检索界面

[检索步骤]　第一步：选择"起草单位"，输入"四川大学"。

第二步：选择"标准名称"，输入"纳米"。

第三步：单击"检索"按钮。

[检索结果]　共检索到 2 条标准，如图 10 – 6 所示。

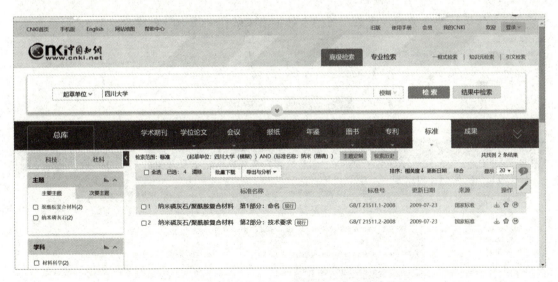

图 10 – 6　标准数据总库（知网版）高级检索结果

3）专业检索

在标准数据总库（知网版）高级检索页面单击"专业检索"按钮即可进入专业检索界面，如图 10 – 7 所示。在检索页面左侧选择查询范围，系统默认为全部领域。编制专业检索表达式，单击"检索"按钮。

图 10 - 7　标准数据总库（知网版）专业检索界面

［检索案例］检索有关纳米方面的标准文献

［检索词］纳米

［检索式］TI =‘纳米’

［检索步骤］第一步：将检索式输入检索框。

第二步：单击“检索”按钮。

［检索结果］共检索到305条有关纳米的标准文献，如图10 - 8所示。

图 10 - 8　标准数据总库（知网版）专业检索结果

2. 中国标准服务网

（1）中国标准服务网介绍

中国标准服务网网址：http://www.cssn.net.cn/。

中国标准服务网即国家标准文献共享服务平台，如图 10 – 9 所示，是国家级标准信息服务门户，是世界标准服务网（www. wssn. net. cn）的中国站点。中国标准化研究院标准馆负责网站的标准信息维护、网员管理和技术支撑。

图 10 – 9　中国标准服务网主页

中国标准服务网向社会开放服务，提供标准动态跟踪、标准文献检索、标准文献全文传递和在线咨询等功能。

中国标准服务网的标准信息主要依托于国家标准化管理委员会、中国标准化研究院标准馆及院属科研部门、地方标准化研究院（所）及国内外相关标准化机构。国家标准馆成立于 1963 年，馆藏资源有一个世纪以来国内外各类标准文献 110 万余件，包括齐全的中国国家标准和 66 个行业标准，60 多个国家、70 多个国际和区域性标准化组织、450 多个专业协（学）会的成套标准，160 多种国内外标准化期刊及标准化专著。

（2）中国标准服务网检索方式

1）简单检索

中国标准服务网的首页界面默认为简单检索，如图 10 – 10 所示。在检索框中输入标准名称或标准号，进行模糊检索，相关字段用空格分隔。

图 10 – 10　中国标准服务网简单检索界面

2）高级检索

在中国标准服务网首页单击"高级检索"按钮，即可进入中国标准服务网的高级检索界面，如图 10 – 11 所示。

3）分类检索

在中国标准服务网首页单击页面上方的"资源总览"选项，即可进入分类检索页面，如图 10 – 12 所示。

图 10 – 11　中国标准服务网高级检索界面

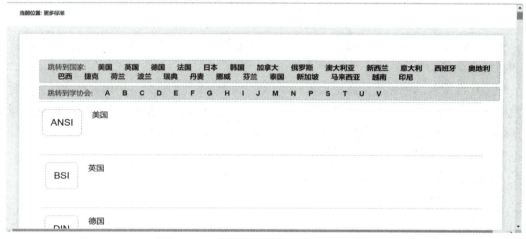

图 10 – 12　中国标准服务网分类检索界面

3. 万方中外标准数据库

（1）数据库介绍

万方中外标准数据库网址：https://c.wanfangdata.com.cn/standard。

万方中外标准数据库是万方数据知识服务平台的一个子数据库。打开万方数据知识服务平台（http://www.wanfangdata.com.cn/），单击网站下方"资源导航"栏目的"标准"即可进入该数据库，如图 10 – 13 所示。其中包括了国家技术监督局、建设部情报所提供的相关行业的中国国家标准、行业标准以及各国家标准，总计 200 多万条数据。

（2）万方中外标准数据库检索方式

1）简单检索

万方中外标准数据库的检索界面默认为简单检索，如图 10 – 14 所示。在检索框输入标准名称、关键词、标准编号、起草单位或发布单位进行检索，相关字段用空格分隔。

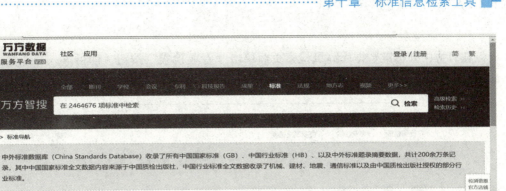

图 10 – 13　万方中外标准数据库界面

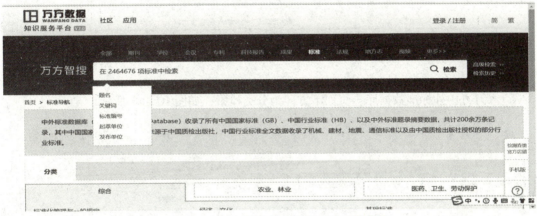

图 10 – 14　万方中外标准数据库简单检索界面

2）高级检索

在万方中外标准数据库简单检索页面单击"高级检索"按钮，即可进入万方中外标准数据库，如图 10 – 15 所示。

图 10 – 15　万方中外标准数据库高级检索界面

3）专业检索

在万方中外标准数据库高级检索页面单击"专业检索"按钮，即可进入专业检索界面，如图10-16所示。

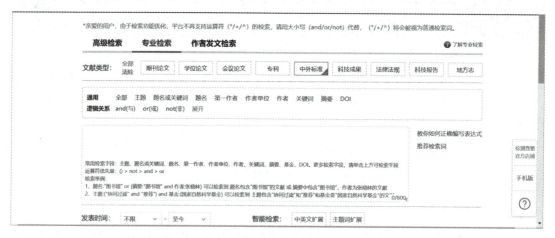

图 10-16　万方中外标准数据库专业检索界面

4）分类检索

进入万方中外标准数据库，页面下方即为分类检索，如图10-17所示。

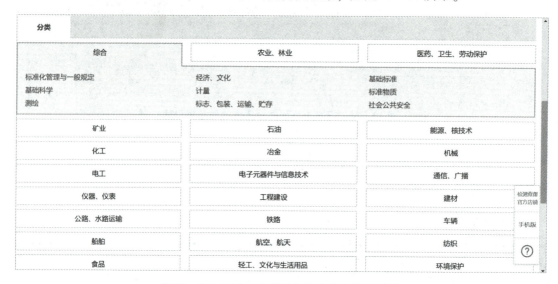

图 10-17　万方中外标准数据库分类检索界面

4. 国家标准化管理委员会网站

国家标准化管理委员会网站网址：http://www.sac.gov.cn。

国家标准化管理委员会是国务院授权履行行政管理职能、统一管理全国标准化工作的主管机构。其网站提供国家标准目录查询，从而可获取标准的题录信息，部分标准（如国家强制性标准）可免费下载阅读。另外，还提供标准化动态、国家标准制定计划、国标修改通知等信息，如图10-18所示。

图 10-18　国家标准化管理委员会网站界面

在国家标准化管理委员会网站页面右下方单击"全国标准信息公共服务平台"，即可进入标准检索页面，如图 10-19 所示。

图 10-19　全国标准信息公共服务平台网站

第三节　国外标准文献检索工具

国际标准是由国际标准化组织采用的技术规范。国际标准主要包括国际标准化组织（ISO）和国际电工委员会（IEC）制定的标准，以及国际标准化组织认可的其他 27 个国际组织制定的一些标准，如国际无线电干扰特别委员会等。

国际标准的标准号由"标准代号 + 顺序号 + 年份"组成。例如：ISO 3347—1976 表示国际标准化组织 ISO 1976 年颁布的第 3347 号标准。IEC 434（1976）表示国际电工委员会 IEC 于 1976 年颁布的第 434 号标准。

1. 国际标准化组织（ISO）标准

国际标准化组织（ISO）标准网址：http://www.iso.cn/。

国际标准化组织（International Organization for Standardization，ISO）成立于 1947 年，是目前世界上最大的国际性标准化专门机构，主要任务是制定 ISO 国际标准，协调世界范围内的标准化工作，负责除电工领域外的一切工作。现有正式成员国和地区 145 个，我国于 1978 年 9 月以中国标准化协会名义重新正式加入 ISO，并成为理事国之一。国际标准化组织的国际标准由它的各个技术委员会负责草拟，经全体成员协商表决通过。这些机构集中了来自成员国的 10 万余名专家，标准的制定审批程序十分严密。ISO 标准每 5 年重新审定一次，使用时注意利用最新版本。

ISO 标准网站介绍了 ISO 组织、ISO 9000/ISO 14000 标准系列、各成员国、产品与服务等信息，提供 ISO 标准的检索。在主页下单击"Extended Search"按钮可进入检索页面，检索入口有标准名称关键词、ISO 标准号、国际标准分类号、标准颁布时间、委员会代码等。检索结果提供相关标准的标准名称、标准号、版次、页数、编制机构、订购全文的价格等信息。如果需要订购全文，则单击相应的图标，并填入相关的个人资料、付款方式及全文的传递方法。

2. 国际电工委员会（IEC）标准

国际电工委员会（IEC）标准网址：http://www.iec.cn/。

国际电工委员会（International Electrotechnical Commission，IEC）正式成立于 1906 年。目前已有 46 个国家和地区参加了该组织。IEC 负责电气和电子领域中标准化组织和协调工作，制定电子、电力、电信和原子能等领域的国际标准。由于 ISO 制定的标准所涉及的专业范围不包括这些内容，这些领域的世界标准完全由 IEC 负责制定，所以 IEC 标准可以说是国际标准的组成部分。国际电工委员会制定标准的范围大致分为名词术语，以及电路用的图形、符号、单位、文字符号等。在实验方法方面，制定产品质量或性能指标，以及有关人身安全的技术标准。1975 年前，IEC 以推荐标准形式发布，1975 年后改为 IEC 国际标准。目前，IEC 已发布电子电工国际标准近 5 000 余件。

该网站提供的内容丰富翔实，具体介绍了 IEC 的组织情况、IEC 的最新动态、IEC 数据库的查询、IEC 新颁布的标准、顾客服务、常见问题与反馈等。在主页下单击"Search"按钮开始检索，检索入口有标准名称、标准号、标准分类号、制定委员会、全文等，提供多字段间的逻辑检索。

第三篇

实用篇

第 十 一 章

学术规范

学习目标

知识目标：

(1) 了解常见的学术不端表现形式。

(2) 了解参考文献著录规则。

技能目标：

(1) 掌握学术规范的基本知识。

(2) 学会合理使用文献。

素养目标：

(1) 培养学生的学术诚信意识。

(2) 培养学生的创新精神。

情境导入

2003 年 6 月，台湾师范大学国文研究所郑倩琳完成硕士学位论文《战国时期道家之宇宙生成论》。

2009 年 5 月，川大道教与宗教文化研究所李小光副教授出版新书《中国先秦之信仰与宇宙论：以〈太一生水〉为中心的考察》，出版方为巴蜀书社。

2011 年 8 月，台湾大学哲学所博士班高君和去信告知台湾师范大学国文研究所，李小光新书第八章《从天地到宇宙：战国时期道家诸子宇宙论思想检讨》几乎将郑倩琳的硕士论文一字不漏地复制下来。

思考：

(1) 李小光的做法存在哪些学术不端行为？

(2) 我们该如何合理使用文献？

本章内容结构

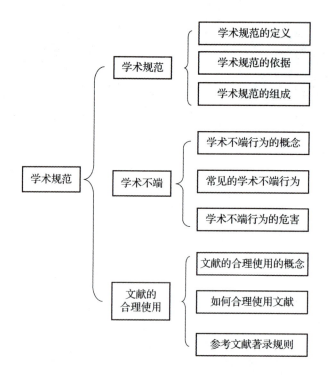

第一节 学术规范

一、学术规范的定义

学术规范是人们在长期的学术实践活动中所逐步形成的被学术界公认的一些行为规则。学术规范的主要内涵是指学术活动过程中，尊重知识产权和学术伦理，严禁抄袭剽窃，充分理解、尊重前人及今人已有的相关学术成果，并通过引证、注释等形式加以明确说明，从而在有序的学术对话、学术积累中加以学术创新。

学术规范体现在学术实践活动的全过程，由学术道德规范、学术法律规范、学术技术规范三个基本部分组成。

二、学术规范的依据

为促进学术活动的规范，从国家到地方、从高校到科研院所、从学术管理部门到学术出版行业，都制定了与之相关的学术规范依据。

1. 国家层面

《高等学校学术委员会规程》（教育部第 35 号令）于 2014 年 3 月 1 日起实施，要求

"高等学校应充分发挥学术委员会在学科建设、学术评价、学术发展和学风建设等事项上的重要作用，完善学术管理的体制、制度和规范，积极探索教授治学的有效途径，尊重并支持学术委员会独立行使职权，并为学术委员会正常开展工作提供必要的条件保障。""高等学校学术委员会应当遵循学术规律，尊重学术自由、学术平等，鼓励学术创新，促进学术发展和人才培养，提高学术质量；应当公平、公正、公开地履行职责，保障教师、科研人员和学生在教学、科研和学术事务管理中充分发挥主体作用，促进学校科学发展。"

教育部、中国科协、国务院办公厅等先后印发了一系列有关学术规范的官方文件。例如，《教育部关于加强学术道德建设的若干意见》（2002 年）、教育部社科委学风建设委员会出版的《高等人文社会科学学术规范指南》（2009 年）、《高等学校哲学社会科学研究学术规范（试行）》（2008 年）、《高校人文社会科学学术规范指南》（2009 年）、《教育部关于进一步改进高等学校哲学社会科学研究评价的意见》（2011 年）、中国科学技术协会印发的《科技工作者科学道德规范》（2009 年）等。

教育部社会科学委员会发布的《高等学校哲学社会科学研究学术规范》（2004 年）明确了学术基本规范、学术引文规范、学术研究内容规范、成果发表规范和学术批评规范。

除此之外，中共中央办公厅、国务院办公厅印发了《关于进一步加强科研诚信建设的若干意见》（2018 年），明确要求"完善科研诚信管理工作机制和责任体系、严惩学术论文买卖中介服务机构、坚持零容忍，建立终身追究制度"。

2. 行业层面

国家新闻出版署根据新闻出版领域行业标准制定工作安排，由全国新闻出版标准化技术委员会组织相关专家和单位承担，正式发布了 16 项行业标准，具体标准编号和名称包括：《学术出版规范表格》CY/T 170—2019、《学术出版规范插图》CY/T 171—2019、《学术出版规范图书出版流程管理》CY/T 172—2019、《学术出版规范关键词编写规则》CY/T 173—2019、《学术出版规范期刊学术不端行为界定》CY/T 174—2019、《辞书出版标准体系表》CY/T 175—2019、《数字图书阅读量统计》CY/T 176—2019、《报纸新媒体内容传播量统计》CY/T 177—2019、《出版物 AR 技术应用规范》CY/T 178—2019、《专业内容数字阅读技术标准体系表》CY/T 179—2019、《专业内容数字阅读技术阅读功能与标签》CY/T 180—2019、《专业内容数字阅读技术产品封装》CY/T 181—2019、《专业内容数字阅读技术多窗口数据通讯》CY/T 182—2019、《有声读物第 1 部分：录音制作》CY/T 183.1—2019、《有声读物第 2 部分：发布平台》CY/T 183.2—2019、《有声读物第 3 部分：质量要求与评测》CY/T 183.3—2019。以上是学术出版规范行业标准，从 2019 年 7 月 1 日开始正式实施。

《学术出版规范期刊学术不端行为界定》起草组长单位是同方知网数字出版技术股份有限公司，此标准的主要内容包括术语和定义、论文作者学术不端行为类型、审稿专家学术不端行为类型、编辑者学术不端行为类型等，适用于学术期刊论文出版过程中各类学术不端行为的判断和处理，其他学术出版物也可参照使用。本章有关学术规范、学术不端等知识点概念重点参考了该标准的内容。

3. 地方层面

地方层面主要是指各个高校、科研院所等机构，即根据国家及行业等相关政策、条例、标准等，各个高校、科研院所等机构先后成立了相关的学术委员会，起草了学术委员会章程等用于规范本单位的学术活动。

三、学术规范的组成

1. 学术道德规范

学术道德规范是对学术工作者从思想修养和职业道德方面提出的应该达到的要求，它是学术规范的核心部分。学术道德规范的具体内容包括：

①在学术研究工作中要坚持严肃认真、严谨细致、一丝不苟的科学态度。不虚报科研成果，反对投机取巧、粗制滥造、盲目追求数量而不顾质量的浮躁作风和行为。反对急功近利，贪图捷径，甚至不劳而获，在他人成果上轻易署名，换得个人名利的做法。

②学术评价应遵循客观、公正、准确的原则，如实反映成果水平。在充分掌握国内外相关材料基础上做出全面分析、评价和论证。不可滥用"国际领先""国内首创""填补空白"等词语。

③学术论著的写作，要充分尊重前人劳动成果，在论著中应明确交代本著作（或论文）中哪些是借鉴引用前人成就的，在学术论文中列出参考文献。

2. 学术法律规范

学术法律规范是指学术活动中必须遵循的国家法律法规的要求。根据我国《宪法》《著作权法》及《保密法》等有关法律法规的条款，在学术活动中应严格遵守的法律规范的主要内容包括：

（1）必须遵守《著作权法》

按照《中华人民共和国著作权法》等有关法律文件的规定，注意做到以下几点：

①合作创作的作品，其版权由合作作者共同享有，合作作者中的每一个人都无权单独行使合作作品的版权。

②未参加创作，不可在他人作品上署名。

③不允许剽窃、抄袭他人作品。应坚决杜绝以稍微改变形式或内容，直接将他人作品的大部分或部分内容以相同的形式窃为己有的抄袭行为。

④禁止在法定期限内一稿多投。目前，我国学术性期刊一般都把投稿期限规定为 1～3 个月，在此规定的时间内避免一稿多投。

⑤合理使用他人作品的有关内容。合理使用他人作品的有关内容必须符合以下条件：一是引用的目的仅限于介绍评论某一作品或说明某一问题；二是所引用的部分不能构成引用人作品的主要部分或者实质部分；三是不得损害被引用作品著作权人的利益。符合这三个条件，可不经过著作权人同意，不向其支付报酬，但必须在自己作品中列为参考文献。

（2）必须保守党和国家秘密，维护国家和社会利益

遵守《中华人民共和国保守国家秘密法》，对学术成果中涉及国家机密等不宜公开的重大事项，均应严格执行送审批准后才可公开出版（发表）的制度。

（3）遵守其他适用法律法规

按《中华人民共和国民法通则》规定，不得借学术研究以侮辱、诽谤方式损害公民法

人的名誉；按《中华人民共和国统计法》规定，必须对属于国家机密的统计资料保密；在学术研究中应遵守《国家标准化法》《计量法》等法律法规的规定。

3. 学术技术规范

学术技术规范是指在学术论文写作中必须遵守国家和国际有关文献编写与出版的标准、法规文件等有关规定。学术技术规范的主要内容应包括以下几方面。

①选题应新颖独特，或开拓新领域，或提出新观点，或发掘新资料，或运用新方法，具有一定理论深度和较大学术价值。按照国际惯例，应在论文的引言中对本成果所涉领域研究的历史与现状做出准确的概括与评价。

②应观点明确，资料充分，论证严密。观点必须反映客观事物的本质或规律，必须科学、准确且有创新性。资料必须真实、可靠、翔实，最好选用第一手资料。论证必须概念清晰一致，判断准确无误，推理逻辑严密，达到材料与观点、历史与逻辑的有机统一。

③学术论文的内容应与形式完美统一，达到观点鲜明，结构严谨，条理分明，文字通畅，形式要素齐全、完整。其项目应包括题名、作者署名及工作单位、作者简介、文摘、关键词、中图分类号、文献标识码、正文、注释、参考文献、英文题名、英文摘要和英文关键词。基金资助项目的论文也应对有关项目加以注明。

第二节　学术不端

学术规范要求人们潜心致力于学术研究，通过系统扎实的基础理论学习，结合试验与丰富的文献资料，发现研究前沿问题，从而撰写出优秀的学术论文。但现实生活中，各种学术不端行为也时有发生。学术不端属于学术道德、学术法律以及学术技术等方面的失范。

一、学术不端行为的概念

根据教育部《高等学校预防与处理学术不端行为办法》的相关规定，学术不端行为主要是指高等学校及其教学科研人员、管理人员和学生，在科学研究及其相关活动中，发生了违反公认的学术准则、违背学术诚信的行为。

具体来说，学术不端常见于学术作品经过评审、编辑加工和复制后向受众传播的专业活动中。学术不端，是相对于学术规范而言的。它一般指违反学术规范、学术道德的行为，包括学术界的一些弄虚作假、行为失范的行为，也指某些学者在学术方面剽窃、抄袭他人研究成果，或恶意一稿多投的不良行为等。

学术不端行为败坏学术风气、阻碍学术进步、违背科学精神和道德、舍弃科学研究实验数据等真实诚信原则，容易阻碍科学和教育事业的发展，是损害学术科学严谨形象的丑陋行为和现象。

二、常见的学术不端行为

结合教育部《高等学校预防与处理学术不端行为办法》、《学术出版规范一般要求》CY/T 118—2015、《学术出版规范期刊学术不端行为界定标准》CY/T 174—2019 等文件的指导和要求，将常见的学术不端行为划分为以下10种类型：

1. 剽窃、抄袭、侵占他人学术成果

剽窃、抄袭、侵占他人学术成果，主要是指直接将他人或者已经存在的思想、观点、数据、图像、研究方法、文字等内容，不加引注或说明，而作为自己的原创想法及作品；或者没有完整合适说明后直接发表。过度引用他人已经发表的文献信息内容也被视为剽窃。

剽窃、抄袭和侵占他人学术成果的形式多种多样，也是迄今为止最常见的学术不端行为。具体来说，剽窃观点（不改变本意转述他人观点或者直接使用他人已发表文章中的论点、观点结论却不加引用或备注等）、剽窃数据（直接使用或删改或添加他人已发表文章中的数据、事实等）、剽窃图像和视频（不加以引注或说明使用他人已发表文献中的图片、视频）、剽窃研究方法或实验方法、剽窃文字表述、整体大量剽窃、自我剽窃、剽窃未发表成果等，都是剽窃的具体表现形式。

需要指出的是，未经引用或注明，直接将某本书中的一段原话复制粘贴到自己的论文中，是一种公然的剽窃。例如，2009年3月，浙江大学处理的"贺海波论文造假事件"就是因为存在大量剽窃、抄袭他人成果的严重学术不端行为。

2. 伪造或捏造

伪造或捏造，即伪造科研数据、资料、文献、注释，或者捏造事实、编造虚假的研究成果。

具体来说，伪造或捏造是指编造不以实际调查或实验取得的数据或图像、伪造无法通过重复实验再次取得的样品、伪造不符合实际的研究方法和结论、伪造为论文提供支撑的资料或参考文献、伪造相关出国的资助来源等。在提交有关个人学术情况报告时，不如实报告学术经历、学术成果，伪造专家鉴定、证书及其他学术能力证明材料等行为。例如，在申报课题、成果、奖励和职务评审评定、申请学位等过程中提供虚假学术信息，也属于伪造或捏造的学术不端行为。

捏造实验结果的数据，以得到更好的实验效果，其本质就是一种学术欺骗。例如，2018年10月，清华大学撤销叶肖鑫博士学位，原因是叶肖鑫存在捏造实验结果、自我抄袭、图片重复利用等严重学术不端行为；中国社科院2018版《反腐倡廉蓝皮书：中国反腐倡廉建设报告》中写道：本科生伪造博士证书做博士后，出站后还当上了教授，这属于伪造事实、文凭造假、私刻印章的学术不端行为。

3. 篡改他人研究成果

篡改是故意改变原本真实的数据和事实，使其失去真实性。篡改事实、数据的目的是获得"理想"的研究结果。例如，篡改原始调查或实验数据、挑选增删原始调查或实验数据、修改原始文字记录、拼接或增删不同图像等，使其本意发生改变。

例如，井冈山大学的钟华、刘涛通过"伪造或篡改数据""侵吞他人学术成果""未参加创作，在他人学术成果上署名""未经他人许可，不当使用他人署名"等学术不端行为，在国际学术期刊《晶体学报》上发表70余篇论文，后被该期刊追究，做出撤稿处理。

4. 署名不当

署名不当，即与对论文或著作等成果的实际贡献不相符。将对论文或成果涉及有实质性

贡献的人排除在作者名单之外、将未对成果有实质性贡献的人列入作者名单、擅自在成果中加署他人姓名、虚假标注作者信息、作者排名不能准确反映实际贡献率等，都属于署名不当的学术不端行为。署名不当，也体现在稿件修回过程中随意添加或删除作者，这种做法容易给编辑留下非常不好的印象。

教育部《高等学校预防与处理学术不端行为办法》明确规定，"未参加研究或创作而在研究成果、学术论文上署名，未经他人许可而不当使用他人署名，虚构合作者共同署名，或者多人共同完成研究而在成果中未注明他人工作、贡献"的，应当认定为构成学术不端行为。

造成署名不当的学术不端行为，主要是因为著作权观念不强。署名不当一般是由于作者著作权观念不强或权力和利益诱惑。例如，把对研究成果没有任何实际贡献的熟人、朋友（或许是某领导、某朋友或某导师等），或者是自己根本不认识的该领域国内外"大牛"等列为作者。例如，曾经有位中国研究者把一位陌生的国外研究人员（该研究领域内的"大牛"）列为作者。论文发表后，这位国外研究人员在 PubMed 搜索时发现自己多了 1 篇学术论文，但自己根本不认识该文章的其他作者。于是，他向该期刊杂志社举报，最后文章被撤稿。

需要注意的是，对于学术论文，作者在署名时，应注意第一作者和通讯作者进行区别。通讯作者一般是课题的总负责人，承担课题经费、设计，把关文章撰写，担负着论文可靠性的责任。第一作者仅代表作者是该文的主要参与者。因此，学术论文的成果是属于通讯作者的，说明研究思路、研究过程等都属于通讯作者，而不是第一作者。因此，通讯作者对成果的贡献度不亚于第一作者。

5. 一稿多投

一稿多投，顾名思义，是指同一文章投向了不同的出版单位。除二次转载、学术论文集等形式外，一稿多发则是同一篇文章被不同的出版社出版发表，即后文的"重复发表"。也有将"一稿多投"的概念定义为：同一作者或同一研究群体中的不同作者，在期刊编辑和审稿人或其他出版单位不知情的情况下，试图或已经在两种或多种刊物同时或相继投稿或发表内容相同、相近的学术论文。

业内部分学者将一稿多发和一稿多投的概念等同，但一稿多投不一定会造成一稿多发。实际上，一稿多投、一稿多发都属于学术不端行为。一稿多投的学术不端行为更为多见。

例如，将同一论文同时投给多个期刊社；文章投稿成功后，在约定或法定回复期内，将论文再次投给其他期刊社；未接到期刊社确认正式撤稿通知前，将稿件投给其他期刊。在不做任何说明的情况下，将已发表的论文原封不动或稍做修改后，再次投稿发表。

但是也需要注意以下三种情形：①在学术会议上做过口头的大会交流或以摘要或会议板报形式报道过的研究成果，但没有公开结集出版；②对首次发表的学术论文研究内容充实了50%以上的数据；③学术会议或科学发现的简单新闻报道。这三种形式的学术论文之后被发表则不属于一稿多投、一稿多发的学术不端范畴。

6. 重复提交或重复发表

重复提交，表示的是用之前提交或发表的成果去满足其他课程、期刊或科研等方面的要求。这一概念也指"一稿多发"，国际上称为重复发表（repetitive publication）、多余发表（redundant publication）或自我剽窃（self-plagiarism）。

以下情况都属于重复提交：在论文中用已经发表成果中的观点，却不加以说明或引注，或将参考文献笼统地列在文后；文章已经被确认可以发表，再次投向其他发表单位；被允许二次发表，却不说明首次发表出处；多次重复使用一次调查结果、一幅图像或一个实验结果却不加以说明；摘编多篇自己已发表论文中的部分内容，拼接成新的文章后发表；基于同一实验或研究的成果，每次补充少量数据或事实或资料，多次发表结论雷同的成果等。

7. 拆分发表

拆分发表，是将同一项实验、调查或研究的成果拆分成为多篇其他的成果进行发表。因此，拆分发表破坏了研究的科学性、严谨性、连贯性和完整性。

8. 成果买卖或由他人代写

成果买卖或由他人代写，主要是指在科学研究过程中，为获得学历学位、科研成果、评奖评优、职称申报等目的，采用金钱、权力等方式买卖成果或成果由他人代写。这种成果常以论文、著作等形式居多。

2018年7月10日，教育部办公厅发布的《关于严厉查处高等学校学位论文买卖、代写行为的通知》要求："增强责任意识，健全制度机制，强化学风建设，严格论文审查，严厉查处学位论文买卖，代写行为等作假行为。""严肃责任追究，对于出现学位论文代写、买卖行为的学位授予单位，视情节轻重核减招生计划、撤销或暂停相应学科专业授予学位资格；对相应的单位负责人问责；对履职不力、指导学生的指导老师，追究失职责任；对于参与购买、代写学位论文的学生，给予开除学籍处分；已获得学历学位证书的，依法撤销，被撤销的学历学位证书已注册的，报教育行政部门宣布无效。"

9. 违背研究伦理及学术伦理

违背研究伦理及学术伦理主要包括两方面，具体来说，违背研究伦理是指研究未按规定获得相应的伦理审批；研究超出伦理审批范围；研究存在伤害研究参与者、虐待有生命的实验对象；泄露了被试者或被调查者的个人隐私；涉及研究中的利益冲突等。

违背学术伦理，主要是指研究成果中涉及的研究未按照规定获得相应的机构许可；研究成果设计的研究存在不当伤害研究参与者、违背知情同意原则；研究成果违反保密法律法规或单位有关保密规定，或泄露了被调查者或实验对象的隐私；研究成果未按照法定或约定对所涉及研究中的利益问题进行有效说明。

10. 其他学术不端行为

其他学术不端行为主要包括两类：一类是审稿专家学术不端行为，另一类是编辑者学术不端行为。

审稿专家学术不端行为主要包括：违背学术道德的评审（如发现稿件的实际缺陷，但不做任何处理）；干扰评审程序（如故意拖延评审过程或以不当方式影响发表决定）、违反保密规定、违反利益冲突规定、盗用稿件内容、谋取不当利益等。

编辑者学术不端行为主要包括违背学术和伦理标准提出编辑意见、违反利益冲突规定、

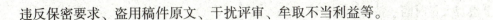

违反保密要求、盗用稿件原文、干扰评审、牟取不当利益等。

三、学术不端行为的危害

1. 学术不端行为违背科学精神

学术不端行为违背了科学的求真精神。科学是求真之学，追求真理、为真理而献身的精神是科学精神的核心内涵和根本要义。对真理的渴求、执着和热爱，永远是科学探索、科学创新和科学发展中的本源性、内禀性的推动力量，学术不端行为追求的不是真理，而是私利；学术不端行为不求真，而是费尽心机弄虚作假。学术不端行为违背了科学实证精神。实证精神是人们在追求真理时必须坚持一种实事求是的理性态度和求实气质，学术不端行为经不起理性的审视，学术造假、杜撰和篡改捏造出的东西经不起实验的检验。学术不端行为违背了科学的创新精神，科学活动自身的最高价值取向就是提出独创性的思想，科学家努力取得原创性的科学成果，每一个时代的科学家都力图超越前一代，又期望为后一代所超越，创新精神是科学得以不断进步的基础。抄袭和剽窃是把他人的研究成果窃为己有，是对他人研究成果的扭曲性重复，丝毫未有原创性和独创性可言，背离了科学活动求新的最高价值取向。

2. 学术不端行为对社会资源和学术生命造成浪费

学术不端行为造成了社会资源配置的失衡和低效。为了争夺国家有限的学术资源，一些人受利益驱动，弄虚作假，骗取国家科研经费。有的学者利用自己的身份和地位，优先为自己安排科研经费和科研项目。有些早有定论并已有成果的科研问题，却还在反复立项研究、发表论文、申报成果；或者改头换面，向不同的部门申请立项。由于低水平重复，缺乏原创性研究，造成我国学术资源浪费，致使原创性学术成果的产出率低下。学术不端行为产生的结果必定是学术垃圾和学术泡沫。

学术不端行为的泛滥不仅是对社会资源的浪费，也是对学者学术生命的浪费。学者研究能力的养成需要一个较长的时期，学术研究成果的获得需要付出艰巨的劳动、大量的时间和精力。对一个有追求的学者来说，学术生命是极其珍贵的，学术创造的黄金时期是短暂的，千万不可虚度和浪费。学术不端行为使人把时间和精力浪费在歪门邪道上，投机取巧、剽窃抄袭、弄虚作假，放弃了对学术的追求，丧失了科学研究的动力和热情，消磨了艰苦求索的意志和毅力，枯竭了科学创造力，过早地结束了自己的学术生涯。

3. 学术不端行为有损科学研究的诚信和正常的学术秩序

在学术不端方面，伪造和篡改是最恶劣的行径，它们都属于学术造假，在研究的伪成果中提供的材料、方法、数据、推理等方面不符合实际，无法通过重复实验再次取得，有些甚至连原始数据都被删除或丢弃，无法查证。涉及实验中数据伪造和各种实验条件更改的学术欺骗不容易被发现，而且调查起来也需要专门人员介入，并要重现实验过程，因而颇有难度。伪造和篡改的发现多是在文章发表一段时间后，因实验不能重复或者实验数据相互矛盾，致使专家提出质疑，或是由实验室内部人员揭发，才被发现。

科学研究的可信度取决于实验过程和数据记录的真实性。篡改和伪造破坏了实验过程和数据记录的真实性，这使得科学工作者很难进一步开展更深入的研究，也会导致许多人在一条"死路"上浪费大量时间、精力和资源。

4. 学术不端行为贻误人才的培养

高等学校肩负着培养高素质人才的重要任务，学生能否受到良好的学术训练将影响他们的成才。"学高为师，身正为范"，教师学术道德素质的高低，其学术行为是否规范，是影响学生学术道德素质高低的一个重要因素。

5. 学术不端行为贬低学术界和知识分子的社会公信力

学术是社会文化的精华，是衡量一个社会文明水准的重要尺度。学术研究的职责是探索真知，阐释正义，传承人类文明；学术界的基本职能是传播、生产和创造知识。知识分子作为社会的一个阶层，承担阐释和创造文化价值与文化知识的使命，他们拥有很高的文化智慧和思想境界，在人类社会生活中发挥着先锋作用。他们享有崇高的社会地位，具有广泛的公信力。社会不同阶层的民众对于学术界与知识分子怀有信任与好感，寄予很高的期望。

学术不端行为贬低了学术的公信力，损害了知识分子在人们心目中的良好形象，动摇了人们对真善美的追求和对科学研究的信仰，产生了对学术界和知识分子的信任危机。学术不端行为的泛滥，将使中国学术界与教育界丧失信誉，阻碍中国学术传统和学术评价体系的构建，淡化学术以及学术界本身存在所具有的意义，这将给学术界带来无可比拟的巨大损失；如果学术事业失去了民众的理解和支持，将无以为继；而对整个社会的发展带来的负面效应更莫能忽视：我们的民众无法从学术界分享理性工作的成果，无法得到人类文化价值标准的规范和指导，社会将因无法进一步提升自身的品位和境界而趋于沉沦。

第三节　文献的合理使用

一、文献的合理使用的概念

文献的合理使用是指在特定条件下，允许个人和特定组织在未经版权人许可的情况下无偿使用版权作品的法律规范，属于知识产权范围。

因此，在实际工作中，我们应注意知识产权保护问题，做到既能避免侵权纠纷，又能合理利用信息资源。

二、如何合理使用文献

要做到学术诚信，就要合理用文献和了解引用规范。

1. 合理使用文献

《著作权法》的立法原则，除首先保护著作权人的利益外，还要维护作品传播者和使用者的权益，以利于科学文化的传播、传承和创新。为了平衡三者之间的权益，《著作权法》规定，在一定条件下，对著作权人享有的专有使用权要进行适当的限制，其中"合理使用"就是这样一种制度。合理使用文献就是在一定条件下使用受著作权保护的作品，可以不经著作权人的许可，也不必向其支付报酬。《中华人民共和国著作权法实施条例》第二十七条规定：为介绍、评论某一作品或者说明某一问题，在作品中适当引用他人已经发表的作品，可以不经著作权人许可，不向其支付报酬，但应当指明作者姓名、作品名称，并且不得侵犯著作权人依照该法享有的其他权利，所引用该部分不能构成引用人作品的主要部分或者实质部分。

2. 了解引用规范

要合理使用文献，必须了解引用规范。2011 年 6 月 20 日，教育部科技发展中心修订的《中国科技论文在线学术监督管理办法》提出了引用规范的标准。

①参考文献是指为撰写或编辑论著而引用的有关资料，包括正式发表或已接收待发表的纸印本文献、电子印本文献和网络文献。非公开发表的文献不宜作为参考文献，可紧跟在引用内容之后进行注释。不可公开的内部资料不能作为参考文献，而不能作为注释列出。

②作者必须亲自认真阅读索引参考文献全文，且所引参考文献应与所撰写论文密切相关。引用时要忠实于原文，不可肆意更改或断章取义。引用他人研究成果，包括观点、数据、公式、表格、图片、程序、结论等，必须注明原始文献出处，所有参考文献应该在文后参考文献标注规范全部翔实列出，参考文献著录格式要完备，类型标识要正确，避免遗漏和错误。

③引用的内容不能成为作者论文的主要部分或实质部分，引用待发表文献须征得著作权人（作者等）的同意，并行标引。自引文献比例不宜过高。

④网络发表论文，作为科技论文发表的一种形式，是受《著作权法》保护的，可引用参考文献。网络文献要求论文内容真实可信，文献出处明确，文献来源单位真实，具有权威性，包括官方数据库、权威学术网站、电子期刊上正式发表的文章、纸质期刊或图书电子版、政府机构网站等。

⑤引用网络文献须著录网络发表日期和首发此网络文献的平台中指向具体文献的 URL 地址。网络文献已分配有唯一数字标识符（DOI）的，须同时给出 DOI 码。

⑥网络文献须能被他人获取并可以查证及使用，不得随意或不实书写引文来源，不得将无授权的二级转载网页作为引文来源，不得随意删减必要的著录要件。

三、参考文献著录规则

《信息与文献著录规则》是中国国家标准化管理委员会发布的一项专门供著者和编辑编撰学术文章文后参考文献的国家标准。其最新版于 2015 年发布，编号为 GB/T 7714—2015。该标准规定了各个学科、各种类型出版物的文后参考文献的著录项目、著录顺序、著录用的符号、著录项目的著录方法以及参考文献在正文中的标注法。

1. 文献类型和文献载体标识代码

（1）文献类型和标识代码（表 11－1）

（2）电子资源载体和标识代码（表 11－2）

表 11 - 1　文献类型和标识代码

参考文献类型	文献类型标识代码	参考文献类型	文献类型标识代码
普通图书	M	专利	P
会议录	C	数据库	DB
汇编	G	计算机程序	CP
报纸	N	电子公告	EB
期刊	J	档案	A
学位论文	D	舆图	CM
报告	R	数据集	DS
标准	S	其他	Z

表 11 - 2　电子资源载体和标识代码

电子资源的载体类型	载体类型标识代码	电子资源的载体类型	载体类型标识代码
磁带（magnetic tape）	MT	光盘（CD - ROM）	CD
磁盘（disk）	DK	联机网络（online）	OL

2. 文后参考文献著录格式

我国大部分自然科学期刊的文后参考文献著录格式均采用顺序编码制，现将常见各类型出版物顺序编码制文后参考文献著录格式列举如下。

（1）普通图书

著录格式：［序号］主要责任者. 题名：其他题名信息［文献类型标识/文献载体标识］. 其他责任者. 版本项. 出版地：出版者，出版年：引文页码［引用日期］. 获取和访问路径. 数字对象唯一标识符.

示例：

［1］张伯伟. 全唐五代诗格会考［M］. 南京：江苏古籍出版社，2002：288.

［2］美国妇产科医师学会. 新生儿脑病和脑性瘫痪发病机制与病理生理［M］. 段涛，杨慧霞，译. 北京：人民卫生出版社，2010：38 - 39.

（2）论文集、会议录

著录格式：［序号］主要责任者. 题名：其他题名信息［文献类型标识/文献载体标识］. 其他责任者. 版本项. 出版地：出版者，出版年：引文页码［引用日期］. 获取和访问路径. 数字对象唯一标识符.

示例：

［1］辛希孟. 信息技术和信息服务国际研讨会论文集：A 集［C］. 北京：中国社会科学出版社，1994.

［2］雷光春．综合湿地管理：综合湿地管理国际研讨会论文集［C］．北京：海洋出版社，2012.

（3）报告

著录格式：［序号］主要责任者．题名：其他题名信息［文献类型标识/文献载体标识］．其他责任者．版本项．出版地：出版者，出版年：引文页码［报告发布日期］．获取和访问路径．数字对象唯一标识符．

示例：

［1］中华人民共和国国务院新闻办公室．国防白皮书：中国武装力量的多样化运用［R/OL］．（2013 − 04 − 16）［2014 − 06 − 11］．http：//www.mod.gov.cn/affair/2013 − 04/16/content_442839.html.

（4）学位论文

著录格式：［序号］主要责任者．题名：其他题名信息［文献类型标识/文献载体标识］．其他责任者．版本项．出版地：出版者，出版年：引文页码［引用日期］．获取和访问路径．数字对象唯一标识符．

示例：

［1］吴云芳．面向中文信息处理的现代汉语并列结构研究［D/OL］．北京：北京大学，2003［2013 − 10 − 14］．http：//thesis.lib.pku.edu.cn/dlib/List.asp？lang = gb&type = Reader&DoeGroupID = 4&DocID = 6328.

（5）专利文献

著录格式：［序号］专利申请者或所有者．专利题名：专利号［文献类型标识/文献载体标识］．公告日期或公开日期［引用日期］．获取和访问路径．数字对象唯一标识符．

示例：

［1］张凯军．轨道火车及高速轨道火车紧急安全制动辅助装置：201220158825.2［P］．2012 − 04 − 05.

（6）标注文献

著录格式：［序号］主要责任者．题名：其他题名信息［文献类型标识/文献载体标识］．其他责任者．版本项．出版地：出版者，出版年：引文页码［引用日期］．获取和访问路径．数字对象唯一标识符．

示例：

［1］全国信息与文献标准化技术委员会．文献著录：第4部分非书资料：GB/T 3792.4—2009［S］．北京：中国标准出版社，2010：3.

（7）专著中析出的文献

专著：包括普通图书、估计、学位论文、会议文集、汇编、标准、报告、多卷书、丛书等。

析出文献：指从整个信息资源中析出的具有独立篇名的文献。

著录格式：［序号］析出文献主要责任者．析出文献题名［文献类型标识/文献载体标识］．析出文献其他责任者//专著主要责任者．专著题名：其他题名信息．版本项．出版地：

出版者，出版年：析出文献的页码［引用日期］．获取和访问路径．数字对象唯一标识符．

示例：

［1］白书农．植物开花研究［M］//李承森．植物科学进展．北京：高等教育出版社，1998：146-163．

（8）期刊中析出的文献

著录格式：［序号］析出文献主要责任者．析出文献题名［文献类型标识/文献载体标识］．连续出版物名称：其他题名信息，年，卷（期）：页码［引用日期］．获取和访问路径．数字对象唯一标识符．

示例：

［1］杨洪升．四库馆私家抄校书考略［J］．文献，2013（1）：56-75．

（9）报纸中析出的文献

著录格式：［序号］析出文献主要责任者．析出文献题名［文献类型标识/文献载体标识］．报纸题名：其他题名信息，出版日期（版面数）［引用日期］．获取和访问路径．数字对象唯一标识符．

示例：

［1］丁文祥．数字革命与国际竞争［N］．中国青年报，2000-11-20（15）．

（10）电子资源（不包括电子专著、电子连续出版物、电子学位论文、电子专利）

著录格式：［序号］主要责任者．题名：其他题名信息［文献类型标识/文献载体标识］．出版地：出版者．出版年：引文页码（更新或修改日期）［引用日期］．获取和访问路径．数字对象唯一标识符．

示例：

［1］萧钰．出版业信息化迈入快车道［EB/OL］．（2001-12-19）［2002-04-15］．http://www.creader.com/news/20011219/200112190019.html.

第十二章

学术论文的撰写与注意事项

学习目标

知识目标：
(1) 了解学术论文的基本知识。
(2) 了解文献综述的撰写格式。

技能目标：
(1) 学会撰写检索报告。
(2) 掌握毕业论文的撰写。

素养目标：
(1) 树立学术道德意识。
(2) 发扬科学创新精神。

情境导入

2019 年 2 月，翟天临在直播中回答网友问题时，表示自己并不知道"知网"是什么，随后引发网友热议。有人认为，翟天临作为博士学历，并且已经被北京大学光华管理学院录为博士后，此时说不知道"知网"很不合逻辑。

2019 年 2 月，有网友通过社交媒体爆料称查出了翟天临在博士期间的一篇论文，经过专业论文网站的查重，涉嫌抄袭黄山学院文学院黄立华教授 2006 年刊登在《黄山学院学报》的《一个有灵魂深度的人物——〈白鹿原〉之白孝文论》。据这位网友表示：翟天临这篇发表在这篇核心期刊的论文，全文不到 3 000 字，竟然有 19% 的内容都和黄立华教授 2006 年的文章有着高度相似的地方。

在论文的对照中，从标红部分得知，在论文中有部分文字，与 2006 年发表的文章内容完全重合，翟天临在撰写论文的时候引用了该文的原句，未对它进行任何修改，而是在句子的前后进行补充，以稀释相似度。

有博士网友认为，在文内有很多地方都有明显的病句、标点符号用法错误等问题，不应该出自一名对理论考究、严谨的博士研究生之手。

思考：
(1) 翟天临的做法存在哪些学术不端行为？
(2) 如何规范撰写学术论文，维护学术道德？

本章内容结构

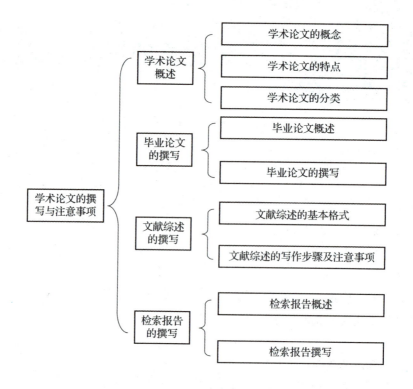

第一节　学术论文概述

一、　学术论文的概念

按"中华人民共和国国家标准 VDCO01.81、CB7713—87 号文"给学术论文下的定义，学术论文是某一学术课题在实验性、理论性或观测性上具有新的科学研究成果或创新见解的知识和科学记录；或是某种已知原理应用于实际中取得新进展的科学总结，用于提供学术会议上宣读、交流或讨论；或在学术刊物上发表；或做其他用途的书面文件。

在社会科学领域，人们通常把表达科研成果的论文称为学术论文。

二、　学术论文的特点

1. 学术性

学术论文首先要具有学术性。所谓学术，是指较为专门、系统的学问。所谓学术性，就是指研究、探讨的内容具有专门性和系统性，即是指以科学领域里某一专业性问题作为研究对象而达到的学术水平。有的学术问题，仅凭一个专业的知识解决不了，需要由两个或几个专业的专家联手合作研究，运用各自的专业知识，解决同一个学术问题，写出学术论文。

从内容上看，学术论文具有明显的专业性特点。作者要以丰富系统的专业知识探讨、分析、研究、论证、推断或解决专业性很强的学术问题，并有所发现，有所创新，引证广泛，论证充分，观点新颖。这是学术论文区别于一般议论文的明显区别。从语言表达来看，学术论文是运用专业术语和专业性图表符号表达内容的，需要使用学术性的语言把学术问题表达得简洁、准确、规范。因此，在学术论文中专业术语用得较多。

2. 科学性

科学性是学术论文的生命和价值所在。所谓科学性，就是指研究、探讨的内容准确、思维严密、推理合乎逻辑。它要求作者在立论上不得带有个人偏见，不得主观臆造，必须切实地从客观实际出发，从中引出符合实际的结论。在论据上，应尽可能多地占有资料，以最充分的、确凿有力的论据作为立论的基础。在论证时，必须经过周密的思考，进行严谨的论证。先用归纳法，再用演绎法，而不能反过来，不能先有结论，再找材料去论证。从事实验研究，就应对课题进行系统的多方面的实验，从大量的实验数据中分析综合，得出正确的结论。

3. 创新性

创新性被视为学术论文最重要的特点之一，这是由科学发展的需要决定的。"创新是民族进步的灵魂"。人类的历史就是不断发现、不断发明也就是不断创新的历史。一个民族如果没有创新精神，这个民族就要衰亡。同样，一篇论文如果没有创新之处，它就毫无价值。学术论文的创新，主要表现在以下几个方面：

①填补空白的新发现、新发明、新理论。别人还未涉及、还未研究的领域或课题，你能有所发现有所创见，这是最可贵的，当然，也是最难做到的。

②在继承基础上发展、完善、创新。创新离不开科学继承。有不少研究成果是在继承基础上发展起来的。继承基础上的发展，也是一种创新。

③别人已研究过、涉及过或有争议的领域或课题，能切入新的角度，在众说纷纭中提出独立见解，也是一种创造性。

④推翻前人定论。随着历史发展、科学进步、研究手段的更新等，前人提出的观点很可能会存在问题。对待前人的定论，正确的态度是提倡继承，但不迷信。若发现其错误，就需要用科学的勇气去批判它、推翻它。这当然也是一种创新，科学史上这类例子很多。

⑤对已有资料做出创造性综合。以特有的专业眼光和专业思维，把散置在各篇文章中的学术精华进行筛选归纳，较为系统地综合成既清晰又有条理的问题，提出新思路，让人一目了然，有所启示，也是一种创新。

当然，一篇学术论文的创造性是有限的。惊人发现、伟大发明绝非轻而易举，也不可能每篇学术论文都有这种创造性，但只要有自己的一得之见，在现有研究成果的基础上增添一点新的东西，提供一点人所不知的资料，丰富了别人的论点，从不同角度、不同方面对学术做出了贡献，就可看作是一种创造。

4. 理论性

理论性是学术论文与科普读物、实践报告、科技情报等文体最主要的区别，它主要包括以下方面：

①思维的理论性。即研究者对研究对象的思考，不是停留在零散的感性上，而是运用概念、判断、分析、归纳、推理等思辨的方法，深刻认识研究对象的本质和规律，经过高度概

括和升华，使之成为理论。

②结论的理论性。学术论文的结论，不是心血来潮的激动之词，也不是零散琐碎的感性偶得，而是建筑在充分的事实归纳上，通过理性思维，高度概括其本质和规律，使之升华为理论。理性思维水平越高，结论的理论价值就越高。

③表达的论证性。学术论文除了思维的理论性和结论的理论性外，它还必须对结论展开逻辑的、精密的论证，以达到无懈可击、不容置疑的说服力。

5. 平易性

学术论文虽然讨论研究的是较深的学术问题，但绝不是故弄玄虚，它是写给人看的，必须要用通俗易懂的语言表述科学道理，不仅要做到文从字顺，还要准确、鲜明、和谐。

三、 学术论文的分类

学术论文的种类繁多，并且有不同的划分标准。根据学术论文的表现形式，可以分为学术性论文、技术性论文、综述性论文；根据学术论文的社会功能及应用目的，可以分为期刊论文、学位论文和会议论文。

1. 根据学术论文的表现形式划分

（1）学术性论文

学术性论文是科研工作者在其研究领域中，通过严谨规范的科学研究而取得的研究成果，是一种原创性论文，例如新的学术观点的阐述，新的理论的论证，新的科技发明，新的科学发现以及某项重大的科学难题的突破等。学术性论文以学术研究为主，其特点是具有创新要素，是科学有所前进的标志。

（2）技术性论文

技术性论文是工程技术人员在已有的科学理论、技术成果的基础上，为解决设计、工艺、设备、材料等具体技术问题而取得的研究成果的书面总结。技术性论文为应用型研究论文，其内容重点在于技术上的直接应用，理论与实践的相互印证。

（3）综述性论文

综述性论文是作者针对国内外某一新的学科领域或者某一学科领域专题的科学研究进展和动态，在阅读大量的尽可能全的相关研究论文的基础上，经过自己深入地分析和综合，并做出有价值的总结而写成的论文。

2. 根据学术论文的社会功能及应用目的划分

（1）期刊论文

在学术期刊上发表的论文就是期刊论文。一般由各类科研人员与技术人员撰写，是针对某一课题的新的科研成果或创新见解。

（2）学位论文

高等院校学生为达到一定阶段的教育目标，申请某种学位而提交的论文就是学位论文，包括学士学位论文、硕士学位论文、博士学位论文。

（3）会议论文

在各类学术会议上宣读和评议的论文就是会议论文。

第二节　毕业论文的撰写

1. 毕业论文概述

（1）毕业论文的概念

毕业论文是高等院校的应届毕业生为了完成学业，综合运用大学期间所学的基础理论、专业知识和专业技能，就某一学科的某一课题，进行理论探讨和实践研究，在此基础上写出的具有一定学术价值或应用价值的科研论文。

毕业论文写作是一项比较复杂的学习、研究和写作相结合的综合训练，是检验学生掌握知识的程度、分析和解决问题基本能力的一份综合考卷，是学生全部学习成果的总结。

（2）毕业论文的特点

毕业论文写作是为了使在校大学生树立起科学的思想、培养科学的精神、遵循科学的规范、掌握科学研究的方法，为今后独立开展科学技术研究和撰写学术论文奠定坚实的基础。所以，与学术论文相比，毕业论文在具有学术论文特点的基础上，又有其自己的特点。

1）指导性

毕业论文是在导师指导下独立完成的科学研究成果。对于如何进行科学研究，如何撰写论文等，教师都要给予具体的方法指导。

2）习作性

毕业论文是毕业生完成学业和申请学位的一个标志性作业，写作的主要目的是培养学生具有综合运用所学知识解决实际问题的能力，为将来作为专业人员写学术论文做好准备，它实际上是一种习作性的学术论文。

3）考查性

毕业论文的写作是学生运用所学专业的基础知识，进行独立的科学研究，进而分析问题、解决问题。毕业论文往往能反映出作者的综合素质，因此，它可以综合考查学生在校期间的学习情况。

4）价值性

是指毕业论文的选题、教学等方面的价值性。选题的价值性主要指论文符合社会需要和为经济建设服务的程度，应用型高等学校更注重论文选题具有一定的实用价值。教学的价值性主要指论文能够反映教师教学水平，也是对学校在专业设置、课程内容、教学质量的检验方面的重要标准之一。

5）详尽性

毕业论文要经过考核和答辩，因此要求论点要集中、论据要充分、分析要透彻，介绍实验装置、实验方法和实验步骤都要比较详尽，论文要有一定的深度。

（3）毕业论文的分类

毕业论文在高校毕业生中，除专科生不作学位上的要求外，通常和学位论文是合二为一的，对本科、硕士、博士而言，毕业论文即学位论文。国家标准 GB/T 7713—67《科学技术报告、学位论文和学术论文的编写格式》对学位论文的定义是：学位论文是表明作者从事

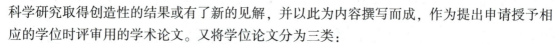

科学研究取得创造性的结果或有了新的见解，并以此为内容撰写而成，作为提出申请授予相应的学位时评审用的学术论文。又将学位论文分为三类：

1）学士论文

学士论文应能表明作者确已较好地掌握了本门学科的基础理论、专门知识和基本技能，并具有从事科学研究工作或担负专门技术工作的初步能力。这是对本科生毕业论文的要求。

2）硕士论文

硕士论文应能表明作者确已在本门学科上掌握了坚实的基础理论和系统的专门知识，并对所研究课题有新的见解，有从事科学研究工作或独立担负专门技术工作的能力。这是对硕士研究生毕业论文的要求。

3）博士论文

博士论文应能表明作者确已在本门学科上掌握了坚实宽广的基础理论和系统深入的专门知识，并具有独立从事科学研究工作的能力，在科学或专门技术上做出了创造性的成果。这是对博士研究生毕业论文的要求。

2. 毕业论文的撰写

（1）毕业论文的基本格式

毕业论文是学术论文的基本形式，在内容上不一定会有很高的学术价值，但是在论文的结构与格式上，却有极为严格的要求。毕业论文的格式是否规范也是毕业论文的等级评定的一个重要方面。这就要求毕业论文撰写要严格按照写作程序进行，层次分明，结构清晰，体式完整。

1）前置部分

● 题名

应能概括整篇论文最重要的内容，言简意赅，引人注目，一般不宜超过 20 个字，外文题名不超过 10 个实词，中外文题目应一致。题名一般取居中编排格式。

● 摘要

论文摘要应阐述论文的主要观点。说明本论文的目的、研究方法、成果和结论。书写要合乎逻辑关系，尽量同正文的问题保持一致。结构要严谨，表达要简明，语义要确切，一般不再分段落。

毕业论文（毕业设计）的摘要包含中文摘要和外文摘要，中文摘要字数应为 200～300 字，外文摘要不宜超过 250 个实词。

● 关键词

关键词是能反映论文主旨最关键的词句，一般为 3～8 个。关键词的排序，通常应按研究的对象、性质和采取的手段排序，而不应任意排列。关键词与关键词之间用分号"；"隔开。关键词应另起一行，排在摘要的左下方。中外文关键词应一一对应。

● 目次

目次由毕业论文（毕业设计）各部分内容的顺序号、名称和页码组成，另页排在"摘要"之后。目次应该用"……"联系名称与页码。

2）主体部分

主体部分包括引论、本论、结论等。

- 引论

引论也称为序论或引言，是论文的开头部分。

毕业论文的引论可以是研究对象或拟解决的问题、选题意义、研究现状，并提出论文的论点。论证问题的提出是引论的核心，提出问题要明确、具体，交代研究对象和范围，说明为什么选此论题，选题有何学术价值和实际意义，前人做了哪些研究，研究到什么程度。

在写作引论时，要注意和摘要相区别，不能和摘要重复，更不能变成摘要的注释。

- 本论

本论也称正文，是论文的主体部分，是作者集中表述个人研究成果的部分，是对问题进行分析、对观点进行论证的内容。一篇论文的价值高低主要取决于其正文的内容。

本论内容较多，应注意结构的严谨和逻辑的严密，具体要处理好以下关系。

首先，要正确处理本论中要素间的关系。本论是由论点、论据、论证等要素构成的。论点是论文的灵魂，是决定论文成败的关键，论点必须集中、明确、正确、深刻。论据是论点的根据和理由，论据的数量和质量直接关系到论文的生命，论据一定要真实、典型、新颖。论证揭示论点和论据之间的联系，作者要根据论点的需要把论据组织起来，使二者成为有机的整体。

其次，要合理安排本论的结构。引论中提出的问题要在本论中经过严密的论证，给予科学的回答和解决，因此，要安排好本论的结构，使论点与论据有序地统一起来，形成一个整体。

- 结论

结论是在论证的基础上得出的最终定论，也是对全文的总结，是论文的归结。

做结论时，不要简单重复上文的内容，要从理论的高度给予明确的概括。结论的语言要字字斟酌，或肯定，或否定，不能用"大概""可能""好像""似乎"等含糊不清的词来表达。这是毕业论文的科学性和严密性所要求的。

3）后置部分

- 致谢

致谢是毕业论文中对向自己提供过帮助和指导的人表达谢意的部分。致谢对象可以是论文的指导老师、给予过帮助的老师同学或某些组织。内容要真实，感情要真挚、诚恳，语言要得体。

- 参考文献

在写作过程中引用过他人的论文或书籍，一般在文章的最后依次列出，便于读者了解资料来源并进行查找。参考文献是作者直接阅读过的重要文献，不可从他人文献中转引，一般也不引用文摘类文献。

参考文献采用国际通用的著录符号。如专著必须依次表明：序号（外加方括号）、作者、书名、出版地、出版者、出版年份、页码。详情请参考第十一章参考文献著录格式。

- 注释

在毕业论文（毕业设计说明书）写作过程中，有些问题需要在正文之外加以阐述和说明。

- 附录

附录是作为论文主体的补充项目，并不是必需的。比如：篇幅过大的复制品；其他原始数据，包括各种图谱、计算程序、结构图、统计表等。

（2）毕业论文的写作步骤

毕业论文的写作时间长、内容多、环节多、工作量大，要按时按质完成各项工作，必须遵循一定的规律，循序渐进，按照论文写作的基本流程进行。毕业论文写作的基本步骤大致分为以下七个部分。

1）确定选题

选题是论文撰写成败的关键。选题是毕业论文撰写的第一步，实际上就是确定"写什么"的问题，即确定科学研究的方向。一般可结合本专业或指导教师的科研领域提出论文题目，报上级审阅同意后确立。选好课题是毕业论文成功的一半。

确定选题需要注意两点：一是要坚持选择有科学价值和现实意义的课题；二是要根据自己的能力选择切实可行的课题。

2）拟定写作提纲

由于毕业论文的篇幅一般比较长，内容也相对比较复杂，因此，在正式撰写毕业论文之前，需要先拟定一个论文的写作提纲。

论文的写作提纲可以体现作者的总体思路，突出重点，易于组织材料；有利于根据纲目结构科学安排时间，分阶段写作论文；同时，也便于对论文进行修改和调整，避免出现遗漏和大返工。

3）搜集资料

根据所选论题，进行广泛的资料搜集，查阅相关中外文文献，包括选题的第一手资料、他人的研究成果、相近学科的材料、名人的论述、政策文献、背景材料等。

4）整理资料

完成文献综述和基本构思，进行开题。

对所收集的资料进行广泛的整理、分析、阅读，完成文献综述，对文献资料进行分析、归纳整理，进行全面、深入、系统的评述。完成开题报告和开题手续，根据导师的开题意见转入论文正式写作。

5）撰写初稿

撰写初稿是论文写作的核心工作，一般来说，论文初稿就是论文提纲的细化和扩展。

实际在对提纲进行细化和扩展时，思维常常会受到刺激而变换认识的角度，或者产生更新的观点，这时需要重新审视材料，重新选择视角，重新做局部甚至是全局的构思、修正，更改原来的论文提纲，朝着新的方向写作。

6）修改定稿

在完成论文初稿的基础上，进一步对论点、材料、结构、文字和标点符号中存在的错误、不足等进行改正，以形成论文正稿，并做最后定稿。

7）编校、打印和装订

完成论文正稿后，按规定的论文格式规范进行文体编辑，制作论文封面、论文目录，根据格式规范要求编排论文内容。对论文的文字、用语、用词、标点符号、数字、公式、文体格式进行最后的校对，并按规定要求进行打印和装订。

附：某高职院校毕业论文版式模板

×××职业学院

毕业论文

题　　目_____

系_____

专　　业_____

年　　级_____

学生姓名_____

学　　号_____

指导教师_____

年　　月　　日

教务处制

×××职业学院

毕业论文版式/文字的排式和参考文献著录要求

一、基本要求

（1）在正式撰写论文前，须进行设计任务书，进行开题报告，进行中期检查等。

（2）按时完成各阶段的任务、进度要求。

（3）毕业论文正文不少于 4 000 字。（各系可根据专业特色适当调整字数要求，报教学服务中心，经分管院长审批后方可执行。）

二、毕业论文格式要求

毕业论文应包括封面、目录、中文摘要（优秀论文需英文摘要）、正文、注释、参考文献。

（1）封面

教务处统一格式（标题应简短、明确、有概括性）。

标题下有专业、学生名、指导教师名、年月日等。

（2）中（英）文摘要

中（英）（中文摘要 200~500 字）。摘要应精练，准确地概括全文中心内容、特点。关键词（最能表达主要内容的词）3~5 个。优秀毕业论文须有英文摘要。

（3）目录

列出论文正文的一、二级标题名称及对应页码，附录、参考文献、后记等的对应页码。论文名称与各级标题的字号为：论文标题小二号字，一级标题（章）四号字，二级标题（节）四号字，三级标题（小节）四号字。三级编号法：1、2、3；1.1、1.2、2.1、2.2；1.1.1、1.1.2。

（4）正文

中文采用宋体小四字；英文采用 Times New Roman 字体，字号小四。论文名称和各部分标题加粗。正文每段开头（包括前言、本论、结论三个部分）缩进 5 个空格。

（5）注释

对所创造的名词术语的解释或对引文出处的说明。

注释可以采用文中注、脚注和尾注三种方式。一般建议采用文中注加脚注或尾注的方式（指导教师可以根据情况改动）。尾注放在正文之后参考书目之前。

三、毕业论文版式

（1）计算机排版

用微软 Word 软件排版，毕业论文一律用国际标准用 A4 纸（297 mm×210 mm）打印，文字从左至右横排。

（2）页面设置与用字

页边距为上 2.5 cm，下 2.5 cm，左 2.5 cm，右 2 cm。

装订线 0。

页眉边距为 1.5 cm。

页脚边距为 1.5 cm。

文字一律通栏编辑。使用规范的简化汉字。除非必要，不使用繁体字。忌用异体字、复合字及其他不规范的汉字。

（3）行间距与格式

正文间为 1.5 倍行距，一级标题之间、二级和三级标题之间空一行。标题顶格，正文空两格，左对齐。

（4）注释

正文中加注之处右上角加数码，形式为"①"或"（1）"，同时，在本页留出适当行数，用横线与正文分开，空两格后写出相应的注号，再写注文。注号以页为单位排序，每个注文各占一段，用 5 号宋体。引用著作时，注文的顺序为：作者、书名、出版单位、出版时间、页码，中间用逗号分隔；引用文章时，注文的顺序为：作者、文章标题、刊物名、期数，中间用逗号分隔。

（5）印刷与装订

论文印刷份数要保证指导教师、同行评阅和答辩需要，并在学院存档 1 份（包括文字版本和电子版本）。

四、毕业论文文字排式（见下样式）

（一）论文目录

（二）论文正文

题目　（居中）　（小二号宋体加粗）

（空一行）

（顶格）摘要（小四号宋体加粗）：内容（200 字）小四号宋体。

（顶格）关键词（小四号宋体加粗）：内容（3～5 个词）小四号宋体，中间用分号隔开。

（顶格）Abstract（小四 Times New Roman 加粗）：内容 Times New Roman。

（顶格）Key words（小四 Times New Roman 加粗）：内容 Times New Roman，中间用分号隔开。

（另起一页）正文

××（题目小二号宋体、加粗）

（顶格）1. 引言（四号宋体/Times New Roman 加粗）

（空一行）

（顶格）2. 一级标题（四号宋体/Times New Roman 加粗）

（顶格）2.1 二级标题（四号宋体加粗）

（空两格）正文（内容小四号宋体）

（空一行）

（顶格）2.1.1 三级标题（四号宋体加粗）

（空一行）

（顶格）2.1.2 三级标题（四号宋体加粗）

（另起一页）

参考文献/Bibliography（居中，小三号宋体加粗）

（以下小四号宋体）

专著类：[序号] 著者. 书名 [M]. 版本（第一版不写）. 出版地：出版者，出版年：起止页.

例如：[1] 张伯伟. 全唐五代诗格会考 [M]. 南京：江苏古籍出版社，2002：288.

期刊类：[序号] 作者. 题名 [J]. 刊名，出版年份，卷号（期号）：起止页码.

例如：朱天宇. 国立台湾大学"教学发展中心"研究 [J]. 才智，2012（19）：288.

网上资料：[序号] 作者. 题名 [电子文献/载体类型标识]. 电子文献的出处或可获得地址，发表或更新日期/引用日期.

例如：[1] 中华人民共和国国务院新闻办公室. 国防白皮书：中国武装力量的多样化运用 [R/OL]. （2013－04－16）[2014－06－11]. http://www. mod. gov. cn/affair/2013－04/16/content_442839. html.

五、书眉排式

"四川国际标榜职业学院毕业论文"用五号字居左排，论文题目用四号字居右排；书眉与正文之间用下划线分隔。

六、页码排式

目录用罗马字母，正文用五号阿拉伯数字，排在页脚居中。

第三节　文献综述的撰写

1. 文献综述的基本格式

文献综述的具体格式包括题目、作者及所在单位的名称、摘要、关键词、前言、正文、总结和参考文献。其中正文最为重要，是文献综述的核心。

（1）题目

要求准确、简洁、清楚，体现特点，点明专题，同时附加限制词，结尾用综述、进展、动态等字眼。慎重使用缩略语，不得使用不定式，避免名词堆砌。

（2）作者

作者署名要实事求是，存在多位作者时，按实际贡献排序，并要附上每位作者所在的工作单位名称。

（3）摘要

摘要说明全文的主要内容，包括主要成就、进展、形成的观点及其依据等。摘要要具有独立性和自含性，不应出现图标、冗长的公式和非公知的符号、缩略语。

（4）关键词

关键词是文中起关键作用的自然词，一般为 3～5 个，最后一个词为"综述"，中间应用分号"；"隔开。

（5）前言

前言（引言）部分一般以 200～300 字为宜，主要是说明写作的目的，介绍有关的概念、定义以及综述的范围，扼要说明有关主题的研究现状或争论焦点，使读者对全文要叙述的问题有一个初步的轮廓。引言要用简明扼要的文字说明写作的目的、必要性、有关概念的定义、综述的范围、阐述有关问题的现状和动态以及对主要问题争论的焦点等。

在综述的前言部分要写清以下内容：

①首先要说明写作的目的，定义综述主题、问题和研究领域。

②指出有关综述主题已发表文献的总体趋势，阐述有关概念的定义。

③规定综述的范围，包括专题涉及的学科范围和时间范围，必须声明引用文献起止的年份，解释、分析和比较文献以及组织综述次序的准则。

④扼要说明有关问题的现况或争论焦点，引出所写综述的核心主题，这是广大读者最关心而又感兴趣的，也是写作综述的主线。

（6）正文

正文部分是综述的主题，是综述的核心与基础。其写法多样，没有固定的格式。可按文献发表的年代顺序综述，也可按不同的问题进行综述，还可以按不同的观点进行比较综述，不管用哪种格式综述，都要将搜集到的文献资料进行归纳、整理及分析比较，阐明前言部分所确立综述主题的历史背景、现状和发展方向，以及对这些问题的评述。

针对专题所要综述的主要内容，可分成若干段落或问题，每个段落或问题下面都是从不同侧面、不同层次上解释题目的中心内容，而且段落之间各有分工并保持内在的联系。主体部分的每一段落开始，应是综合提炼出来的观点，即论点。接着是既往文献所提出的实验结果或调查事实，即论据。

（7）总结

总结是对综述正文部分做扼要的总结，概括主要论点和论据，进一步得出结论，指出存在的问题及今后发展的方向和展望。内容单纯的综述也可不写总结。

（8）参考文献

参考文献是文献综述的重要组成部分。作者通过他人的文献来论证自己的主题，同时也为读者提供了被引用文献的线索，便于查对与利用。列出文献目录是文献综述必不可少的附属部分。其目的一是为本综述提供依据，提高综述的可信度；二是为读者提供原始文献的线索；三是体现了对前人研究成果的尊重。

对综述类论文参考文献的数量，不同期刊有不同的要求，一般以 30 条以内为宜，以 3 ~ 5 年内的最新文献为主。

2. 文献综述的写作步骤及注意事项

（1）文献综述的写作步骤

由于文献综述能概括或确定出研究的主题，因此，其对于研究方案的设计、研究活动的开展等有着非常重要的作用。文献综述的撰写没有固定的模式或方法，但一般可以按照以下几个步骤进行。

1）确定题目和关键词

根据写作目的，规划所要撰写的内容、性质、范围，以此确定题目。选题时应通过多种渠道、多种方式了解信息，选择有意义的、有价值的问题或专题作为我们的题目。

关键词可能在确定题目时出现，也可能在初步查阅文献资料时产生。

2）搜集文献

大量、全面的文献资料是撰写文献综述的基础。根据题目，拟定所要检索文献的内容、性质、范围，然后进行文献搜集，也就是信息检索。利用常用的中外文期刊论文数据库，搜集尽可能多、尽可能全的文献，大概要搜集 50 篇左右与自己的研究主题相关的文献资料。

3）阅读文献

对检索到的文献进行有计划的阅读，先浏览摘要或总结，决定取舍。对符合要求者，先粗读一遍，并在这些文章上做出标记，同时将其题目、作者姓名、刊载期刊的名称、卷、页和年份详细记录下来。

对重要的文章依照粗读的提示，再深入细致地阅读全文，并做好文摘卡片或笔记，或在复印件上划出记号，做好标记。精读过程中要将相关的、类似的内容分别归类，对结论不一致的文献，要对比分析，按一定的评价原则，做出判断。

4）制订、修改写作提纲

经阅读与思考，形成写作思路，制订写作提纲，并对写作提纲进一步修订、完善。

5）再次查阅文献

根据写作提纲，进一步审视所检索到的文献，不足者，进行补漏，再次检索、阅读。

6）撰写成文

根据事先拟好的提纲逐个问题展开阐述，做到有论必有据，同时还要融入自己的见解、评论。在写综述的过程中，必须深刻理解参考文献的内涵。综述完成后，应该多次修改或询问他人建议，力求做到更好。

（2）文献综述写作注意事项

文献综述既不同于读书笔记、读书报告，也不同于一般的科研论文。因此，在撰写文献综述时应注意以下几个问题：

①搜集文献应尽量全。掌握全面、大量的文献资料是写好综述的前提，否则，随便搜集一点资料就动手撰写是不可能写出好的综述的，甚至写出的文章根本不能称为综述。

②注意引用文献的代表性、可靠性和科学性。在搜集到的文献中可能出现观点雷同，有的文献在可靠性及科学性方面存在着差异，因此，在引用文献时，应注意选用代表性、可靠性和科学性较好的文献。

③所引用的原文要通读，杜绝间接引用。

④引用文献要忠实于文献内容。由于文献综述有作者自己的评论分析，因此，在撰写时，应分清作者的观点和文献的内容，不能篡改文献的内容。

⑤引用文献要恰当，不宜过多或过少，某一类型的观点引用一两篇即可，一般引用文献的总数在 30~50 篇。

⑥参考文献不能省略。文献综述的参考文献绝对不能省略，而且应是文中引用过的，能反映主题全貌的并且是作者直接阅读过的文献资料。

⑦认真写作，详细核对，避免序号、人名等各种错误。

⑧反复修改，力求简明扼要，避免综述枯燥乏味，或写成文献汇编、流水账。

总之，一篇好的文献综述，除了反映较完整的文献资料外，还要有评论分析，并能准确地揭示主题内容。

附：文献综述范文

高校教师发展中心研究综述

庞慧萍

20 世纪 80 年代以来，世界高等教育进入了以提高质量为中心目标的时代，措施之一就是成立"教学促进中心""教师发展中心"类似机构。

2011 年，教育部、财政部颁发的《关于"十二五"期间实施"高等学校本科教学质量与教学改革工程"的意见》中，明确提出要"引导高等学校建立适合本校特色的教师教学发展中心……并重点建设一批高等学校教师教学发展示范中心。"

在东北师范大学主办的 2011 高校教师发展国际研讨会上，与会专家呼吁，应在高校设立教师发展机构，提升教师特别是青年教师的教育教学能力。

通过中国知网 CNKI 学术文献总库，检索出以下资料：

检索式	检索途径	匹配方式	期刊论文	硕士论文	博士论文	报纸	会议论文
教师 and 发展 and 中心	主题		244	18	19	18	15
高校教师 and 发展 and 中心	主题	精确	169	50	16	11	13
民办 and 高校 and 教师发展	题名		7	3	0	0	0
民办 and 高校 and 教师发展 and 中心	题名		0	0	0	0	0

其中，第一、第二检索式通过主题检索的结果很多，通过分析题名和对文献做取舍，有很多都与课题相关度不大，其他检索式也有部分文献与课题相关度不大，因此最终筛选出的相关文献总数为 15 篇，结果见参考文献。

一、教师发展的内涵

高校要建设教师发展中心，首先应对教师发展的内涵和范畴有明确的把握。目前大家比较公认的教师发展的内涵分为广义和狭义两种。广义上的教师发展包括一切在职大学教师，通过各种途径方式的理论学习与工作时间，使自己的专业化水平持续提高，不断完善①。狭义的教师发展指通过有组织、有针对性、

---

① 潘懋元. 大学教师发展与质量提升 [J]. 深圳大学学报（人文社会科学版），2007（1）：23－36.

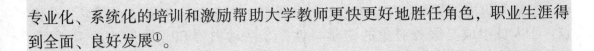

专业化、系统化的培训和激励帮助大学教师更快更好地胜任角色，职业生涯得到全面、良好发展[1]。

二、教师发展中心的概念界定

目前国内外很多高校建立承担教学职能的机构在职能上相差不大，机构名称却存在一定的差异。

在美国，哈佛大学为博克教学和学习中心，布朗大学、宾夕法尼亚大学、哥伦比亚大学为谢里登教学和学习中心，康纳尔大学为教学卓越中心，普林斯顿大学为麦格劳教学和学习中心，达特茅斯学院为学习促进中心，耶鲁大学为研究生教学中心，密歇根大学为学习和教学研究中心[2]。在英国，伦敦大学为教师发展办公室（The Staff Development Office），牛津大学为剑桥大学教学和学习中心（The Oxford Learning Institute），剑桥大学为教学和学习中心。

在我国，香港大学为 Center for the Enhancement of Teaching and Learning，台湾大学为教学发展中心[3]，北京大学为教学促进中心，清华大学为教学与培训中心，华中科技大学为教学方法与技术研究支持中心，中国海洋大学为教学支持中心，首都经贸大学为教学促进中心，江南大学为教师卓越中心[4]……

教师发展中心从名称上来看，都是以促进教师发展，特别是教学能力的发展为目的，实质上是指所有同教学和学习相关的工作都可以纳入中心的服务和管理之中。它的职能不局限在教与学，还包括与之相关的服务和管理工作，不要只将教师发展中心定型为专门教学辅导的机构。其主要以辅导教学为主要任务，但是任何与教师发展相关的问题，都可以得到中心的帮助。

三、教师发展中心的特点

梅国平等提出，为了给教师专业成长提供一定的空间，教师发展中心应该具备以下的特质：①教师发展中心是一个相对独立的专业自主机构，应具有专业自主权；②择优选聘人员，形成优势团队，该团队应由学校优秀教师组成，包括教学名师、中青年学科带头人、骨干教师等；③找准职能定位，探索促进发展渠道[5]。

① 庞海芍. 大学教师发展中心的功能与运行机制研究 [J]. 国家教育行政学院学报，2012（8）：60－65.
② 沙丽曼. 美国常青藤盟校教学促进中心研究 [D]. 长春：吉林大学，2012.
③ 庞海芍. 大学教师发展中心的功能与运行机制研究 [J]. 国家教育行政学院学报，2012（8）：60－65.
④ 王中向. 我国高校教师发展的新探索——以教师教学发展中心为例 [J]. 湛江师范学院学报，2012（2）：5－9.
⑤ 梅国平，宋友荔，谢思. 教师发展：学校内涵发展的生命线——基于"江西师范大学教师发展中心"建设的思考 [J]. 江西师范大学学报（哲学社会科学版），2011（4）：33－38.

沙丽曼提出，美国常青藤盟校的教师发展中心从总体来说具有以下几个特点：①人员组成与服务对象的跨学科性；②活动内容和开展形式的多样性；③活动组织与开展的主动性；④服务开展形式与最终目的的实践性[①]。

四、教师发展中心机构设置及主要职责

美国常青藤盟校教师发展中心大部分为独立机构，具有完善的组织结构，在组织构成上主要包括中心的行政部门、服务性的部门和咨询委员会，有的还在各个部门设立教师联络部和研究生联络部。①行政部门主要是在主任的领导下，负责行政管理、项目管理和技术服务工作，负责各项工作的组织，具有"枢纽"的作用；②咨询委员会由来自不同领域的优秀教师组成，是中心重大工作的决定者，为中心的发展提供原则和方向上的建议；③部分中心在每一个部门下设教师联络部和研究生联络部，便于各部门交流教学需要和传达中心的各项活动信息，是开展活动和满足不同教学团体复杂需求的纽带，便于联络[②]。

国立台湾大学的教师发展中心以"专业、服务、信赖、激励"为工作哲学，隶属于教务处，中心设置主任一人，下有教师发展、数字媒体、学习促进与规划研究等四个功能性分组，中心之上设置咨询委员会，对中心业务提供咨询和建议。①教师发展组旨在协助该校教师与教学助理提升课程的教学质量；②数字媒体组旨在提供给该校教师完善的数字学习资源；③学习促进组旨在提升该校学生学习效能；④规划研究组旨在协助规划本校改善教学质量的策略。

庞海芍汇总了部分国内外大学教师发展机构设置情况，具体如下[③]：

学校	中心名称	成立年份	隶属关系	人员	主要职能
清华大学	教学研究与培训中心	1998	教务处，业务独立	6~7	教师岗位达标培训、精品课程、教改立项、教育技术培训
北京理工大学	教学促进与教师发展中心	2011	教学副校长主管	10	教师培训、质量评估、研究交流、咨询服务
上海交通大学	教学发展中心	2011	教学副校长主管	10	培训、研讨、咨询、研究
首都经贸大学	教师促进中心	2007	人事处，业务独立	10	主题午餐会、教学咨询、职业生涯规划

① 沙丽曼. 美国常青藤盟校教学促进中心研究 [D]. 长春：吉林大学.
② 沙丽曼. 美国常青藤盟校教学促进中心研究 [D]. 长春：吉林大学.
③ 庞海芍. 大学教师发展中心的功能与运行机制研究 [J]. 国家教育行政学院学报, 2012 (8): 60-65.

续表

学校	中心名称	成立年份	隶属关系	人员	主要职能
香港大学	Center for the Enhancement of Teaching and Learning	—	教学副校长主管	37	教师发展、教学评价、课程改革、教学研究
台湾大学	教学发展中心	2006	隶属教务处，服务导向型	26	规划研究、设计课程、教学咨询，推广多媒体教学
密西根大学	Center for Research on Learning and Teaching	1962	学术副校长主管	25	新教师入职培训、系主任和副院长的职业培训、个别咨询、学生学习评估
牛津大学	The Oxford Learning Institute	2000	学术副校长主管	22	研讨会、管理与领导发展、支持新进教师、鼓励女性教职员

段利华等提出国内大学教师发展中心的主要职能有：①开展教学研究与评估；②为教师教学能力提升搭建沟通交流平台，为教师教学实践中的疑难问题提供个性化的咨询与辅导；③对新入职教师开展教学基础培训，对任课教师分类开展教学能力提升培训，对各级教学管理人员开展业务培训，对研究生助教开展上岗培训；④帮助教师解决在教学实践中遇到的问题，使广大教师掌握系统教育理论，实现教育理念的创新，掌握高效开展教学活动的基本方法，并付诸实践；⑤深入研究教育教学规律，探索有效提升高校教师教学水平的方法和途径，形成成果并予以推广；⑥建设一支结构合理的、高水平的、具有高度奉献精神和创新精神的教师队伍[①]。

北京理工大学的教学促进和教师发展中心的主要工作职责包括教师培训、教学评估与激励、研究交流和咨询服务[②]。

五、教师发展中心开展的活动（项目）

美国常青藤盟校教学促进中心的活动在形式上已经达成一致性，主要包括工作坊、习明纳、教师论坛、工作项目、工作午餐、网络资源观看、咨询和发表刊物。①工作坊是一种参与式、体验式、互动式的学习模式，通常由10~20名成员组成，以一名在某个领域富有经验的主持人为核心，成员在其指导之下，

---

① 段利华，褚远辉. 对成立大理学院教师发展中心若干问题的思考 [J]. 大理学院学报，2011（10）：9-14.
② 庞海芍. 大学教师发展中心的功能与运行机制研究 [J]. 国家教育行政学院学报，2012（8）：60-65.

通过活动、讨论、短时演讲等多种方式共同探讨某个话题的组织模式；②习明纳就是学生按照某一课题形成一个小组，通过教授的指导，进行大量的调查研究，同教师自由地进行学术讨论，最终达成学习和研究的目的；③中心根据不同的人群和服务内容，实行各式各样的工作项目，例如国际留学生助教项目、教学证书项目、教学实践项目等；④教师论坛：参会的教师在民主、自由的氛围下发表意见，高级教师会为初级教师提供教学建议，解答初级教师的困惑，为教师发展提供指导性的意见，有利于教师的专业发展；⑤工作午餐主要是在约定好的时间内，由相关学科或不同学科的教师一同参加会餐，教师之间通过交流，有利于不同部门之间交流教学经验，有利于部门之间的团结，便于跨学科领域的发展①。

美国密歇根大学的学习和教学研究中心（Center for Research on Learning and Teaching）是全美最早建立的高校教师发展机构。该中心开展的主要活动有：①以学科为基础的个性化服务项目；②教师与研究生适应项目；③教师和研究生助教项目；④个人教学咨询；⑤资助；⑥教学技术服务；⑦评价与研究②。

英国伦敦大学的教师发展机构的教师发展办公室根据教师的实际情况及个人要求设置了不同的学习课程。该教师发展机构主要开展的活动有：①年度考核方案；②关于平等意识的培训；③计算机技能培训；④健康及安全培训③。

西安交通大学教师教学发展中心的主要工作有：①开展教师教学培训，提高教师教学能力；②组织教学改革研究，解决教学疑难问题；③提供教学评估咨询，致力教师教学发展；④为外校提供咨询培训，发挥示范辐射作用④。

梅国平等认为教师专业发展活动应该"服务教师、服务教学、服务科研、服务学术"，据此开展相应的活动。①师道提升行动：师德大讲堂、课堂公约重建活动；②师楷塑造行动；③师徒帮扶行动：师徒结对、名师答疑；④师能助推行动：重视"教学学术能力"的发展、建设周期性的学术沙龙、组织高端学术论坛、组织校本学习活动；⑤师绩展示行动：增强教师楷模和拔尖人才的荣誉感，充分调动他们从事教师促进工作的积极性，激发广大教师追求发展的热情，为他们提供学习借鉴的成功经验⑤。

———————————

① 沙丽曼. 美国常青藤盟校教学促进中心研究 [D]. 长春：吉林大学，2012.
② 徐延宇. 美国高校教师发展浅析——以密歇根大学学习和教学研究为案例 [J]. 比较教育研究，2011 (11)：81-85.
③ 郭晓佳. 英国大学教师发展研究 [D]. 长春：东北师范大学，2010.
④ 马知恩. 西安交通大学教师教学发展中心工作取得初步紧张 [J]. 中国大学教学，2012 (6)：94-96.
⑤ 梅国平，宋友荔，谢翌. 教师发展：学校内涵发展的生命线——基于"江西师范大学教师发展中心"建设的思考 [J]. 江西师范大学学报（哲学社会科学版），2011 (4)：33-38.

参考文献

[1] 杨秀玉. 教师发展阶段论综述 [J]. 外国教育研究, 1999 (6): 36 - 41.

[2] 梅国平, 宋友荔, 谢翌. 教师发展: 学校内涵发展的生命线——基于 "江西师范大学教师发展中心" 建设的思考 [J]. 江西师范大学学报 (哲学社会科学版), 2011 (4): 33 - 38.

[3] 刘丽. 我国高校 "教师发展" 的现状及任务、途径 [J]. 煤炭高等教育, 2006 (6): 83 - 84.

[4] 段利华, 褚远辉. 对成立大理学院教师教学发展中心若干问题的思考 [J]. 大理学院学报, 2011 (10): 9 - 14.

[5] 宋钰劼. 俄罗斯高校教师发展特点及启示 [J]. 集美大学学报, 2011 (1): 22 - 26.

[6] 徐延宇. 美国高校教师发展浅析——以密歇根大学学习和教学研究为案例 [J]. 比较教育研究, 2011 (11): 81 - 85.

[7] 郭晓佳. 英国大学教师发展研究 [D]. 长春: 东北师范大学, 2010.

[8] 庞海芍. 大学教师发展中心的功能与运行机制研究 [J]. 国家教育行政学院学报, 2012 (8): 60 - 65.

[9] 沙丽曼. 美国常青藤盟校教学促进中心研究 [D]. 长春: 吉林大学, 2012.

[10] 李勇, 骆有庆, 于志明. 国外著名大学教学发展中心建设的经验与借鉴 [J]. 高等农业教育, 2011 (11): 6 - 8.

[11] 潘懋元. 大学教师发展与质量提升 [J]. 深圳大学学报 (人文社会科学版), 2007 (1): 23 - 36.

[12] 王中向. 我国高校教师发展的新探索——以教师教学发展中心为例 [J]. 湛江师范学院学报, 2012 (2): 5 - 9.

[13] 林杰. 哈佛大学博克教学和学习中心——美国大学教师发展机构的杠杆 [J]. 清华大学教育研究, 2011 (2): 35 - 38.

[14] 马知恩. 西安交通大学教师教学发展中心工作取得初步紧张 [J]. 中国大学教学, 2012 (6): 94 - 96.

第四节 检索报告的撰写

1. 检索报告概述

（1）检索报告的含义

检索报告是课题调研检索报告的简称，有时候也叫作查新报告。检索报告是真实记录科研人员调研文献信息的过程，以便查验科研人员撰写的相关综述论文的新颖性、全面性和科学性。检索报告往往是每个科研人员开始课题的第一步，为了保证课题的新颖，必须通过科学的方法对课题涉及的文献领域进行调查和分析，是论文写作和科学研究的基础。

（2）检索报告的特点

检索报告记录了文献调研的过程，它具有自己的特点。

①客观性。检索报告是对检索过程的真实记录，检索过程是客观的，科研涉及的文献有就是有，没有就是没有。

②全面性。没有采用最新的文献信息或遗漏重要的文献资料，会导致科研论据不充分，影响研究视野。只有检索了较全面的文献资料，才能"知彼"，才能为"百战不殆"，奠定坚实的基础。

③主题明确。科研人员必须要对检索课题进行全面的分析，在资料的取舍上应优先选择那些与课题密切相关的最新研究动态、专家文献和热点论文。在精读和使用这些材料时，应真正理解他人工作的实质，做到主题明确，重点突出。

2. 检索报告撰写

（1）检索报告的基本格式

检索报告的格式不是唯一的，但是基本格式少不了以下几个方面：

1）课题分析

课题分析是检索过程中的首要环节，分析课题就是要明确检索的要求和范围。所以，在进行检索之前，对课题要进行认真的分析研究，明确课题查找的目的和要求。目的越明确，范围越具体，掌握的线索越多，查检所需信息的准确性就越大。

课题分析主要从以下几个方面展开：

- 主题内容

所谓主题内容，就是课题研究的中心问题。首先，根据课题内容，深入分析主题的目的，明确课题的要求和内容特征，确定课题的学科属性、专业范围、时间范围和语种等。课题的主题越具体，越有利于检索。其次，找出课题研究的关键问题，选择恰当的主题词或关键词。

- 时间范围

分析时间范围的目的在于确定检索的时间范围，以避免浪费时间和精力。通过分析时间，根据课题的历史背景和检索要求，可估算出所查找信息的合适时间段。例如，了解某个领域的最新研究进展，只需查找近一两年的文献即可。

- 地域范围

分析地域范围的目的在于确定检索的地域范围，以避免浪费时间和精力。通过分析地域，根据课题的地理背景和检索要求，可估算出所查找信息的合适地域。例如，了解某个城市的最新研究进展，只需查找某个城市即可。

- 语种要求

分析语种要求的目的在于可以将检索的范围扩大到国外，调查的广度与深度都得到提高，比如你要了解美国的教育制度，如果你选择中文和英文，那么很多你就可以直接看到国外的文献了，或者读到国外的原文。

- 文献类型

分析文献类型的目的在于确定检索工具。因为不同的检索工具对不同类型的信息收集有所不同。明确课题信息类型，选择检索工具和检索手段，提高检索针对性，以使检索效果会达到最佳。

2）确定检索词

检索词的确定是整个检索的关键所在，检索词是表达检索课题主要内容的基本单元，只有检索词选择得恰当、正确，检索结果才可能准确。

3）构造检索式

在计算机的检索过程中，检索提问与存储标识之间的对比匹配是由计算机进行的，构造检索表达式的核心是构造一个既能表达检索需求，又能被计算机是识别的检索表达式。检索式构造是否正确直接影响到你的检索结果是否精确、全面。

4）实施检索

实施检索即将构造出的检索式放到各种检索工具中进行检索，每一个检索工具都有自己的收藏特色和检索特点，根据不同的检索工具选择不同的检索式，并得出检索结果。

5）检索结果

就所选择的数据库，逐个列出数据库名称、每个检索式所检出的文献量，以及从这些检出文献中挑选的相关文献数量及每篇文献的完整记录格式，如标题、作者、作者单位、刊名、摘要等信息。

6）检索心得

经过对一个课题的系统检索，谈谈有何体会。重点放在检索过程中检索策略的调整，要有具体的调整过程，即检索策略的调整。

（2）检索报告的写作步骤和注意事项

1）分析检索课题

①分析检索课题的主题，了解准确、具体的检索需求。

②分析课题内容涉及的学科范围、主题概念以及概念间的关系，以便选择检索方法。

③分析课题所需信息的类型，包括文献载体、出版类型、所需文献量、年代范围、地域范围，涉及的语种、有关的著者、机构等。

④分析课题对查新、查准和查全的指标要求。其他要求，如时间、费用要求等。

2）选择检索系统

选择检索系统就是选择检索工具。一个计算机系统通常可提供多个检索数据库，一个手检系统即为一部工具书。

选择检索系统时，应考虑的主要问题有：

①专业范围、信息类型（目录型、文摘型、全文型）、时间范围、编制的质量（是否齐全，标引的深度）、系统提供的检索途径是否方便等。

②有手检工具，也有机检工具，应首选机检工具。

③考虑价格和可获取性，应选择容易获取的检索系统，注意数据库的价格，权衡价格效益比。

3）确定检索入口

确定检索入口就是选择检索途径和检索用词、类目等。检索途径可以根据文献的内部特征和外部特征来决定。检索词的选择方法有两种：直接提取法和间接概括法。直接提取法是直接从检索课题中选用检索词；间接概括法是选用一个能概括检索课题主题的词作检索词。

检索词是构成检索式的基本单元。选择检索词要满足匹配的要求：内容匹配和形式匹配。

4）制定检索式

用逻辑运算符将检索词连接起来就构成了检索式，通过检索式可以提高检索结果的精确度。

检索词是构成检索式的基本单元。选择检索词要满足匹配的要求：内容匹配和形式匹配。

逻辑运算符指系统规定的布尔逻辑算符、截词符、位置运算符、限制符等符号，用于规定词间的关系。

5）实施检索

实施检索是根据检索策略确定的检索方法和检索工具实现检索文献，获取文献信息的过程。实施检索包括检索策略的调整，当检索过程遇到困难时，检索结果不符合要求时，要及时做出调整，修改检索策略。

6）检查检索结果

通过检索得出检索结果后，需要对检索结果进行分析和比对，筛选出与检索课题相符合的检索结果。查看检索结果分析、反思检索过程中的问题。

附：信息检索报告模板

××××信息检索报告

一、检索课题

二、课题分析

1. 课题内容及要求分析

（1）学科范围

（2）时间范围

（3）地域范围

（4）语种要求

（5）文献类型

2. 确定检索词

3. 构造检索式

三、实施检索

四、检索结果

五、检索心得

附件1：

北京地区高校信息素质能力指标体系

维度一

具备信息素质的学生能够了解信息以及信息素质能力在现代社会中的作用、价值与力量。

指标：

1. 具备信息素质的学生具有强烈的信息意识。

   指标描述：

   ①了解信息的基本知识。

   ②了解信息在学习、科研、工作、生活各方面产生的重要作用。

   ③认识到寻求信息是解决问题的重要途径之一。

2. 具备信息素质的学生了解信息素质的内涵。

   指标描述：

   ①了解信息素质是一种综合能力（信息素质是个体知道何时需要信息，并能够有效地获取、评价、利用信息的综合能力）。

   ②了解这种能力是开展学术研究必备的基础能力。

   ③了解这种能力是成为终身学习者必备的能力。

维度二

具备信息素质的学生能够确定所需信息的性质与范围。

指标：

1. 具备信息素质的学生能够识别不同的信息源并了解其特点。

   指标描述：

   ①了解信息是如何生产、组织与传递的。

   ②认识不同类型的信息源（例如：图书、期刊、数据库、视听资料等），了解它们各自的特点。

   ③认识不同层次的信息源（例如：零次、一次、二次和三次信息），了解它们各自的特点。

   ④认识到内容雷同的信息可以在不同的信息源中出现（例如：许多会议论文同时发表在学术期刊上）。

   ⑤熟悉所在学科领域的主要信息源。

2. 具备信息素质的学生能够明确地表达信息需求。

   指标描述：

   ①分析信息需求，确定所需信息的学科范围、时间跨度等。

   ②在使用信息源的过程中，增强对所需求信息的深入了解程度。

③通过与教师、图书馆员、合作者等人的讨论，进一步认识和了解信息的需求。

④用明确的语言表达信息需求，并能够归纳描述信息需求的关键词。

3. 具备信息素质的学生能够考虑到影响信息获取的因素。

指标描述：

①确定所需信息的可获得性与所需要的费用（例如：有的信息是保密的，无法获取；有的信息需要支付馆际互借的费用）。

②确定搜集所需要的信息需要付出的时间与精力。

③确定搜集所需要的信息和理解其内容是否需要应用新的语种和技能（例如：信息是以非中文/英文的语种表达信息内容的，要了解其内容，则需要先学习一门新的语言；或是理解信息内容需要应用到还未学过的学科知识）。

维度三

具备信息素质的学生能够有效地获取所需要的信息。

指标：

1. 具备信息素质的学生能够了解多种信息检索系统，并使用最恰当的信息检索系统进行信息检索。

指标描述：

①了解图书馆有哪些信息检索系统（例如：馆藏目录、电子期刊导航、跨库检索平台等），了解在每个信息检索系统中能够检索到哪些类型的信息（例如：检索到的信息是全文、文摘还是题录）。

②了解图书馆信息检索系统中常见的各种检索途径，并且能读懂信息检索系统显示的信息记录格式。

③理解索书号的含义，了解图书馆文献的排架是按照索书号顺序排列的。

④了解检索词中受控词（表）的基本知识与使用方法。

⑤能够在信息检索系统中找到"帮助"信息，并能有效地利用"帮助"。

⑥能够使用网络搜索引擎，掌握网络搜索引擎常用的检索技巧。

⑦了解网络搜索引擎的检索与图书馆提供的信息检索系统检索的共同点与差异。

⑧能够根据需求（查全或是查准）评价检索结果，确定检索是否要扩展到其他信息检索系统中。

2. 具备信息素质的学生能够组织与实施有效的检索策略。

指标描述：

①正确选择检索途径，确定检索标识（例如：索书号、作者等）。

②综合应用自然语言、受控语言及其词表，确定检索词（例如：主题词、关键词、同义词和相关术语）。

③选择适合的用户检索界面（例如：数据库的基本检索、高级检索、专业检索等）。

④正确使用所选择的信息检索系统提供的检索功能（例如：布尔算符、截词符等）。

⑤能够根据需求（查全或是查准）评价检索结果、检索策略，确定是否需要修改检索策略。

3. 具备信息素质的学生能够根据需要利用恰当的信息服务获取信息。

指标描述：

①了解图书馆能够提供的信息服务内容。

②能够利用图书馆的馆际互借、查新服务、虚拟咨询台、个性化服务（例如：MyLibrary）等。

③能够了解与利用其他信息服务机构（例如：CALIS）提供的信息服务。

4. 具备信息素质的学生能够关注常用的信息源与信息检索系统的变化。

指标描述：

①能够使用各种新知通报服务（alert/current awareness services）。

②能够订阅电子邮件服务和加入网络讨论组。

③习惯性关注常用的印刷型/电子型信息源。

维度四

具备信息素质的学生能够正确地评价信息及其信息源，并且把选择的信息融入自身的知识体系中，重构新的知识体系。

指标：

1. 具备信息素质的学生能够应用评价标准评价信息及其信息源。

指标描述：

①分析比较来自多个信息源的信息，评价其可信性、有效性、准确性、权威性、时效性。

②辨认信息中存在的偏见、欺诈与操纵。

③认识到信息中会隐含不同价值观与政治信仰（例如：不同价值观的作者对同一事件会有不同的描述）。

2. 具备信息素质的学生能够将选择的信息融入自身的知识体系中，重构新的知识体系。

指标描述：

①能够从所搜集的信息中提取、概括主要观点与思想。

②通过与教师、专家、合作者、图书馆员的讨论来充分理解与解释检索到的信息。

③比较同一主题所检索到的不同观点，确定接受与否。

④综合主要观点形成新的概念。

⑤应用、借鉴、参考他人的工作成果，形成自己的知识、观点或方法。

维度五

具备信息素质的学生能够有效地管理、组织与交流信息。

指标：

1. 具备信息素质的学生能够有效地管理、组织信息。

指标描述：

①能够认识参考文献中对不同信息源的描述规律。

②能够按照要求的格式（例如：文后参考文献著录规则等），正确书写参考文献与脚注。

③能够采用不同的方法保存信息（例如：打印、存档、发送到个人电子信箱等）。

④能够利用某种信息管理方法管理所需信息，并能利用某种电子信息管理系统（例如：Refworks）。

2. 具备信息素质的学生能够有效地与他人交流信息。

指标描述：

①选择最能支持交流目的的媒介、形式（例如：学术报告、小组讨论等），选择最适合的交流对象。

②能够利用多种信息技术手段和信息技术产品进行信息交流（例如：使用 PowerPoint 软件创建幻灯片、为研究项目建立网站、利用各种网络论坛等）。

③采用适用于交流对象的风格清楚地进行交流（例如：了解学术报告幻灯片的制作要点，了解如何撰写和发表印刷版或网络版的学术论文）。

④能够清楚、有条理地进行口头表述与交流。

维度六

具备信息素质的学生作为个人或群体的一员，能够有效地利用信息来完成一项具体的任务。

指标：

1. 具备信息素质的学生能够制订一个独立或与他人合作完成具体任务的计划。

2. 具备信息素质的学生能够确定完成任务所需要的信息。

3. 具备信息素质的学生能够通过讨论、交流等方式，将获得的信息应用到解决任务的过程中。

4. 具备信息素质的学生能够提供某种形式的信息产品（例如：综述报告、学术论文、项目申请、项目汇报等）。

维度七

具备信息素质的学生了解与信息检索、利用相关的法律、伦理和社会经济问题，能够合理、合法地检索和利用信息。

指标：

1. 具备信息素质的学生了解与信息相关的伦理、法律和社会经济问题。

指标描述：

①了解在电子信息环境下存在的隐私与安全问题。

②能够分辨网络信息的无偿服务与有偿服务。

③了解言论自由的限度。

④了解知识产权与版权的基本知识。

2. 具备信息素质的学生能够遵循在获得、存储、交流、利用信息过程中的法律和道德规范。

指标描述：

尊重他人使用信息源的权利，不损害信息源（例如：保持所借阅图书的整洁）。

附件2：

高校大学生信息素质指标体系及信息素质教育知识点

（讨论稿）

说明：

当前，如何培养学生有效、合理地获取、利用各类信息已成为高校创新型人才培养不可或缺的内容，而对以学生为主体的读者进行信息素质教育也日益成为国内外大学图书馆的主要职责和功能。为更好地促进国内高校图书馆这一工作的开展并与规范高校图书馆信息素质教育的要求，图工委信息素质教育工作组于2008年4月组织北京地区部分高校图书馆专家在北京高校信息素质教育研究会制定的《北京地区高校信息素质能力指标体系》基础上进行修改，提出《中国高校信息素质指标体系及信息素质教育知识点》，供图工委委员讨论，希望最终能形成图工委指导性文件向全国推广。

附：专家名单次工作的专家如下（按姓氏拼音排序）：

专家组成员
杜慰纯　北京航空航天大学图书馆
潘　薇　中国农业大学图书馆
乔占学　中国政法大学图书馆
宋姬芳　人民大学图书馆
苏玉华　北京大学图书馆
孙　平　清华大学图书馆
王梦丽　北京航空航天大学图书馆
谢志耘　北京大学医学院图书馆
熊　丽　首都师范大学图书馆
曾晓牧　清华大学图书馆
赵　飞　北京理工大学图书馆
钟　宇　首都师范大学图书馆

高校大学生信息素质指标体系

（讨论稿）

一、具备信息素质的学生能够了解信息以及信息素质能力在现代社会中的作用。

1.1 具有强烈的信息意识。

1.2 了解信息素质的内涵。

二、具备信息素质的学生能够确定所需信息的性质与范围。

2.1 能够识别不同的信息源并了解其特点。

2.2 能够明确地表达信息需求。

2.3 能够考虑到影响信息获取的因素。

三、具备信息素质的学生能够有效地获取所需要的信息。

3.1 能够了解多种信息检索系统，并使用最恰当的信息检索系统进行信息检索。

3.2 能够组织与实施有效的检索策略。

3.3 能够根据需要利用恰当的信息服务获取信息。

3.4 能够关注常用的信息源与信息检索系统的变化。

四、具备信息素质的学生能够正确地评价信息及其信息源，并能够有效利用。

4.1 能够应用评价标准评价信息及其信息源。

4.2 能够将选择的信息融入自身的知识体系中，重构新的知识体系。

五、具备信息素质的学生能够有效地管理、组织与交流信息。

5.1 能够有效地管理、组织信息。

5.2 能够有效地与他人交流信息。

六、具备信息素质的学生能够独立或是合作完成一项具体的信息检索和利用任务。

6.1 能够制订一个独立或与他人合作完成具体任务的计划。

6.2 能够确定完成任务所需的信息。

6.3 能够通过讨论、交流等方式，将获得的信息应用到解决任务的过程中。

6.4 能够提供某种形式的信息产品。

七、具备信息素质的学生能够合理、合法地检索和利用信息。

7.1 了解与信息相关的伦理、法律和社会经济问题。

7.2 能够遵循在获得、存储、交流、利用信息过程中的法律和道德规范。

附件 3：

高校大学生信息素质教育知识点

（讨论稿）

一、了解信息以及信息素质能力在现代社会中的作用。

知识点：

1. 信息的概念和内涵。

2. 信息素质的概念和内涵。

3. 信息和信息素质在现代社会中的重要作用。

*4. 信息、情报与知识的关系。

*5. 信息的产生、组织与传递。

二、确定所需信息的性质与范围。

知识点：

1. 信息源的类型和特征。

2. 所在学科领域的主要信息源。

3. 信息需求分析。

①分析方法（确定所需信息的学科范围、时间跨度、类型等）。

*②潜在需求的挖掘。

4. 信息需求的表达。

三、有效地获取所需要的信息。

知识点：

1. 信息检索的基本知识。

①信息检索的概念和内涵。

*②信息检索的沿革。

③信息检索的类型（文献检索、数据检索、事实检索、概念检索等）。

④信息检索的方法（间接检索法、回溯检索法等）。

⑤信息检索的基本步骤。

⑥信息检索技术（布尔检索、限制检索、截词和位置算符的应用、*文献向量、*文献聚类等）。

2. 信息检索语言。

①检索语言的概念、类型、作用。

*②受控词（表）的使用。

*③常用的词表、分类表。

3. 信息检索工具

a) 图书馆的公共查询系统：

①馆藏公共查询目录。

*②电子期刊导航。

*③跨库检索平台。

*④联合目录系统。

*⑤学术资源导航。

b) 图书馆的电子资源：

①常用电子资源的基本情况（文献类型、收录范围、更新频率等）。

②常用电子资源的使用（检索界面、检索功能、保存功能、特色功能等）。

③电子资源的"帮助"功能。

c) 因特网资源：

①常用网络搜索引擎及检索技巧。

②OA 期刊。

③因特网资源及其与图书馆资源的比较。

4. 组织实施有效的检索策略。

①信息检索工具的选择与综合利用。

②检索式的表达。

③检索效率评价指标：查全率和查准率。

*④检索式的反馈调整。

5. 影响信息获取的因素。

①所需信息的可获得性与所需要的费用（有的信息是保密的，无法获取；有信息需要支付馆际互借等费用）。

*②搜集所需的信息需要付出的时间与精力。

*③搜集所需的信息和理解其内容是否需要应用新的语种、知识和技能。

6. 图书馆的信息服务。

①咨询台。

②馆际互借。

*③查新服务。

*④文献收录引用查证服务。

*⑤学科服务。

*⑥个性化服务（MyLibrary 等）。

*7. 其他信息服务机构及相关服务（CALIS、NSTL、CASHL 等）。

*①各种新知通报服务。

*②订阅电子邮件服务和加入网络讨论组。

*③关注常用的印刷型/电子型信息源。

四、正确地评价信息及其信息源，并能够有效利用。

知识点：

1. 信息的分析。

①信息的分析方法。

②信息的分析步骤。

③信息分析工具的应用。

2. 信息的鉴别与评价。

①信息的鉴别。

②信息的评价方法。

③信息评价工具的应用。

3. 信息源的评价标准。

4. 从搜集的信息中提取、概括主要观点与思想。

*5. 利用信息，更新知识。

五、有效地管理、组织与交流信息。

知识点：

1. 信息的保存（打印、存档、发送到个人电子信箱等）。

2. 信息的管理。

①信息管理方法。

*②电子信息管理系统（Refworks、NoteExpress、EndNote 等）。

3. 信息的组织。

①参考文献的多种格式（文后参考文献著录规则、GB 标准格式、MLA 等）。

②参考文献中不同信息源的描述规律。

③参考文献的书写（文后、脚注、文中）。

4. 信息的交流。

①明确交流对象。

②选择最能支持交流目的的交流形式（学术论文、学术报告、小组讨论等）。

③利用信息技术/产品更有效地进行交流（文档编辑软件、幻灯片编辑软件、网站制作软件、利用网络论坛等）。

④采用规范的格式进行交流（规范的学术论文写作格式、印刷版网络版学术论文的发表途径、学术报告幻灯片的制作要点等）。

⑤清楚、有条理地进行口头/书面的交流与表述。

六、独立或合作完成一项具体的信息检索和利用任务。

知识点：

1. 拟订独立或与他人合作的任务计划书。

2. 确定任务实施的信息需求。

3. 应用信息完成任务。

4. 提供所需的信息产品。

①文摘。

②文献综述。

③研究报告。

④学术论文。

*⑤项目申请。

*⑥项目报告。

七、合理、合法地检索和利用信息。

知识点：

1. 信息隐私与信息安全。

*2. 信息的无偿服务与有偿服务。

3. 知识产权与版权的基本知识。

4. 信息法的基本知识。

5. 信息检索、利用过程中的行为规范。

①图书馆的规章制度。

②图书馆电子资源的合法使用。

6. 学术道德与知识创新的关系。

注：带＊内容为结合本校情况可选修内容。

参 考 文 献

［1］ 赵媛，沈治宏．社科信息检索［M］．成都：四川大学出版社，2000．

［2］ 黄如花．信息检索［M］．武汉：武汉大学出版社，2010．

［3］ 黄如花．网络信息的检索与利用［M］．武汉：武汉大学出版社，2002．

［4］ 赵莉．信息素养实用教程［M］．北京；中国轻工业出版社，2013．

［5］ 吴丽坤，殷洁．文献编目理论研究［M］．北京：中央编译出版社，2013．

［6］ 袁新芳，樊瑜．实用信息检索［M］．北京：中国矿业大学出版社，2013．

［7］ 张玉慧．网络信息检索与利用［M］．北京：北京理工大学出版社，2014．

［8］ 汪楠，成鹰．信息检索技术［M］．北京：清华大学出版社，2014．

［9］ 程发良，陈伟．信息资源检索［M］．北京：化学工业出版社，2009．

［10］ 黄常青，薛华，李学庆．信息检索与利用［M］．北京，高等教育出版社．2021．